Christa Meves

Erziehen lernen

Christa Meves

Erziehen lernen

*Was Eltern und Erzieher
wissen sollten*

RESCH-VERLAG

Bibliografische Information der Deutschen Nationalbibliothek
Die Deutsche Nationalbibliothek verzeichnet diese Publikation in der Deutschen
Nationalbibliografie; detaillierte bibliografische Daten sind im Internet über
http://dnb.d-nb.de abrufbar.

Impressum:
4. vollständig überarbeitete Auflage 2011
© 1996 Dr. Ingo Resch GmbH
Maria-Eich-Straße 77, D-82166 Gräfelfing
Alle Rechte vorbehalten
Herstellung: Fischer's DTP-Studio, München
Umschlag: Kirchhofer Werbeagentur, Basel
Druck und Bindung: RMO & Welte, München
Printed in Germany

ISBN 978-3-930039-51-7

Inhalt

I.

Einführung

Dieses Buch soll die Einsicht vermitteln: Erziehen ist eine schöne, ungemein wichtige und verantwortungsschwere Aufgabe. Lebensschicksal, ja Völkerschicksal kann abhängig sein vom Erziehungsstil! Während früher in monarchischen und diktatorischen Staatsformen die Menschen zum Gehorsam dressiert wurden, so dass sich allmählich ein riesig aufgestautes aggressives Potential bildete, das Ziele zum Abreagieren benötigte und deshalb Sündenböcke brauchte und fand (in den Hexen, den Juden, den religiös Andersdenkenden, den „bösen" Nachbarvölkern), hätten wir heute die Chance, den Menschen durch unsere Staatsform zu einer größeren äußeren Freiheit, durch bewusstere Erziehungsmethoden zu einer größeren inneren Freiheit zu verhelfen, wenn wir liberale Demokratie wirklich praktizieren würden. Aber mit der Möglichkeit zur Freiheit wuchsen uns und unseren Erziehungsweisen in den vergangenen Jahren spezifische Gefahren zu: dass wir uns ungebührlich viel Freiheit herausnehmen, das heißt, dass wir uns von dem, was der Mensch innerhalb seines Werdeganges unabdingbar und natürlicherweise braucht, zu weit entfernen. Wir sind darauf angewiesen, genau zu beobachten, wie die natürlichen Entwicklungsbedingungen für den Menschen aussehen, und wir müssen versuchen, uns in der Erziehung daran anzupassen. Darin haben wir es heute deshalb schwerer als die Menschen zu anderen Zeiten, weil wir es mit Hilfe der Technik häufig nicht mehr nötig haben, „natürlich" zu leben. Wir können uns zumindest in einer viel breiteren Basis als früher dem Zwang der Natur entziehen, ohne unser Leben akut zu gefährden. In Bezug auf die Kindererziehung aber geht das nicht! Überschwemmen wir unsere kleinen Kinder bereits mit der Flut verwöhnender Freiheit – betreiben wir vorgekaute Stoffübermittlung, angefangen beim fertigen Flaschenbrei bis zum technisierten Spielzeug und den Massenmedien, so werden die Menschen in einer merkwürdigen Weise krank: Das Gefühl für den Sinn des Lebens als

Aufgabe, als Auftrag, als Pflicht und Dank schwindet – und damit der Frieden und die Freude. An ihre Stelle tritt eine verzweifelte fundamentale Unzufriedenheit.

Wird die Reifestufe einer verantwortungsbewussten Bindungsfähigkeit aber innerhalb eines Volkes bei immer weniger Menschen erreicht, so entsteht eine Masse egozentrischer Einzelner, die allein darauf bedacht sind, Forderungen zu stellen und egoistische „Rechte" durchzusetzen. Es gehört zu den Zeichen dieser kollektiven Neurose, dass mit Eigentumsdelikten, mit Ordnungsverweigerung, mit gewalttätiger Aggressivität geantwortet wird, wenn sich solche Ziele nicht sofort durchsetzen lassen. Unsere Einsicht in diese Gefahr müsste lauten: Wo wir dem Rausch des Sieges über die Natur verfallen, wo wir meinen, uns von ihr frei machen zu können, wird sie sich die Freiheit nehmen, uns unsere vermeintliche Freiheit zu nehmen. Keine Demokratie ist einer Menge von Verwahrlosten gewachsen.

Sollen die kleinen Menschen, die uns aus ihrer Wiege Vertrauen heischend anlächeln, zu einer erfüllten Hoffnung in der Zukunft werden, so müssen wir zunächst ihre Hoffnung echt erfüllen: indem wir ihnen geben, was ihnen zukommt, unsere Liebe, unsere Kraft und unser Bemühen, ihnen zur Entfaltung zu verhelfen.

Erziehung – dieses Wort kann recht unterschiedliche Gefühle hervorrufen. Es kann einem dabei zum Beispiel unbehaglich werden – plötzlich tauchen Bilder der eigenen Kindheit auf, der Keller, in den man zur Strafe eingesperrt war; man kann die Schmerzen einer Tracht Prügel noch einmal wie körperlich empfinden. Und weil man sich seiner Gefühlsverknüpfungen meistens nicht bewusst ist, gelingt es vielen Menschen nicht, unbefangen an dieses Gebiet heranzugehen und es sich mit Lust neu zu erobern.

Aber das Wort „Erziehung" muss durchaus nicht mit etwas Negativem oder Langweiligem verknüpft bleiben! Im Mittelpunkt einer Erziehungskunde steht der Mensch mit seinen Fragen nach sich selbst, nach den Gründen für sein Verhalten und danach, wie er sich besser verstehen kann, um sein Leben (und damit auch das Leben der Gesellschaft) glücklich und sinnvoll zu gestalten. Wer etwas von Erziehung versteht, kann zunächst einmal sich selbst, wie er geworden ist, besser begreifen. Er kann vielleicht manche Schwierigkeiten, die er hat, relativieren und versuchen, sie in den Griff zu bekommen. Und nicht nur die eigene Vergangenheit kann einem mit Hilfe der Erziehungskunde verständlicher werden – derartige Selbsterkenntnisse können auch Wegweiser sein für die Erziehung der eigenen Kinder oder der jungen Menschen, die man innerhalb eines pädagogischen Berufes zu erziehen hat.

Aber an dieser Stelle taucht die Frage auf: Kann man das überhaupt erlernen? Gehört das Erziehen nicht in jene Lebensbereiche, die man spontan beherrscht, genauso wie jede Affenmutter, jede Vogelmutter ihre Zöglinge unter ihrer Obhut flügge werden lässt?

Auf die Frage „Wie und zu welchem Ziel wollen Sie dereinst Ihre Kinder erziehen?" antworten die meisten jungen Menschen mit sehr konkreten Vorschlägen.

In Unterrichtsgesprächen wurden vor allem immer wieder die beiden folgenden Antworten gegeben:

1) Meine Kinder sollen vor allem zur Selbständigkeit erzogen werden. Ich will ihnen so viel Freiheit als möglich lassen, damit sie sich nicht unterdrückt fühlen. Sie sollen ihre Persönlichkeit entfalten.

Ein Teil der Antworten ist dieser Meinung entgegengesetzt:

2) Meine Kinder sollen streng erzogen werden, damit sie nicht verwöhnt werden und es ihnen leichter fällt zu gehorchen. Sie sollen zum Lernen angehalten werden, damit sie ordentliche und tüchtige Menschen werden können in einem angesehenen Beruf.

Diese beiden entgegengesetzten Vorstellungen wurden folgendermaßen begründet: Die Vertreter der Meinung 2 betonen: Ein Mensch, der nicht gelernt hat zu gehorchen, kann keine Anpassungsfähigkeit, keine Rücksicht und damit keinen Gemeinschaftssinn entfalten. Der Mensch ist aber ein Gemeinschaftswesen, er lebt in Gemeinschaften, und seine Erzieher müssen ihn darauf vorbereiten.

Eine Schülerin, die sich für Strenge und Gehorsam in der Erziehung entscheidet, drückt es so aus: „Ich wurde selbst streng erzogen, häufig sogar geschlagen. Das hat mir nicht geschadet. Ich habe gelernt, meinen Egoismus zu besiegen und die Spielregeln der Gemeinschaft mitzumachen."

Eine andere, die sich für Strenge in der Erziehung entscheidet, argumentiert gerade umgekehrt: „Wir hatten in unserer Kindheit Freiheit bis zum Gehtnichtmehr. Unsere Eltern waren Geschäftsleute, hatten bis über die Ohren zu tun; wir konnten tun und lassen, was wir wollten. Aber dadurch haben wir auch manche Anleitung nicht bekommen, manche Klippe nicht geschafft. Das rächt sich jetzt. Meine eigenen Kinder nehme ich streng an die Kandare."

Die Vertreter der Meinung 1 betonen: Wer sich in der Gemeinschaft durchsetzen will, muss lernen, kritische Urteile zu bilden und sich von konformistischen und kollektiven Klischees abzusetzen.

Eine Antwort mit der Entscheidung für freizügige Erziehung (1) lautet: „Ich wurde gegängelt und unterdrückt, keinen Schritt durfte ich allein tun, eigentlich war meine Kindheit eine Art Gefängnisleben. Meine Kinder sollen es besser haben. Sie sollen sich frei fühlen können."

Und hier noch eine Begründung für freizügige Erziehung (1): „Die taten so, als ob sie es gut mit uns meinten. War nichts als Lüge. Sie dachten ja nur an ihre eigene Bequemlichkeit, diese satten Spießer. Unsere Kinder sollen wirklich frei sein, ohne die Vorurteile und den Zwang der Etablierten."

Diese so unterschiedlichen Einstellungen zum Erziehungsproblem zeigen uns sehr deutlich: Beim Menschen vollzieht sich das Aufziehen der Kinder nicht nach immer gleichen Gesetzen wie bei den Tieren.

Wir sammeln Erfahrungen, filtern sie zu einer Meinung und planen aufgrund eigener Erlebnisse die Zukunft. Unsere Lernfähigkeit lässt uns die positiv und negativ erlebten Erfahrungen trennen und danach streben, die positiven zu wiederholen, die negativen oft mit Vehemenz und Schärfe durch eine entgegengesetzte Handlungsrichtung zu ändern. Dennoch bildet die Fähigkeit des Menschen, aus seinen Erfahrungen zu lernen, keine Gewähr dafür, dass er im Laufe der Generationen klüger wird. Erzöge jeder Mensch seine Kinder lediglich aufgrund seiner eigenen Kindheitserfahrungen, so müsste die Menschheit in einem Teufelskreis extremer Erziehungsweisen stecken bleiben. Auf eine Generation, die Härte in der Erziehung praktiziert, folgte dann eine, die „die weiche Welle" postuliert, und die nächste Generation griffe wieder zu drastischen Methoden.

Es kann also nicht genügen, aus unserem eigenen Erleben allein Erfahrungen zu sammeln und nach ihnen zu handeln; denn wir haben zu wenig Abstand von uns selbst, weil unser Bewusstsein zu begrenzt ist und wir gerade in Bezug auf uns selbst kaum in der Lage sind, Ursache und Wirkung immer vollständig zu erkennen und die Zusammenhänge richtig zu erfassen. Wo aber sonst sollen wir die Maßstäbe finden für erzieherisches Handeln, wenn nicht in unseren eigenen Überzeugungen und aus unserer eigenen Erfahrung?

Diese Frage wurde zunehmend drängender, je mehr sich in der pädagogischen und psychologischen Forschung die Erkenntnis abzuzeichnen begann, dass der Mensch nicht allein von seinen Erbanlagen bestimmt wird. In diesem Buch wird noch häufig davon die Rede sein, was alles „Hänschen" zu lernen imstande ist („Hans nimmermehr!"), wenn man nur rechtzeitig genug damit beginnt! Ja, es gibt heute sogar Pädagogen, die unter dem Eindruck der großen Veränderbarkeit des Menschen durch Erziehung behaupten, der Mensch sei restlos machbar.

Zwar wird in den nächsten Kapiteln gezeigt, dass das so restlos keineswegs der Fall ist; aber dennoch stellt sich angesichts solcher Behauptungen sofort die Frage: Zu was sollen wir den Menschen „machen", und inwieweit dürfen wir ihn überhaupt „machen"? Gewiss, man kann den Menschen zum Mitläufer, zum Revoluzzer um jeden Preis, zum Playboy, zur Männin, zum Kriminellen ver-ziehen. Aber sollen und dürfen wir das dem willkürlichen Belieben Einzelner oder den zweckgerichteten Bestrebungen gesellschaftlicher Systeme überlassen?

Deshalb sind pädagogische Kenntnisse für alle Menschen von Bedeutung. Mit der modernen Wissenschaft vom Menschen, der Pädagogik, der Psychologie, der Soziologie, der Anthropologie und der Sozialmedizin ist ein breiterer Fundus von Erfahrungen entstanden, der mehr Erkenntnisse bieten kann als unser persönliches Leben allein. Vor allem aber hat uns die Erforschung seelischer Krankheiten gezeigt, dass man dem Menschen zwar vieles anerziehen, vieles mit ihm machen kann, dass unserem Tun und Wollen aber Grenzen gesetzt sind. Sie liegen dort, wo der Mensch Schaden nimmt an seiner Seele, wo er in seiner Entfaltung verstümmelt und entstellt wird.

II.

Erziehung in den ersten Lebensjahren

1. Vorgeburtliche Faktoren für das Lebensschicksal des Menschen

Die Verantwortung des Menschen für sein Kind fängt nicht erst bei dessen Geburt an, sondern bereits bei dessen Zeugung; denn das Schicksal eines Menschen, seine günstige oder ungünstige Entwicklung, wird sowohl durch eine verantwortungsbewusste oder eine verantwortungslose Lebenseinstellung der werdenden Mutter wie durch die Einstellung der Eltern zu dem Ungeborenen, ja bereits durch sein Erwünscht- oder Unerwünschtsein, tief greifend beeinflusst. Die Behauptung soll durch Beispiele belegt werden:

> Der Lehrling Richard hat zum dritten Mal die Lehrstelle gewechselt und kommt abermals nicht mit seinen Vorgesetzten und seinem Meister zurecht, obgleich jeder ihm bescheinigt, dass er ein fleißiger und umsichtiger Arbeiter sei. Aber er „hetzt" gegen den Lehrlingsvater ebenso wie gegen den Herbergsvater im Lehrlingsheim. Ja, einem ihm völlig unbekannten Innungsmeister hat er einen beleidigenden Brief geschrieben, sich über Missachtung beklagt und ihn zum Schluss „Scheißetablierten" genannt.
>
> Der Junge war unehelich geboren. Der noch sehr junge Vater hatte sich davon gemacht, als er von der Schwangerschaft erfuhr und die Mutter eine Abtreibung verweigerte. Der Junge hatte verschiedene Male versucht, zu seinem Vater Kontakt aufzunehmen, der ihm aber bedeutet hatte, sein Erscheinen in seiner später gegründeten Familie würde ihm seine Autorität vor seinen ehelichen Kindern rauben. Richard fühlte sich daher von seinem Vater verstoßen und reagierte, ohne es zu wissen, seinen Zorn an ähnlichen „Autoritäten", an seinen Vorgesetzten, ab. So entwickelte er einen Hass, der ihn in seinem Fortkommen beträchtlich behinderte und einschränkte.

Die Tatsache, dass die Mutter von ihrem Partner des ungeborenen Kindes wegen verlassen wurde, kann später für das Kind ein tiefer Schmerz sein und seine negative Einstellung zur Autorität prägen.

Auch wenn ein Kind unerwünscht ist, weil die Mutter noch mit-verdienen will oder muss, obgleich sie verheiratet ist, kann dies be-denkliche Folgen für die Persönlichkeitsentwicklung des Kindes ha-ben. Das Kind braucht dann Ersatzpflegerinnen. Hat die Mutter, ge-hetzt und überfordert, kaum Zeit für ihr Kind und nimmt sich die Ersatzpflegerin seiner liebevoll an, so wird das Kind bald diese als sei-ne eigentliche Mutter empfinden – eine Tatsache, die die leiblichen Mütter häufig zu unterbinden trachten. Viele Kinder fühlen sich auf diese Weise zwischen zwei oder mehr Personen hin und her gerissen und weichen deshalb auf Schleichwege und Unaufrichtigkeiten aus, die ihren Charakter negativ prägen können.

Manchmal ist die Beziehung der Eltern zu ihren Kindern auch heute noch vom Zweckdenken bestimmt.

Es gibt Väter, die – in ihrer eigenen Lebenserwartung enttäuscht – ihre Söhne mit aller Gewalt zu dem Ziel bringen wollen, das sie selbst nicht erreichten. Es gibt Menschen, die mit Hilfe ihrer Kinder ihre zerbröckelnde Partnerschaftsbeziehung aufrechtzuerhalten hoffen. Es gibt Eltern, die ihr schwankendes und unzureichendes Selbst-wertgefühl durch die Zahl ihrer Kinder zu erhöhen trachten. In al-len solchen Fällen wird das Kind nicht mit der Offenheit angenom-men, die ihm zusteht: Es wird nicht um seiner selbst willen geliebt. Viele Eltern müssen diesen Egoismus später mit viel erzieherischer Not, mit Unausgeglichenheit, Depressionen und Ablehnung durch ihre Kinder bezahlen. Freilich muss das Vorliegen einer dieser Fak-toren nicht zwangsläufig zu einer negativen Entwicklung führen. Sie stellen aber erschwerende Bedingungen dar, die eine zusätzliche be-wusste Bemühung um ihre Bewältigung erfordern.

Wie viel einfacher ist dagegen der Lebensstart eines Kindes, das mit Freude erwartet wurde und dessen Eltern seine Ankunft mit Sorgfalt und Liebe vorbereitet und sich auch um seine Zukunft be-reits viele Gedanken gemacht hatten, bevor es auf die Welt kam!

Nötiger denn je brauchen wir heute Klarheit darüber, dass Kinder nicht das Eigentum ihrer Eltern sind. Eltern dürfen für ihre Kinder nicht mehr und nicht weniger sein als sehr verantwortungsbewusste Pfleger und Betreuer einer kostbaren Leihgabe, die unter ihrer Ob-hut gedeihen und sich entfalten soll. Dazu bedarf es des sorgfältigen Hinhörens und Hinschauens. Ein Kind kann sich nur dann gut ent-wickeln, wenn es die seinem jeweiligen Entwicklungsstand ange-messene Förderung empfängt. Wenn die Eltern bei ihrer Erziehungsarbeit Freude, Dankbarkeit und Hoffnung empfinden, dann können gerade diese Gefühle die Grundlage für eine positive Gestimmtheit des Kindes sein, die es mehr als alle materiellen Güter tragfähig macht für die Stürme seines Lebens.

Alle Erziehbarkeit eines Kindes beginnt also mit der Selbsterziehung seiner Erzieher. Das bedeutet zum Beispiel neben aller Vorfreude in der Schwangerschaft Verzicht und Sorgfalt bereits vor der Geburt:

Verzicht auf manchen Lebensgenuss, an den die Mutter vielleicht gewöhnt war, der aber dem Kind schaden könnte.

Verzicht auf das eheliche Zusammensein auch zumindest zwei Monate vor der Geburt, um nicht leichtfertig die Gefahr einer Frühgeburt heraufzubeschwören. (Früh geborene Kinder haben im Einschulungsalter häufig einen Entwicklungsrückstand, der an Jahren den zu früh geborenen Monaten entspricht.)

Sorgfalt ist auch in Bezug auf die körperliche Pflege nötig, zum Beispiel gesunde Ernährung, Bewegung an der frischen Luft, um ein gesundes Wachstum des ungeborenen Kindes zu gewährleisten.

Als wichtige Vorbereitungen auf die Geburt sind zu nennen:

1) ärztliche Vorsorgeuntersuchungen, die es ermöglichen, gegen eventuelle Komplikationen gewappnet zu sein,
2) die Einstellung auf die Geburt, also das Erlernen von Atem- und Entspannungstechniken, die den Geburtsvorgang erleichtern können,
3) die Einstellung auf das Stillen des Säuglings,
4) die Vereinbarung mit der Klinik, dass tagsüber und nachts eine Raumgemeinschaft von Mutter und Kind in der Wochenbettzeit zur Verfügung gestellt wird.

Die positive Einstellung einer Mutter zu ihrem ungeborenen Kind, die sich zum Beispiel auch darin zeigt, dass sie bereit ist, Entspannungstechniken zu erlernen, kann den Ablauf der Geburt erleichtern. Der Neurologe Lempp, einer der maßgeblichen Erforscher der kindlichen Hirnschäden, schreibt dazu:

„Dort, wo die innere Einstellung dem zu erwartenden Kinde gegenüber noch ambivalent oder gar ablehnend ist, sollte zeitig eine psychische Führung einsetzen zur Erwerbung einer positiven Einstellung dem Kind gegenüber. Das Readsche Training (= Entspannungstechnik, Verf.) wäre auch die anzustrebende Methode zur Herbeiführung einer möglichst leichten und komplikationsfreien Geburt, und zwar speziell auch unter dem Gesichtspunkt der Geburterleichterung für das Kind, da ja jeder zu vermeidende Spannungszustand der Mutter eine erhöhte Komplikationsgefahr für das Kind darstellt und da andererseits jede Narkose der Mutter eine Beeinträchtigung der Sauerstoffzufuhr für das Kind mit sich bringt, was wiederum ein unter Umständen vermeidbares erhöhtes Geburtsrisiko bedeutet."[1]

Dem Kranz dieser Vermutungen von schicksalsbestimmenden Gegebenheiten bereits vor der Geburt, lässt sich heute eine weitere Fülle neuer Erkenntnisse hinzufügen; denn mit der technischen Revolution in der pränatalen Forschung, durch die Möglichkeit, den lebenden Fötus in seinen Entwicklungsstadien direkt zu beobachten, wurde eine Fehlvorstellung in der Medizin endlich wieder gelöscht: der neurologischen Vorstellung, dass das ungeborene Kind durch die Gebärmutter vor jeglichem Schaden geschützt sei. Die Contergankatastrophe der 50er Jahre des vorigen Jahrhunderts wirkte unter den Medizinern wie ein furchtbarer, aber aufklärender Schock: Es ist bereits in der Schwangerschaft mehr sorgsame Beachtung nötig, damit nicht lebenslängliche Schäden hervorgerufen werden können.

Heute können die Neurologen den werdenden Eltern vermitteln, dass sich während der ersten drei oder vier Monate der Schwangerschaft, wenn sich die verschiedenen Organsysteme entwickeln, durch teratogene = giftig wirkende Substanzen beim Fötus verheerende Verstümmelungen, meist an den Extremitäten entwickeln können. Und es ist ebenfalls gelungen zu erkennen, dass in den letzten Monaten der Schwangerschaft durch Beeinträchtigung des Nervensystems körperliche Beeinträchtigungen entstehen können, sodass sich dann später – zunächst erst subtil scheinende Minderungen der motorischen Fähigkeiten, des Sprachvermögens und der Konzentrationsfähigkeit herausstellen können. Das ist besonders erschütternd, weil diese Minderungen in den vergangenen Jahren nur in seltenen Fällen diagnostiziert wurden, sodass die schulische Not der Kinder kaum einmal angemessene Berücksichtigung erfuhr. Eindeutig ist jetzt bekannt, dass außer Röntgenstrahlen, Alkohol, Drogen und Zigaretten auch HIV-Infektionen Minderung in der Hirnentwicklung bedeuten. Neuerdings fügen die Forscher darüber hinaus hinzu, dass auch Stress der Mutter den heranreifenden Fötus beeinflussen kann. Wenn eine Mutter während der Schwangerschaft Katastrophen durchleben muss, wie den Tod eines nahen Verwandten, insbesondere des Ehemannes, Scheidung oder Trennung, Vergewaltigung, oder aber auch ständiges Mobbing am Arbeitsplatz oder dessen Verlust, erhöht sich das Risiko eines ebenfalls gestressten Kindes. Hier vermuten auch bereits viele Kinderärzte eine (wenn auch nicht die alleinige) Ursache für das Boomen unruhiger Kinder, die seit einigen Jahren mit der allgemeinen Kennzeichnung ADHS (Aufmerksamkeits-Defizit-Hyperaktivitäts-Syndrom) belegt werden. Alle diese neu erkannten Risiken erhöhen die Verantwortung der jungen Eltern für ihr Baby bereits im vorgeburtlichen Zustand. Sogar das Erbrechen, die Müdigkeit und das Bedürfnis nach Ruhe – so vermuten kompetente Beobachter jetzt – seien sinnvolle physische Befindlichkeiten der Schwangeren, um dem ungeborenen Kind zu einer möglichst ruhigen, stressfreien Ausgestaltung seiner Entwicklung zu verhelfen.

Wie weit ist unsere Familienpolitik von diesen Erkenntnissen entfernt! Wie gefährlich unangemessen ist der Lebensstil ihrer Schwangerschaft geradezu zwangsläufig für viele berufstätige junge Frauen! Denn frühzeitiges Ausscheiden aus dem Arbeitsprozess wird durch den Verlust des Elterngeldes geradezu bestraft.

„Dass die Geburt nicht unser größter Unfall wird", wie ein erfahrener Kinderarzt einmal sagte, dazu kann die werdende Mutter selbst wesentlich mehr beitragen, als man bisher angenommen hat.

Die Zahl der Kinder, die während der Geburt eine Hirnschädigung erfahren, ist größer, als man bisher annahm. Dabei scheint der Anteil der Kinder relativ hoch zu sein, die durch eine komplizierte Geburt (mit einer notwendig werdenden Narkose der Mutter) an langfristigem Sauerstoffmangel leiden mussten. Die Hirnschäden, die durch diesen Sauerstoffmangel (und unter Umständen auch durch andere Komplikationen) entstehen, sind oft so geringfügig und werden im Laufe der Entwicklung eines Kindes so gut wieder ausgeglichen, dass sie für ärztliche Untersuchungen in späteren Jahren nicht mehr fassbar sind. Dennoch zeigen sich diese Störungen in vielerlei den Eltern nicht erklärbaren Schwierigkeiten: in einem schlechten, unzureichenden Saugen des Neugeborenen, in Unruhe, viel Schreien, verspätetem Laufen und verspäteter Sprachentwicklung (das heißt, Sprechen und Laufen setzen erst nach dem sechzehnten bis achtzehnten Lebensmonat ein), in allgemeiner Antriebsschwäche und einer erhöhten Reizbarkeit des Kindes. Aber gerade diese nicht erkannten Störungen können zu einem Martyrium von Kindern und Eltern führen, das die Lebensentfaltung eines solchen Kindes schwerwiegend beeinträchtigen kann.

Dazu ein Beispiel: Eine Bauersfrau, die drei Töchter geboren hat, wird gegen ihren Willen von ihrem Mann gezwungen, ein viertes Kind auszutragen, denn er wünscht sich einen männlichen Hoferben. Die Frau kann sich nur schwer in die Schwangerschaft einfügen, das Erbrechen der ersten Monate dehnt sich weit über die Anfangszeit aus, ebenfalls ist die Geburt wesentlich schwerer als die der Mädchen. Sie dauert über sechsunddreißig Stunden, die Wehen setzen immer wieder aus. Schließlich wird ein Junge mit hoher Zange geboren. „Er war blau wie eine Bickbeere", schildert die Mutter und beschreibt damit die zyanotische Hautfärbung eines Neugeborenen, das unter erheblichem Sauerstoffmangel leidet. Das erste Lebensjahr war dann „eine einzige Qual", gibt die Mutter an. Das Kind habe nicht trinken wollen, sei unruhig gewesen und habe nur unzureichend an Gewicht zugenommen. Im Kleinkindalter sei der Junge steif, langsam und „ohne Trieb" gewesen. Besonders der Vater, aber auch die Mutter hätten dann oft versucht, ihn „anzuheizen", häufig sogar mit Schlägen. Aber der Junge habe nur mit Bockigkeit und Beleidigtsein reagiert. Katastrophal sei es im Schulalter geworden: Mit sechs Jahren bei der Schuluntersuchung zurückgestellt, habe er auch im nächsten Jahr nur mühsam dem Unterricht folgen können. Die Eltern hätten mit dem Kind Tag für Tag gepaukt, wobei viele Tränen geflossen seien; denn der Vater habe es sich in den Kopf gesetzt, dass der Junge die Oberschule besuchen und das Abitur machen solle. Schließlich habe der Junge Verhaltensstörungen entwickelt: Er habe begonnen einzukoten, sei häufig von der Schule verspätet nach Hause gekommen, und überhaupt sei wegen seiner Überempfindlichkeit kein Auskommen mit ihm.

Die unter der Geburt erworbene leichte Hirnschädigung verursachte also eine Entwicklungsverzögerung des Kindes. Zu einem schweren seelischen Leiden aber wurde diese Störung erst dadurch, dass die Eltern die Zusammenhänge nicht ahnten und mit einer Kette von Überforderungen auf sein Verhalten reagierten. Störungen dieser Art werden daher tragischerweise häufig gerade bei besonders bemühten Eltern zu ausgeprägten Leiden, in dem sich eine seelische Verhaltensstörung aufpfropft. Das Inanspruchnehmen der ärztlichen Vorsorgeuntersuchungen kann jedoch nicht selten die Gefahr unvorhergesehener Komplikationen verhindern.

Zusammenfassung

Es fördert die positive Charakterbildung eines Kindes, wenn es erwünscht geboren wird und seine Eltern in einer Lebenslage sind, die ihnen das Aufziehen des Kindes als erhoffte, ertragbare und sinnvolle Aufgabe erscheinen lässt.

Wenn ein Kind für seine Eltern unerwünscht war, können negative Folgen für es entstehen:

Das Kind kann seinen Hass auf die Eltern, die es ablehnten oder allein ließen, auf viele andere Menschen, vor allem auf Autoritätspersonen, übertragen und damit seinen eigenen Lebenserfolg blockieren.

Ein Kind, das von seiner Mutter abgelehnt wird, kann eine allgemeine Kontaktschwäche entwickeln.

Ein Kind, dessen Mutter es nicht allein versorgen kann, kann durch viele Erziehungspersonen und verschiedene Erziehungsweisen heimat- und orientierungslos werden.

Die Erziehung eines Kindes beginnt unmittelbar nach seiner Zeugung; dadurch ist die Verantwortung für das ungeborene Kind bereits von Anfang an sehr groß. Während einer Schwangerschaft – so zeigt die neue Hirnforschung – können durch toxische (giftige) Außeneinwirkungen, ja vermutlich sogar durch Stress, seelische Beeinträchtigungen im Gehirn des Kindes entstehen, die eine Fülle von Lebensschwierigkeiten heraufbeschwören können.

Ein Kind kann aber trotz vielfältiger Risikofaktoren am Lebensanfang oft dennoch ein lebenstüchtiger Mensch werden.

2. Geburt und erste Säuglingsphase

Auch der Geburtsvorgang und die erste Lebenszeit sind von außerordentlich großer Bedeutung für die gesamte spätere Entwicklung des Kindes. Hier werden Weichen gestellt, die sich tief einprägen, sodass Wissen über die Vorgänge bei der Geburt, wie in der ersten Lebenszeit, der sorgfältigsten Beachtung bedürfen. Je natürlicher eine Geburt und die Pflege in der ersten Lebenszeit gehandhabt werden, umso mehr ergibt sich die Möglichkeit einer optimalen Ausgestaltung im späteren Werdegang des Neugeborenen. Was Eltern für eine kompetente Geburtshilfe auf nach den neuesten Erkenntnissen eingerichtete Wöchnerinnenstation tun können, sollten sie tun! Die Fortschritte der modernen Geburtshilfe in Anspruch zu nehmen, sollten junge Eltern niemals scheuen. Es lässt sich grundsätzlich nicht ausschalten, dass unmittelbar vor der Geburt ein Eingriff, wie z. B. ein Kaiserschnitt, unumgänglich wird.

Weit unterschätzt worden ist bisher das lange Vollstillen nach Bedarf als ein zentraler positiver Faktor für die physische und psychische Gesundheit des Menschen. Erst seit kurzem – nach jahrelangem Rückgang – ist es wieder modern geworden. Es ist aber immer noch eine Seltenheit, dass Kinder ein halbes Jahr lang oder länger gestillt werden, wie es früher selbstverständlich war. Aber man kann das Stillen nicht gleichwertig durch die Flasche ersetzen. Internationale Forschung hat das übereinstimmend erwiesen; denn damit, dass dem Kind eine ihm bekömmliche Mahlzeit zugeführt wird, ist die Sache nicht getan! Mit dem Saugen setzt nämlich ein erster und für die Lebensentwicklung des Kindes höchst wichtiger Erziehungsvorgang ein. Das Kind muss sich seine Nahrung er-saugen. Es muss arbeiten, wenn es satt werden will. In frühester Kindheit verknüpft sich so das Erlebnis von Arbeit und Erfolg, von Anstrengungen und der darauf folgenden Zufriedenheit. Das Kind macht – wenn auch unbewusst – bereits eine höchst wichtige Erfahrung; es lohnt sich, sich anzustrengen, der Erfolg tritt ein, wenn man sich müht. Gut und lange brustgenährte Kinder – das können wir heute an Einzelschicksalen nachweisen – bringen besonders gute Voraussetzungen mit zum beherzten Zupacken bei aller späteren Arbeit. Sie können besser durchhalten, sind zäher und damit erfolgreicher bei dem, was sie anpacken, ob es nun das Lernen in der Schule, die Berufsausbildung oder eine körperliche Anstrengung ist.

Wo diese Früherfahrung aber fehlt, kann es zu Fehlentwicklungen kommen. Sicher lässt es sich auch bei der Flaschenernährung erreichen, dass ein Säugling sich anstrengt. Aber das Saugen aus der Brust und aus der Flasche sind zwei grundsätzlich verschiedene Vorgänge. Das Saugen an der Brust erfordert eben mehr Arbeitsleistung, und das Kind schläft danach zufriedener ein. Das flaschengefütterte Kind ermüdet während der Nahrungsaufnahme langsamer – aufgrund der geringeren Anstrengung – und neigt dazu, viel Nahrung aufzunehmen, zumal der Sättigungseffekt der so rasch konsumierten Nahrung erst einige Zeit später auftritt. Um eine möglichst gute Angleichung der beiden Saugvorgänge zu erreichen, sollten dem Säugling – wenn er mit der Flasche gefüttert werden muss – die Möglichkeit zur Anstrengung gegeben werden. Dies wird dadurch erreicht, dass man ein so enges Saugerloch wählt, dass der Säugling etwa zwanzig Minuten für die Nahrungsaufnahme braucht. Aber dann muss man die Nahrung inzwischen wieder wärmen, der Vorzug, auf die Bedürfnisse des Säuglings spontan eingehen zu können, geht damit verloren. Außerdem ist das für Mütter natürlich recht mühsam – wie die ganze Flaschenfütterung im Vergleich zum Stillen überhaupt: Beim Stillen hat die Mutter die Nahrung zu jeder Tageszeit, in jeder Umgebung im-

mer in der richtigen Temperatur bereit. Um die Nahrungsaufnahme
zu beschleunigen – manchmal auch, weil Mütter meinen, das Kind sei
sonst nicht zufrieden –, weiten manche Mütter das Saugerloch. Und
erst Tierexperimente mussten uns beweisen, dass der „Säugling" keineswegs zufrieden ist, wenn er rasch gefüttert wird. Ihm fehlt etwas,
er beginnt unruhig zu schreien und verstärkt zu lutschen.

Das aufschlussreichste Tierexperiment machte dazu O'Connor. Er zog
drei Hundepaare aus einem Wurf mit verschiedenen Ernährungstech-
niken auf: Das erste Paar wurde mit Ersatzpräparaten aus der Flasche
und einem weiten Sauger aufgezogen, das zweite Paar mit einem engen Sauger, das dritte Paar durfte an den Zitzen der Muttertiere saugen. Das erste Welpenpaar lutschte außerhalb der Mahlzeiten unentwegt an den Pfoten, das zweite gelegentlich, das dritte gar nicht!

Viele Mütter wissen nicht, wie wichtig es ist, dass ihr Kind bei der
Nahrungsaufnahme mit Anstrengung saugt. Sie unterliegen deshalb
dem Irrtum, dass ihr Kind noch nicht satt sei, wenn es nach den zu
schnellen Mahlzeiten schreit. Sie nehmen es auf und füttern es weiter, so dass das Kind bald übergewichtig wird und schon nach kurzer Zeit einem konturlosen Fettpaket gleicht. Solche Überfütterung
aber setzt die Anstrengungsbereitschaft des Kindes herab und kann
den Charakterzug „Trägheit" fördern, eine Eigenschaft, die die Erziehbarkeit, Entfaltungsmöglichkeit und das Glück eines Menschen
später beeinträchtigen kann.

Dieser kleine Exkurs auf den pädagogisch wichtigen Wert des Stillens sollte zunächst nur als Verständnisbasis dienen, um deutlich zu
machen: Es ist nach wie vor erstrebenswert, ein Kind zu stillen. Diese Einsicht aber bildet nach neuesten Untersuchungen die wichtigste
Voraussetzung dafür, auch stillen zu können.

In einer amerikanischen Untersuchung wurden einundneunzig Frauen
kurz nach der Geburt eines Kindes befragt, ob sie es stillen wollten. Ein
hoher Prozentsatz antwortete mit Nein, ein niedriger Prozentsatz mit
Ja. Während des Krankenhausaufenthaltes der Mütter wurden ihre
Milchproduktion und ihre Fütterungen beobachtet. Obwohl zunächst
kein Unterschied in der Menge der Milchabsonderung festgestellt werden konnte, gaben die Mütter mit einer positiven Einstellung bereits
am vierten Tag nach der Geburt mehr Milch ab als die mit zweifelnder
oder negativer Einstellung. Ein Großteil der stillunwilligen Frauen gab
auf, die meisten der stillwilligen Frauen waren stillfähig.[2]
    Noch eindrucksvoller ist die Erzählung der Lagerärztin eines deut-
schen Konzentrationslagers der Hitlerzeit. Sie berichtete, dass alle

Frauen, die im Lager ein Kind bekamen, trotz ihrer entsetzlichen seelischen Belastung und trotz ihres schlechten körperlichen Allgemeinzustandes voll stillen konnten, denn es gab keinerlei Ersatzpräparate für die Säuglinge.

Opferbereiter Wille und unermüdliche Mühe machen es den allermeisten Frauen möglich, Anfangsschwierigkeiten beim Stillen zu überwinden. Voraussetzungen dazu:

1) die seelische Einstellung auf das Stillen bereits während der Schwangerschaft,

2) Pflege und Abhärtung der Brustwarzen vor der Geburt des Kindes (um nicht an schmerzhaften Entzündungen scheitern zu müssen),

3) möglichst frühes Anlegen des Kindes nach der Entbindung, Stillen nach Bedarf (auch in der Nacht) und das Vermeiden der Zufütterung des Neugeborenen. Die Milchproduktion beruht auf einem Regulationssystem von „Nachfrage und Angebot". Sie kann sich also dem Bedarf des Säuglings nur dadurch anpassen bzw. steigern, dass sie durch den Saugreiz des Kindes angeregt wird. Die anfängliche geringe Milchmenge steigert sich schnell durch häufiges Anlegen bzw. Stillen des Kindes.

Der Säugling lernt zudem durch angestrengtes Saugen und die daraufhin entstehende Befriedigung, dass es sich lohnt, sich Mühe zu geben. Er kann das lernen, obwohl sein Großhirn noch nicht ausgereift ist. „Lernen" braucht keineswegs immer und allein eine Angelegenheit unseres Großhirns zu sein; bereits im Kleinkindalter entstehen mit Hilfe lustvoller oder unlustvoller Empfindungen Erfahrungen, die sich nachhaltig einstanzen und zu Vorlieben, Abneigungen und Ängsten führen können, deren Ursprung meist schwer herausfindbar ist.

Ein Beispiel: Ein Baby wurde bald nach der Geburt von der Kinderschwester mit Hagebuttentee gefüttert, eine Prozedur, die sich als mühsam erwies, weil es Schnupfen bekommen hatte und deshalb nicht saugen konnte. Unter viel Schreien des Kindes und drastischem Zwang zum Mundaufmachen gelangen schließlich einige langwierige Fütterungen mit dem Teelöffel. Noch heute schüttelt sich dieses jetzt zwanzigjährige Mädchen, wenn es Hagebuttentee auch nur riecht!

Nicht immer aber sind es nur so belanglose Gefühle wie eine Abneigung gegen Hagebuttentee, die sich derartig nachhaltig einstanzen! Die gesamte Stimmungslage eines Menschen, ob er mehr positiv-vertrauensvoll-heiter oder mehr mutlos-deprimiert-pessimistisch der Welt gegenübertritt, kann von den Früherfahrungen eines Kindes abhängen.

Wenn man sich die Frage stellt: „Wie schaffe ich eine Lage für den Säugling, die es ihm möglich macht, die Welt nicht als ein elendes Jammertal anzusehen, sondern das Leben als schön, als lebenswert zu empfinden?", so kommt man zu der Erkenntnis, dass dieser Gesichtspunkt bei der heutigen Handhabung der Säuglingspflege auf den Wöchnerinnenstationen unserer Krankenhäuser trotz mancher Fortschritte immer noch nicht durchgängig beachtet wird. Was empfindet wohl ein Kind, das, hilfloser geboren als jedes andere Lebewesen, noch eben vollständig umhüllt und geborgen im Leib seiner Mutter war, nun im Säuglingszimmer im Bett-an-Bett-Verfahren aufgereiht, mindestens vierundzwanzig Stunden zu warten hat, bis es dahin zurückgebracht wird, wohin es gehört – zu seiner Mutter! Vielleicht ist es gut, dass wir es alle vergessen haben! Denn die Wahrscheinlichkeit, dass wir mit Angst, mit Verlassenheitsgefühlen, mit Katastrophenstimmung reagiert haben, ist groß! Es ist viel wahrscheinlicher, dass wir mit diesen Gefühlen reagiert haben, als dass wir uns unserer geglückten Geburt freuten! Denn selbst die meisten Jungen von Säugetieren und Vögeln, die mit einem wesentlich geringeren Grad an Hilflosigkeit geboren werden, reagieren mit panischer Angst oder dem „Weinen des Verlassenseins", wenn man sie nach der Geburt längere Zeit vom Muttertier trennt. Darüber hinaus ist ein Säuglingszimmer in einer Klinik selten ein Ort süßer Ruhe! Es wird vermutet, dass bereits hier der Grundstein für später zutage tretende nervöse Störungen gelegt werden kann. Und es sollte in diesem Zusammenhang zu denken geben, dass eine Forschergruppe festgestellt hat, dass es in einem Negerstamm in Afrika, wo die Säuglinge in der Leibnähe der Mutter bleiben, die seelische Erkrankung der Depression nicht gibt, während sie in den zivilisierten Ländern so häufig ist, dass die Zahl der Ärzte und Psychotherapeuten zu ihrer Behandlung nicht ausreicht.

Für das Hineinwachsen in die pflegerischen Aufgaben braucht auch die Mutter die Nähe ihres Kindes. Ähnlich wie bei manchen Tieren wird nämlich auch beim Menschen der Impuls einer Mutter, ihr Kind zu versorgen, unterstützt durch ein während der Geburt bei Mutter und Kind ausgeschüttetes so genanntes „Glückshormon", das Oxytocin, sowie durch den Anblick und die Lautäußerungen des Kindes. Die Mutter eines Säuglings kann ein starkes Gewitter unter Umständen tief schlafend überhören, während ein nur schwacher Laut ihres Kindes sie sofort hellwach werden lässt. Die Lautäußerungen des Kindes wirken auf die Mutter als ein so genannter Auslöser zur Fürsorge für das Kind, ein Phänomen, das man als „Ammenrapport" bezeichnet.[3]

Und in Bezug auf den Anblick des Kindes hat sich erwiesen, dass bestimmte typische Züge des Säuglings (kurze runde Stirn, runde Wangen, kleines Untergesicht), das so genannte „Kindchenschema"[4], geeignet sind, ein starkes Bedürfnis zum Betreuen zu erwecken. Diese instinktiven Vorgänge sind, ebenso wie das Saugen des Kindes an der Brust, geeignet, die Laktation (= Milchproduktion) zu beschleunigen.[5]

Generell lässt sich also sagen: Die unmittelbare Nähe zwischen Mutter und Kind fördert die Bindung zwischen beiden. Diese Bindung aber ist für den Säugling nicht weniger wichtig als die Versorgung seines Körpers mit Nahrung. In Kapitel VI soll ausführlich beschrieben werden, in welcher Hinsicht sich die Bindung an die Mutter positiv auf seine Erziehbarkeit, die fehlende Bindung hingegen negativ auswirken kann.

Wie entscheidend sich die Gestaltung der Wochenbettzeit einer Mutter auf das Lebensschicksal eines Kindes auswirken kann, wird in folgendem Fall deutlich:

Eine unverheiratete Frau hat beim Jugendamt ihr ungeborenes Kind zur Adoption angemeldet. Sie gerät zur Entbindung in eine Klinik, in der kurz zuvor eine Einrichtungsänderung vorgenommen worden war: Die Körbchen der Neugeborenen stehen am Tage neben den Betten der Mütter. Nach einer Woche der Pflege zieht die junge Frau ihren Adoptionsantrag zurück. Sie habe eine solche Liebe zu dem Kind gefasst, dass sie bereit sei, es zu behalten. Sie habe eine Stelle als Haushaltshilfe gesucht, in der ihr Kind bei ihr sein dürfe.

Es gehört immer noch zu den Gepflogenheiten mancher Frauenkliniken, ein neugeborenes Kind erst Stunden nach der Geburt „anzulegen" und danach im Vierstundenrhythmus und mit einer nächtlichen Achtstundenunterbrechung zu füttern. Diese Regeln sind dazu angetan, die Mutter zu schonen und das Kind sofort an eine Ordnung zu gewöhnen. Hier wird also erstmals im Leben des Kindes eine Forderung mit erziehendem Akzent gestellt. Auch wenn sich das Kind meldet (das heißt, wenn es sein einziges Signal, das Schreien, zur endlos tönenden Dauersirene ausdehnt), hat es zu warten, bis seine Stunde schlägt. Diese Erziehung vom ersten Lebenstag an zeitigt rasch Folgen: Das Kind schreit bald weniger und meldet sich schließlich nur noch zu den Mahlzeiten oder selbständig gar nicht mehr.

Aber nicht jeder Säugling, der still und brav in seinem Bettchen liegt, ist mit Sicherheit auch zufrieden! Genaue Beobachtungen haben gezeigt, dass es bereits bei Säuglingen eine tief greifende Resignation gibt, die so genannte anaklitische Depression[6], die in der Seele eines Menschen eine Neigung zur Resignation vorbereiten kann.

Die Erfahrungen mit seelisch gestörten Erwachsenen lassen es als fragwürdig erscheinen, den Lebensanfang eines Menschen mit einer Dressur auf Verzichtsleistungen zu beginnen, denen seine natürlichen Bedürfnisse untergeordnet werden.

Diesen negativen Erfahrungen mit einer übermäßigen Ordnungsdressur beim Säugling kann man die Erfolge der Erziehungsmethoden bei Naturvölkern gegenüberstellen. Dort tragen die Mütter meist ihre Kinder weit über die Säuglingszeit hinaus auf dem Rücken und stillen sie nach Bedarf. Wider alles Erwarten werden diese Kinder nicht ungeduldig und anspruchsvoll, sondern sie zeigen, wenn sie älter sind, eine stille Gelassenheit, die für einen Europäer überraschend ist.

Ordnung und Verzicht zu lernen sind dringlich innerhalb der Erziehung des Menschen. Der Zeitpunkt für solche Forderungen kann aber erst dort liegen, wo die seelisch-geistige Entwicklung eines Kindes so weit fortgeschritten ist, dass es durch die Art und das Ausmaß der Forderungen nicht in eine überflutende Existenznot versetzt wird. Das einzige Signal seiner Bedürftigkeit, das Schreien eines Säuglings, täglich stundenlang zu überhören, ist in höchstem Maße unnatürlich für Mutter und Kind und kann ihm schaden.

Deshalb plädieren fortschrittliche Kinderärzte am Lebensanfang des Säuglings für ein Stillen nach Bedarf. Viele Erfahrungen mit dieser Methode haben bestätigt, dass diese natürliche Umgangsform mit dem Säugling auch die richtige ist. Bei häufiger Inanspruchnahme der Brüste (beider zu jeder Mahlzeit des Säuglings!) erhöht sich rasch die Milchproduktion und bleibt bei natürlicher Handhabung so lange in ausreichendem Maße vorhanden, wie das Kind danach verlangt. Manche Säuglinge melden sich bereits nach einigen Wochen nachts nicht mehr, nach ein bis zwei weiteren Monaten nicht einmal mehr zur Zweiundzwanzig-Uhr-Mahlzeit, andere brauchen länger, was aber auch kein Grund zur Beunruhigung ist. Der Gewinn aber ist unermesslich.

So berichtet Frau J., die ihr zweites Kind im Gegensatz zum ersten nach dieser Methode fütterte: „Unsere Jüngste ist von einer strahlenden Heiterkeit und Zufriedenheit. Während unsere Älteste nörglig geblieben ist, anspruchsvoll und ungeduldig-unzufrieden fordernd immer irgendetwas von mir will, ist unser jüngstes Kind in sich glücklich und zufrieden und deshalb auch viel leichter erziehbar." (Vgl. hierzu auch Kapitel VI.)

In jüngster Zeit gehen einsichtige Frauenärzte unter dem Druck neuer Forschungsergebnisse[7] mehr und mehr zu der oben dargestellten natürlicheren und bekömmlicheren Gestaltung der Wochenbettzeit über. Das so genannte „Rooming-in" macht ebenso Fortschritte wie die Bemühungen der Still-Liga (la lèche league), die sich auf internationaler Basis um die Anleitung zum Stillen bemüht. Ratsam ist es auch, sich bereits vor der Entbindung Literatur mit konkreten Stillhilfen zu besorgen (H. Lothrop: Das Stillbuch. Kösel-Verlag, 1992), um beim Auftreten von Stillproblemen gewappnet zu sein und nicht gleich aus Verzweiflung oder unter dem Einfluss von veralteten Ratschlägen abzustillen.

Zusammenfassung

Die Erziehung eines Kindes beginnt unmittelbar nach seiner Geburt. Freilich erscheint es Erfolg versprechender, diese Zeit im Sinne einer Vorbereitung zur Erziehbarkeit des Kindes zu nutzen als zu einer dem Entwicklungsstand des Kindes nicht gemäßen Dressur. Durch Einsicht kann das Neugeborene noch keine Lernschritte vollziehen. Angeborene Antriebe, die die Lebenserhaltung des Kindes zu sichern haben, beherrschen das Verhalten eines Säuglings. In Bezug auf die Gestaltung der ersten Lebenstage des Kindes ist anzustreben: die unmittelbare Nähe zwischen Mutter und Kind und ein Stillen nach Bedarf, nicht nach starrem Stundenplan. Die renommierte Neurologin Lise Eliot resümiert folgendermaßen die internationalen Forschungsergebnisse über die Bedeutung des Stillens für die Intelligenzentwicklung: „Je länger die Mutter ihr Baby während seines ersten Lebensjahres stillt, desto höher ist der IQ des Kindes. Die amerikanische Kinderärztliche Vereinigung empfiehlt heute, ein ganzes Jahr zu stillen."[54]

3. Die Mutter-Kind-Beziehung

Aus jeder zweiten Illustrierten können wir es heute erfahren: Ein Kind braucht Nestwärme.

Das Wort „fehlende Nestwärme" fällt zu Recht im Anblick von jugendlichen Straftätern und Heiminsassen, bei Wegläufern und Streunern. Was haben sie denn nun eigentlich entbehren müssen? Die gut funktionierende Ölheizung, die gute Butter auf dem Brot, den rosa Himmel über dem Babykorb, die Märchenbilder über dem Bett? Nein, wir wissen heute mit Sicherheit, dass alle diese äußeren Dinge nicht ausreichen. Was das Kind zu seiner Entwicklung braucht wie das tägliche Brot, ist gerade nicht der Komfort, sondern die Liebe seiner Mutter!

Bei diesem großen Wort, das uns so selbstverständlich scheint, brauchen wir aber wiederum ein Stück Besinnung. Was heißt das – „Liebe"? Falls damit lediglich ein Gefühl zärtlicher Zuneigung für das Kind gemeint ist, so ist das in Bezug auf die Mutterliebe keineswegs genug, um „Nestwärme" wirklich zu vermitteln.

So sagte eine junge Arbeiterin, die sechs Monate nach der Geburt ihres Kindes an ihren Achtstunden-Arbeitsplatz zurückgekehrt war: „Ich denke den ganzen Tag an mein Kind. Es soll es einmal besser haben als mein Mann und ich. Erst wollen wir uns jetzt noch ein Auto zusammenverdienen, man kann doch leichter mit dem Kind ins Grüne fahren an den Sonntagen." Während diese Mutter aus Liebe zu ihrem Kinde das Geld für ein Auto verdient, ist es Tag für Tag wechselnden Ersatzpflegerinnen ausgesetzt und zwischendurch über Stunden in der Wohnung allein, weit mehr als es ihm zuträglich sein kann. Als der jungen Frau aufgrund des Untersuchungsbefundes ihres seelisch kranken Kindes geraten wurde, die Berufstätigkeit eine Zeit lang zu unterbrechen, um das Kind nicht allein zu lassen, erwiderte sie entwaffnend: „Wieso, das verstehe ich nicht – das tun doch alle."

Diese Worte beweisen deutlich, wie nachahmungsbereit der Mensch ist, so sehr – falls er nicht selbständig zu denken gelernt hat –, dass er unbedenklich in der Lage ist, sein natürliches Gefühl zu überhören und sich einer für ihn und seine Nächsten schädlichen Mode anzupassen.

Nestwärme wird einem Kind vor allem durch die opferbereite Liebe seiner Mutter, durch Zeithaben und Zuwendung, gegeben. Vie-

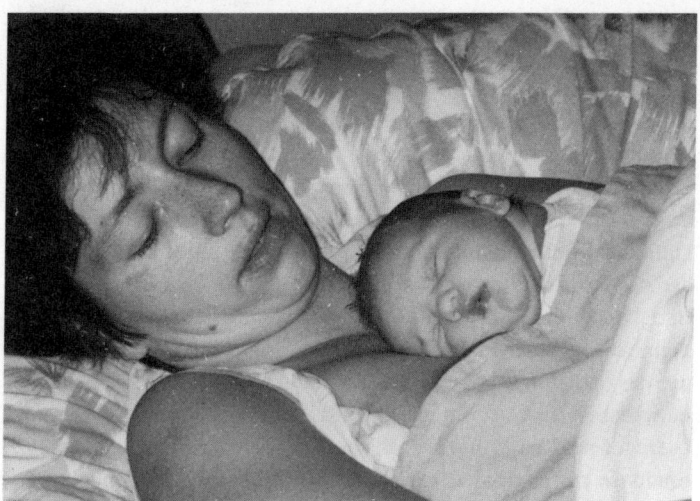

Die Leibnähe des Neugeborenen bei seiner Mutter ist von größter
Wichtigkeit.

le Mütter meinen aber, sie könnten nach der Entbindung genauso
weiterleben wie vorher. Zumal, wenn sich durch mangelnden Mut-
ter-Kind-Kontakt im Wochenbett und durch rasches Abstillen die
notwendige Beziehung nicht entwickeln konnte, geben viele Mütter
heute ihre Kinder ab, ohne zu ahnen, was für ein bedenkliches Risiko für die seelische Entwicklung ihres Kindes dadurch entsteht. Sie
überlassen anderen die Betreuung ihres Kindes, etwa der noch rüsti-
gen Großmutter, einer Tagesmutter, einer Kinderkrippe oder gar
einem Heim.

> Eine Studentin, die im Zuge einer in Gewalttätigkeiten entarteten De-
> monstration straffällig geworden war, erklärte, von ihrem Richter ge-
> fragt, ob es nicht besser wäre, bei ihrem Kind zu bleiben (das sie vor
> ein paar Wochen geboren hatte): „Wieso, das ist doch in einem Heim;
> aber gerade für das Kind demonstriere ich ja!"

Diese Studentin zäumte aus Unkenntnis das Pferd am Schwanze auf:
Denn es ist unsinnig, für bessere Studienmöglichkeiten der eigenen
Kinder zu kämpfen, wenn man sie vorher einer Schädigung ausgesetzt hat, die die Chance, ein Student werden zu können, in Frage
stellt. Viele Kinder, die in Heimen aufwachsen müssen, in der Be-

treuung ständig wechselnder Pflegerinnen, mit einem Minimum an Kontakt zu ihnen, bleiben in ihrer seelischen und geistigen Entwicklung zurück.

Der Mensch braucht für seine geistige und seelische Entwicklung von der frühesten Säuglingsphase an eine intakte Bindung an eine Pflegeperson. Bereits ein Neugeborenes nimmt seine Pflegerin wahr, reagiert auf Lautäußerungen und In-den-Arm-Nehmen mit Beruhigung, antwortet auf Berühren seiner Wangen mit Suchbewegungen des Kopfes nach der mütterlichen Nahrungsquelle. Nach Ablauf der ersten vier Lebenswochen beginnt es zunehmend mehr, seine Pflegerin anzuschauen. Es folgt jetzt den Bewegungen der Menschen um sich herum. Maßgebliche Erforscher der Mutter-Kind-Beziehung haben darauf aufmerksam gemacht, dass Kinder bald nach der Geburt den Geruch und die Stimme der Mutter von der anderer Personen unterscheiden können. Jenseits ihres ersten Lebensmonats beginnen sie während des Stillvorgangs, das Gesicht der Mutter zu fixieren. Sie reagieren in diesem Alter auf zwei Augen, eine Stirn- und Nasenpartie, die ihnen frontal dargeboten werden und sich gleichzeitig bewegen, mit Lächeln. Ähnlich wie beim Instinktverhalten der Tiere wirkt hier eine bestimmte Merkmalsgruppe – die frontale Augenpartie und die Bewegung des Kopfes – als Schlüsselreiz eines angeborenen Auslösemechanismus, um ein bestimmtes Verhalten – das Lächeln – in Gang zu setzen.

Nach dem gleichen Prinzip wird bei Säuglingen auch der Saugvorgang ausgelöst. Hier bildet die Berührung seiner Wange den Schlüsselreiz für das Kind, nach der Brustwarze zu suchen, den Mund zu öffnen und sich zuschnappend um die Mamilla zu schließen. Wäre dieses Verhalten dem Kind nicht angeboren, hätte ein neugeborener Mensch bei der Unausgereiftheit seiner Großhirnfunktionen kaum eine Überlebenschance. Eine ähnliche „lebenserhaltende Bedeutung" hat nach Spitz das dem vier Wochen alten Kind frontal sich zuwendende Gesicht des Pflegenden; denn es bildet die erste Voraussetzung dafür, dass das Kind seine Mutter kennen lernen kann. „Wenn das Kind also an der Brust trinkt, fühlt es die Brustwarze im Mund, während es zur gleichen Zeit das Gesicht der Mutter sieht! Hier vermischt sich eine Tastwahrnehmung mit einer Fernwahrnehmung. Beide werden Bestandteile ein und derselben

Erfahrung. Diese Vermischung macht den Weg frei für einen allmählichen Übergang von der Orientierung durch Berührung zur Orientierung durch Fernwahrnehmung. Der Erlebnisfaktor in diesem Übergang liegt darin, dass während des Stillvorgangs, wenn zum Beispiel das Kind die Brustwarze verliert und wieder erfasst, der Kontakt mit dem Bedürfnis befriedigenden Sinneseindruck verloren und wieder gewonnen wird, und zwar immer wieder. In der Pause zwischen Verlust und Wiedergewinn des Kontakts bleibt das andere Element der gesamten Wahrnehmungseinheit, die Fernwahrnehmung des Gesichts, unverändert bestehen. Im Laufe dieser sich wiederholenden Erlebnisse kommt es dazu, dass das Kind sich allmählich auf die optische Wahrnehmung verlässt, denn sie geht nicht verloren; sie erweist sich als die konstantere und darum lohnendere von beiden."[8]

Lange Zeit braucht das Kind dazu, seine Bindung an die ihm zugehörige Pflegerin per Blickkontakt zu verfestigen. Dieser Lernvorgang zieht sich über die folgende Zeit, etwa bis zum sechsten Lebensmonat, hin; denn bis zu diesem Zeitpunkt lächeln Kinder alle bewegten, frontal angebotenen Augenpaare an, selbst die von unbelebten Attrappen. Erst nach Ablauf von sechs Lebensmonaten lächeln Kinder keine Fremden mehr an, sondern nur noch die Menschen, die sie mittlerweile als zugehörig erkannt haben. Das Kennenlernen durch Anschauen – vor allem während der Fütterung – in der Zeit zwischen dem zweiten und sechsten Lebensmonat hat also für die Erziehbarkeit des Kindes eine entscheidende, ja eine lebenswichtige Bedeutung. Viele Beobachtungen sprechen dafür, dass das Kind in dieser Zeit für seine Pflegende ein starkes Zugehörigkeitsgefühl entwickelt, sich an sie bindet.

Dieser Bindungsvorgang wird mit Hilfe von Instinkthandlungen (dem suchenden Anschauen) vorbereitet, wie es sie bei vielen Säugetier- und Vogeljungen gibt; dort sind sie aber weniger kompliziert, kürzer und deshalb leichter durchschaubar. Bei Entenvögeln – so hat der Verhaltensforscher Konrad Lorenz festgestellt, und sein Mitarbeiter Friedrich Schutz[9] hat diese Beobachtungen variiert und erweitert – liegt der Lernprozess des Kennenlernens der Pflegenden durch das junge Entchen wenige Stunden nach dem Schlüpfen aus dem Ei. Lautäußerungen, Bewegung und Berührung zwischen Pflegling und Pfleger in dieser nur etwa vierundzwanzig Stunden

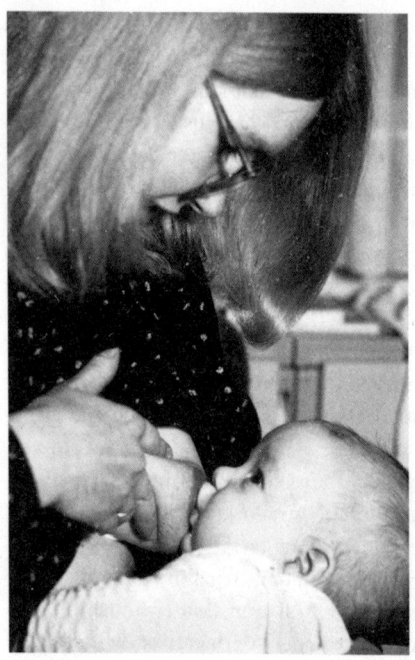

Der Säugling sucht den
Blickkontakt zur Mutter,
während er gestillt wird.

währenden Phase bewirken, dass das Entchen diesem einen nach-
folgt, unabänderlich bis an das Ende seiner Kindheit, und dass es erwartet, von diesem einen, auf den es „geprägt" ist, betreut und beschützt zu werden. Diese Nachfolgeprägung, die nur in einem ganz
bestimmten Zeitabschnitt erfolgen kann, hat also einen biologischen
Sinn. Der junge Entenvogel lernt in der so genannten „sensiblen
Phase", an wen er sich zu halten hat. Dieser Prozess ist zu einem späteren Zeitpunkt nicht nachholbar und auch nicht wieder rückgängig
zu machen. Er vermittelt dem noch unselbständigen Jungen Schutz
und Geborgenheit, Nachfolge- und Nachahmungsbereitschaft;
denn nur darin besteht die Chance, dass es die Zeit der Hilflosigkeit
überlebt und dass sein Unabhängigsein vorbereitet wird.

Dabei hat sich außerdem mit Hilfe von Tierexperimenten herausgestellt: Der Vorteil, dass die Tierkinder eventuell auch von
einem Ersatzlebewesen – sei es von einer Tierpflegemutter oder von
einem Menschen – großgezogen werden können, wenn sie recht-

zeitig auf diese Ersatzpersonen geprägt wurden, wird durch den Nachteil eingetauscht, dass dieser Ersatz unangemessen sein kann für die Bedürfnisse eines Entenkindes. (Man kann, wie es im Max-Planck-Institut für Verhaltensforschung Seewiesen nachgewiesen wurde, junge Enten sogar auf einen Fußball prägen!) Ja, man kann die sensible Phase für Nachfolgeprägung absichtlich verpassen, indem man die Entchen während dieser Zeit von einem möglichen Prägungsobjekt fern hält. Unter solchen „falschen" Bedingungen zeigen die Tiere später erhebliche Verhaltensanomalien, vor allem im Umgang mit Artgenossen. Solchen Tieren gelingt die Anpassung an die Spielregeln der Gemeinschaft nicht zureichend, sie wirken „taktlos", distanzlos und werden von Artgenossen, die unter natürlichen Bedingungen aufgewachsen sind, gemieden und fortgebissen.[10]

Ähnliche Anpassungsschwierigkeiten haben nun interessanterweise jene Kinder, die in ihrem ersten Lebensjahr keine Möglichkeit hatten, sich an eine bestimmte Pflegerin zu binden. (Wie solche Verhaltensstörungen beim Menschen aussehen, wird in Kapitel VI ausführlich beschrieben werden.) Hier soll nur Folgendes vorausgeschickt werden: Die Ähnlichkeit solcher Verhaltensstörungen bei Mensch und Tier spricht dafür, dass auch der Mensch eine sensible Phase hat, in der er sich an seine Pflegerin bindet. Wie lange diese prägsame Phase beim Menschen dauert, wissen wir nicht mit Sicherheit. Auf jeden Fall ist sie ein sehr viel komplizierterer und länger dauernder Lernvorgang als bei den Entenvögeln. Zumindest scheint es so, als ob Kleinkinder bis zum Alter von fünfzehn Monaten noch „prägbar" sind und als ob langfristige Mutter-Kind-Trennungen zwischen dem sechsten und zwölften Lebensmonat die gravierendsten Schädigungen auszulösen vermögen; denn im Alter von sechs Monaten ist die Bindung an die Pflegende vollzogen. Das Kind kennt jetzt die, die es betreut. Es kann daher negative Folgen haben, wenn diese Person über Wochen oder gar ganz aus dem Gesichtskreis des Kindes verschwindet; denn ein halbjähriges Kind, am Ende des so genannten „Schaualters", geht mit der zunehmenden Beherrschung seiner Körperbewegungen zu Handlungen über, die seinen Horizont erweitern und ihm Umwelterfahrungen vermitteln. Die Nachahmungsbereitschaft eines Kindes wird jetzt sehr wichtig;

sie ist aber erfahrungsgemäß beim gesunden Kind umso besser, je mehr es sich im zweiten Viertel des ersten Lebensjahres an eine einzige Pflegerin zu binden gelernt hat.

Bietet diese Pflegerin dem Kind jetzt Möglichkeiten zur Welterfahrung, indem sie es „zur Welt hin" auffordert und es zeigend und benennend mit seiner Umwelt vertraut macht, so ist damit ein Lernschritt von großer Wichtigkeit vollzogen: Ein Kind, das unter der freundlichen Zuwendung seiner Mutter die ersten Nachahmungs- und Lernerfolge erlebt, bekommt Lust zur Nachahmung. Deshalb ist eine stabile Mutter-Kind-Bindung eine der notwendigsten Voraussetzungen für die spätere Lernbereitschaft, Gewissenhaftigkeit und Anpassungsfähigkeit eines Menschen. An einer einfachen Beobachtung lässt sich dieser Tatbestand nachweisen: Kinderliebe Mütter, die das Glück hatten, dass ihre ältesten Kinder in einer innerlich und äußerlich ungetrübten Zeit Säuglinge waren, beschäftigten sich meist sehr viel mit ihren Babys. Mit großer Zuneigung und Wärme widmen sie sich dem Erlebnis der allmählichen Entfaltung ihres ersten Kindes. Bei den nachgeborenen Kindern ist der Zauber und Reiz des Neuen für die Mütter dann häufig nicht mehr in diesem Maße vorhanden. Sie haben mehr Arbeit, weniger Zeit und auch weniger Lust zur Beschäftigung mit den Kleinen. Häufig werden deshalb gerade die Nachgeborenen viel nachhaltiger darauf dressiert, sich zu gedulden und zu warten. Diese Mütter machen durchgängig die Erfahrung, dass ihre älteren Kinder im Schulalter wesentlich lernwilliger und fleißiger sind, so dass es kaum Mühe macht, sie zu den Schularbeiten anzuhalten. Auf diese Weise zeigen die Älteren in einer Geschwisterschar oft die besten Schulleistungen, obgleich sie keineswegs immer intelligenter, sondern nur gewissenhafter sind als ihre Geschwister.

Es wird deutlich: Der Terminus „Prägung" lässt sich mit einem gewissen Vorbehalt auf den Menschen übertragen. Die Möglichkeit, in sensiblen Phasen grundlegende Erfahrungen zu machen, ist beim Menschen zwar wesentlich differenzierter, aber die Tierverhaltensforscher können uns doch an ihren Versuchstieren einfache Strukturen aufzeigen, die geeignet sind, unser Verständnis für die Entfaltungsbedingungen des Menschen zu vertiefen. Die Störbarkeit seelischer Entfaltung gerade in der frühen Kindheit zeigt uns

Anwortkarte

Verlag Dr. Ingo Resch GmbH
Maria-Eich-Straße 77
82166 Gräfelfing
DEUTSCHLAND

Absender:
Bitte deutlich ausfüllen

Vorname/Name

Firma

Abteilung

Straße

PLZ/Ort

Land

Bestellschein

Bitte senden Sie mir gegen Rechnung folgende Bücher zu:

Ex.	Autor/in	Titel	Einzelpreis zzgl. Versandkosten*)
	Meves	Erziehen lernen – Was Eltern und Erzieher wissen sollten	€ 19,90
	Meves	Geheimnis Gehirn – Warum Kollektiverziehung und andere Unnatürlichkeiten für Kleinkinder schädlich sind	€ 16,80
	Meves	Mein Leben – herausgefordert vom Zeitgeist	€ 14,32
	Meves	Liebe und Aggression – Wie gehe ich damit um?	€ 10,12
	Meves	Verführt, manipuliert, pervertiert – Die Gesellschaft in der Falle modischer Irrlehren	€ 9,95
	Meves	Trotzdem: Mut zur Zukunft – Bilanz aus 30 Jahren Fehlentwicklung	€ 10,12
	Meves/Dillon	Aber ich will dich verstehen – Eine Mutter kämpft um ihr Kind	€ 6,90
	Resch	Islam und Christentum – Ein Vergleich	€ 8,90
	Seubert	Jenseits von Sozialismus und Liberalismus – Ethik und Politik am Beginn des 21. Jahrhunderts	€ 19,90
	Rohrmoser	Kulturrevolution in Deutschland – Philosophische Interpretation der geistigen Situation unserer Zeit	€ 24,90
	Weigl	Der preisgegebene Mensch – Überlegungen zum biotechnischen Umgang mit Embryonen	€ 24,90
	Gerl-Falkovitz	Eros, Glück, Tod und andere Versuche im christlichen Denken	€ 15,00
	Gockel	Deutschland – die überstrapazierte Nation	€ 13,90
	Gabriel	Jesus und Mohammed – Erstaunliche Unterschiede und überraschende Ähnlichkeiten	€ 13,90
	Baader	Die belogene Generation – Politisch manipuliert statt zukunftsfähig informiert	€ 14,32
	Noebel	Kampf um Wahrheit – Die bedeutendsten Weltanschauungen im Vergleich	€ 29,90

☐ Bitte senden Sie mir den Prospekt dieser Reihe kostenlos zu.

Datum

*) Unsere Versandkosten können Sie unserer Internetseite entnehmen, ebenso unsere AGB, die Sie mit Ihrer Bestellung anerkennen. Für Fragen stehen wir Ihnen jederzeit unter Tel. 0 89 / 8 54 65 - 0 zur Verfügung

Unterschrift

Der Säugling lächelt die ihm
bekannten Personen seiner
Umgebung an.

In der „Mundphase" erkundet das
Kind die Welt, indem es Gegenstände belutscht.

1) den Vorrang des Triebgeschehens in den ersten Lebensjahren des
   Menschen und
2) seine Abhängigkeit von bestimmten biologisch festgelegten
   „natürlichen" Entwicklungsbedingungen, die nicht ungestraft
   vernachlässigt werden dürfen.

Die vergleichende Verhaltensforschung kann uns die Einsicht vermitteln, dass wir den Menschen keineswegs grenzenlos manipulieren
können, ohne ihm in seiner psychischen Gesundheit tiefgreifend zu
schaden. Wir sind vielmehr darauf angewiesen, genau zu betrachten,
wie die natürlichen Entwicklungsbedingungen aussehen, und müssen versuchen, uns ihnen anzupassen.

An dem Umgang einer Mutter mit ihrem Kind im ersten Lebensjahr können wir darüber hinaus noch etwas lernen über die Ver-
schränkung zwischen Reifungsvorgängen und den Einflussmöglich-
keiten der Betreuer; denn hier wird eine Gesetzmäßigkeit deutlich,
die zu wissen für jedes fruchtbare erzieherische Tun notwendig ist.

Viele Funktionen des Kindes entfalten sich in seinem ersten Lebensjahr, zum Beispiel: Das koordinierte Sehen setzt etwa mit der
dritten bis vierten Lebenswoche ein, im Alter von zwei Monaten
kann das Kind seinen Kopf heben, um den sechsten Lebensmonat
herum ist seine Rückenmuskulatur so weit gestärkt, dass es zu sitzen
beginnt, mit einem Dreivierteljahr fängt es an zu krabbeln und sich
aufzurichten, um den zwölften Lebensmonat herum beginnt es
allein zu laufen. Diese Vorgänge unterliegen dem Grundprinzip alles Lebendigen: Es vollzieht sich von innen her ein Prozess zunehmender Ausgestaltung, der von einfachen Formen zu komplizierte-
ren Bildungen führt. Solche Prozesse bezeichnen wir als Reifung.
Reifungsvorgänge sind an Entwicklungsphasen gebunden, die man
nicht unbeschadet außer Acht lassen kann. Am Modell der Motorik
ist das sehr eindrucksvoll ablesbar: Übt man mit einem Kind das Sitzen etwa bereits im zweiten Lebensmonat, indem man es immer wieder auf lange Zeit in Kissen gestützt sitzen lässt, so provoziert man
die Gefahr von Haltungsschäden. Andererseits: Hindert man ein
Kind, das um den sechsten Lebensmonat herum von sich aus Anstrengungen macht, sich aus der Rückenlage aufzurichten, an solchen Versuchen, indem man es zurücklegt oder gar in der Rückenlage festbindet, so kann sich die gesamte motorische Entwicklung
des Kindes über Monate verzögern. Unterstützt man aber das
Bemühen eines Kindes zu dem Zeitpunkt, an dem sein Impuls zum
Aufrichten erstmals eigenständig in Erscheinung tritt, etwa durch
vorsichtiges Training und Ermunterung, so geht die Entfaltung der
Einzelfunktion zügig und harmonisch vonstatten. Das ist nicht nur
so bei der Entfaltung der Motorik. Auch bei den geistig-seelischen
Entfaltungsprozessen kommt es darauf an, zum richtigen Zeitpunkt
durch entwicklungsfördernde Reize die sich entfaltende Einzelfunktion zu unterstützen. Alle Verfrühungen können die Entfaltung verstümmeln, alle Behinderungen können sie verzögern. Gesunde und
wirkungsvolle Erziehung muss phasengerecht sein, das heißt, sie

setzt eine genaue Beobachtung des Kindes und Kenntnis der Ent-
wicklungsgesetze des Menschen voraus. Den Reifestadien des Kindes entsprechend sind daher die Hauptaufgaben des Erziehers im
ersten Lebensjahr folgende:

1) Die ersten vier Lebenswochen müssen dem Einpendeln der Still-
   vorgänge gewidmet sein. Das Ersaugen der Nahrung ist ein wichtiger, die Erziehbarkeit fördernder Vorgang in dieser ersten Lebenszeit; da der Saugreflex bereits vorhanden ist, wird das Einüben einer dem Säugling angemessenen Form der Nahrungsaufnahme zu einem ersten Gebot seiner Betreuer.
2) Das Kennenlernen der Pflegenden wird von der Geburt an zur Er-
   ziehungsaufgabe. Das Kind sollte zunächst nur von einer Pflegeperson – möglichst der Mutter selbst – versorgt werden, es sollte
   darüber hinaus, wenn irgend möglich, gestillt werden, zumal das
   Verfestigen der Bindung sich besonders während der Mahlzeit an
   der Brust vollzieht. (Der Anreiz zum Anschauen und damit zur
   Bindungsfähigkeit wird durch das Stillen anscheinend gefördert.)
3) Vom vierten Lebensmonat ab, mit zunehmender Verfeinerung
   der Sinnesfunktionen, vor allem dem Sehen und Hören, sollten
   dem Kind durch Zeigen, Aufmerksammachen und Benennen
   auffordernde Reize angeboten werden, die seine Neugier zur Bewältigung des Unbekannten steigern.
4) Mit der zunehmenden Entfaltung der Motorik vom sechsten
   Lebensmonat ab sollte man dem Kind Gelegenheit geben, die
   Beherrschung seines Bewegungsapparates zu steigern. Möglichkeiten zum Greifen, Rutschen, Rollen, Krabbeln und Hopsen in
   der Anwesenheit der Mutter fördern diese Funktionen.
5) Das Maß dieser Beschäftigung mit dem älteren Säugling kann im
   Allgemeinen harmonisch an dem Bedürfnis des Kindes nach
   solchen Kontakten abgelesen werden. Während es zunächst noch
   am Tage öfter schläft, wünscht es vom dritten Lebensmonat ab
   vom Nachmittag ausgehend mehr „Familienanschluss". Wir erkennen diesen Wunsch daran, dass es nach der Mittagsmahlzeit
   nur noch kurzfristig schläft und stundenlang, oft in wütender
   Verzweiflung, schreit, wenn man es allein lässt. Während es um
   diese Zeit noch ausreicht, dem liegenden Kind Aufmerksamkeit

und Zuwendung zu bieten, wird es jenseits des sechsten Lebensmonats zunehmend mehr nötig, auch seinem Wunsch nach
eigener Bewegung gerecht zu werden.[11]

6) Da die Mutter durch die Schwangerschaft, durch ihre Stillfähig-
keit und durch die hormonell gestärkte Pflegebereitschaft eine
Vorrangstellung als Hauptbezugsperson für den Säugling vor allen Personen seines Umfeldes hat, besteht im Allgemeinen bei
der Pflege ihres leiblichen Kindes die beste Erfolgsmöglichkeit
für das Gedeihen des Kindes. Nur im Notfall sollte von dieser
natürlichen Gegebenheit abgewichen werden.

7) Im zweiten Lebensjahr dürfen dem Kind in vorsichtiger Dosierung auch erste Verzichtleistungen abgefordert werden. Unbedingt muss das Kind die Erfahrung machen, dass die Mutter,
zunächst für Minuten, später auch für etwas längere Zeit, aus
dem Blickbereich verschwindet. Die Erfahrung, dass die Mutter
bald immer wieder kommt, die gemeinsame Freude über das
Wiedersehen als Belohnung, sollte in diesem Alter wohl dosiert
eingeübt werden, um es dem Kinde zu ermöglichen, Tren-
nungssituationen angstlos zu ertragen, wie es in den nachfolgen-
den Entwicklungsstufen zunehmend notwendig sein wird.

In der Greifphase
wird die Betäti-
gung mit den
Händen zuneh-
mend wichtiger.

Die folgende Darstellung soll eine Übersicht vermitteln über die
Entwicklungsstufen im ersten Lebensjahr, um eine Möglichkeit der
Kontrolle über normgerechtes Verhalten zu gewinnen.

Überblick über die Entwicklung in der Säuglingszeit

1. bis 3. Lebensmonat
Mundphase
passives, rezeptives Verhalten, Vorherrschen der niederen Sinnesorgane, undifferenzierte Reaktionen auf äußere Reize

3. bis 6. Lebensmonat
Schaualter
Zuwendung zu den äußeren Reizen, wahrnehmen, horchen, schauen, Spiel mit den Extremitäten

6. bis 12. Lebensmonat
Greifphase
aktives Aufsuchen von Reizen, aktives Belutschen, Beißen, Zupacken. (Die Welt bekommt Aufforderungscharakter.)[12]

Bewegbare Gegenstände erwecken im älteren Säugling Interesse und Neugier.

Zusammenfassung und erzieherische Konsequenzen

Eine stabile gefühlsmäßige Bindung zwischen dem Kind und seiner Pflegerin ist die grundlegende Voraussetzung für seine Erziehbarkeit und damit für seine gesunde Lebensentfaltung. Diese Bindung zwischen Mutter und Kind kann nur entstehen:

1) durch die Betreuung des Kindes durch die gleiche Person in den ersten achtzehn Lebensmonaten;
2) dadurch, dass die Mutter dem suchenden Bedürfnis des Säuglings im „Schaualter" nachkommt, sie immer wieder anzuschauen. Das Lächeln des Kindes sollte erwidert werden und damit Belohnung und Anreiz sein für erneutes Fixieren;
3) durch die Erwiderung des Bedürfnisses nach Berührung.

Die Mutter sollte zunehmend mehr bereit sein, sich mit dem Kind zu beschäftigen und es zur Welt hin aufzufordern; die Mutter sollte Zärtlichkeit mit dem Kind pflegen, seinem Bedürfnis nach Betasten und Belecken entgegenkommen und ihm bergende Hautnähe gewähren.

An seinem Lebensanfang braucht der Mensch eine Hauptpflegeperson (neben den liebevollen Miterziehern seiner Umwelt). Das sollte die Person sein, die beabsichtigt, das Kind auch in seinen weiteren Lebensjahren zu betreuen.

Der Mensch, an den sich das Kind im Säuglingsalter gebunden hat, hat auch später die größeren Chancen, ein Kind wirkungsvoll zu beeinflussen. Einschränkungen, Belehrungen, Verzichte anzunehmen und zu ertragen, die in jedem Erziehungsprozess unumgänglich sind – das ist für ein Kind leichter, wenn diese Forderungen von der Person gestellt werden, an die es sich gebunden fühlt und die es daher liebt. Aus Liebe zu dem Erzieher auf die Erfüllung eigener Wünsche zu verzichten und mit dessen Freude über diese Leistung belohnt zu werden, ist die erste Voraussetzung zu sozialem Verhalten.

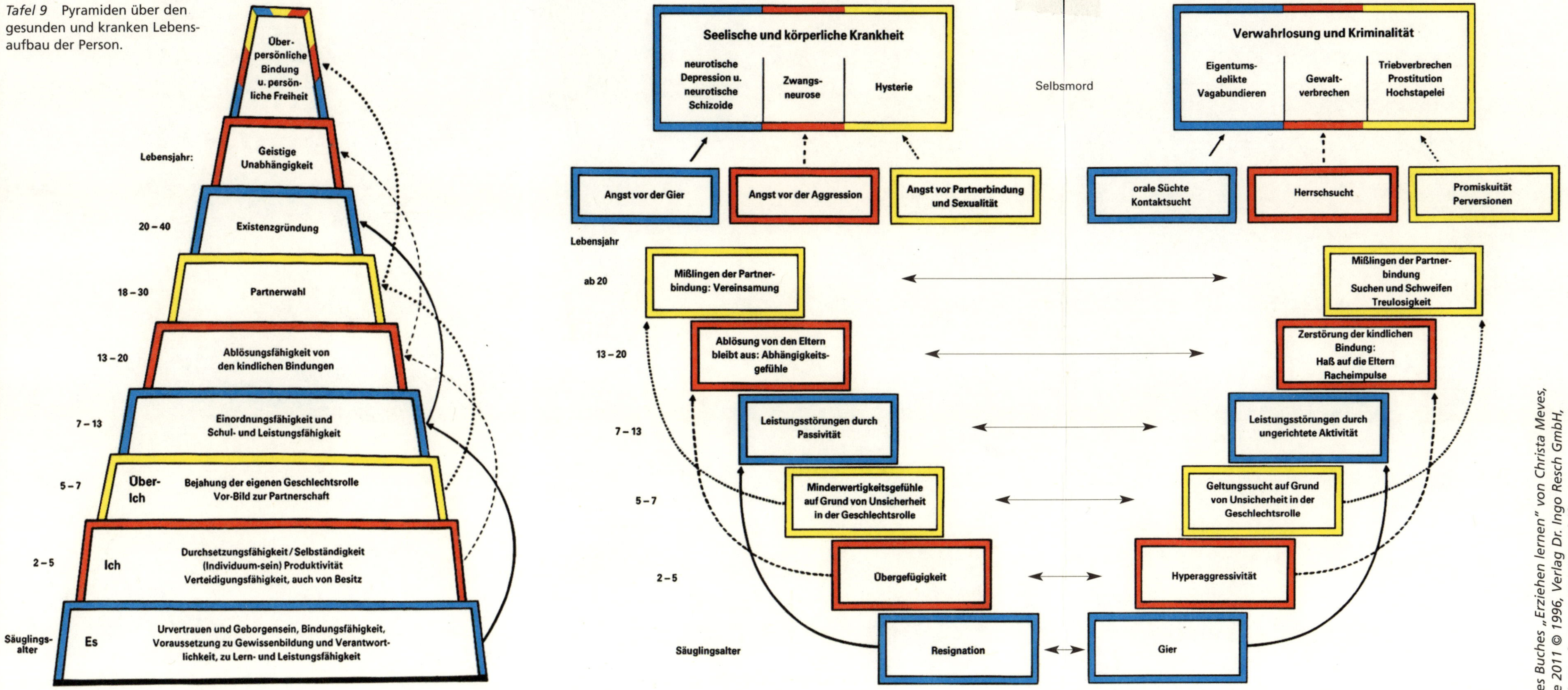

Beilage des Buches „Erziehen lernen" von Christa Meves,
4. Auflage 2011 © 1996, Verlag Dr. Ingo Resch GmbH,
Maria-Eich-Straße 77, D-8166 Gräfelfing

Tafel 9 Pyramiden über den gesunden und kranken Lebensaufbau der Person.

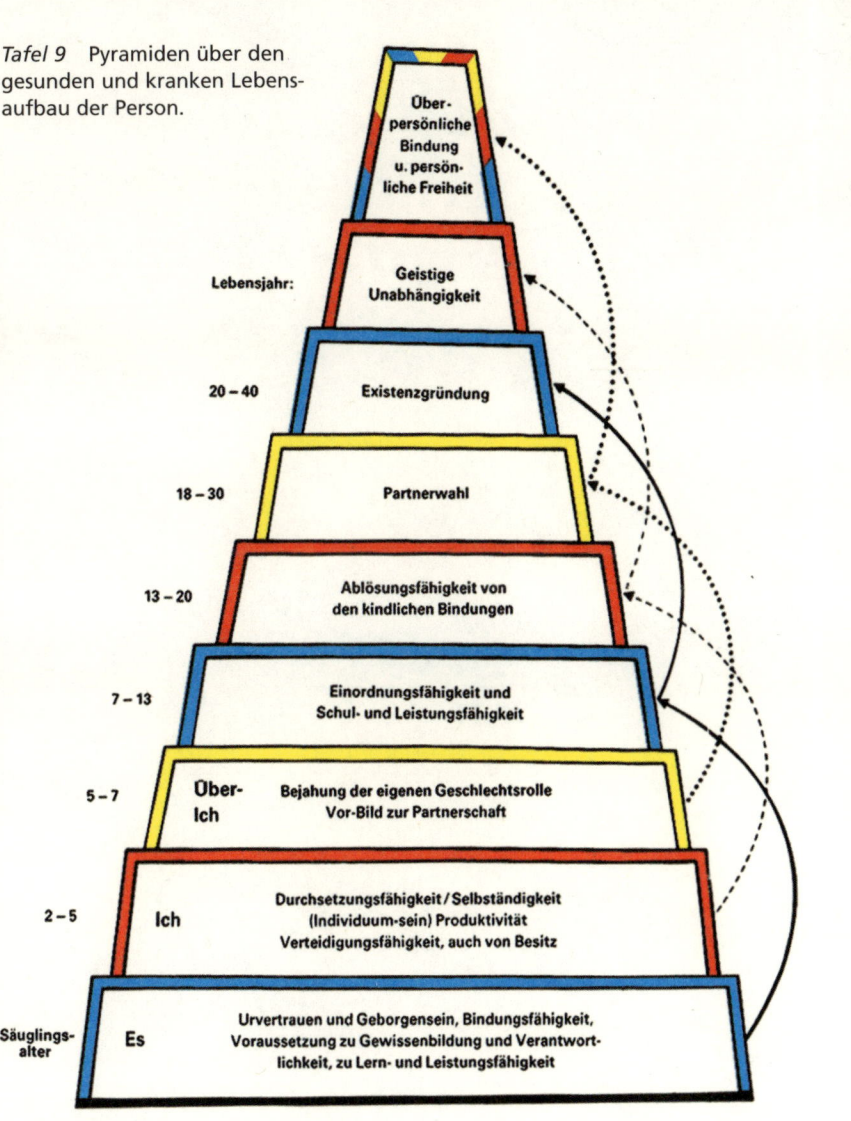

Lebensjahr:

	Über-persönliche Bindung u. persönliche Freiheit
	Geistige Unabhängigkeit
20 – 40	Existenzgründung
18 – 30	Partnerwahl
13 – 20	Ablösungsfähigkeit von den kindlichen Bindungen
7 – 13	Einordnungsfähigkeit und Schul- und Leistungsfähigkeit
5 – 7 **Über-Ich**	Bejahung der eigenen Geschlechtsrolle Vor-Bild zur Partnerschaft
2 – 5 **Ich**	Durchsetzungsfähigkeit / Selbständigkeit (Individuum-sein) Produktivität Verteidigungsfähigkeit, auch von Besitz
Säuglingsalter **Es**	Urvertrauen und Geborgensein, Bindungsfähigkeit, Voraussetzung zu Gewissbildung und Verantwortlichkeit, zu Lern- und Leistungsfähigkeit

---

Seelische und körperliche Krankheit

neurotische Depression u. neurotische Schizoide	Zwangs-neurose	Hysterie

Angst vor der Gier	Angst vor der Aggression	Angst vor Partnerbindung und Sexualität

Selbsmord

Verwahrlosung und Kriminalität

Eigentums-delikte Vagabundieren	Gewalt-verbrechen	Triebverbrechen Prostitution Hochstapelei

orale Süchte Kontaktsucht	Herrschsucht	Promiskuität Perversionen

Lebensjahr

ab 20	Mißlingen der Partner-bindung: Vereinsamung	Mißlingen der Partner-bindung Suchen und Schweifen Treulosigkeit
13 – 20	Ablösung von den Eltern bleibt aus: Abhängigkeits-gefühle	Zerstörung der kindlichen Bindung: Haß auf die Eltern Racheimpulse
7 – 13	Leistungsstörungen durch Passivität	Leistungsstörungen durch ungerichtete Aktivität
5 – 7	Minderwertigkeitsgefühle auf Grund von Unsicherheit in der Geschlechtsrolle	Geltungssucht auf Grund von Unsicherheit in der Geschlechtsrolle
2 – 5	Übergefügigkeit	Hyperaggressivität
Säuglingsalter	Resignation	Gier

4. Die Erziehung zur Sauberkeit und der Umgang mit Besitz

Wir wissen noch gar nicht so lange, dass die Art und Weise der Erziehung zur Sauberkeit einen Einfluss haben kann auf die Charakterentwicklung des Menschen. Die Beachtung der Träume seelisch kranker Erwachsener brachte Psychoanalytiker auf Zusammenhänge zwischen neurotischen Erkrankungen im Erwachsenenalter und der Sauberkeitserziehung in der frühen Kindheit. Trauminhalte, die um Blasen- und Darmentleerungen kreisen, können nämlich interessanterweise gerade bei solchen Menschen vorherrschen, die im Wachzustand übersteigert sauber, pedantisch ordentlich und sparsam bis zum Geiz sind.

Ein großer Teil der Arbeitsbelastung einer jungen Mutter kommt durch ihr Bemühen um die Sauberhaltung ihres Kindes zustande, weil der Säugling nicht in der Lage ist, seine Darm- und Blasenentleerungen selbst zu regulieren. Erst gegen Ende des ersten Lebensjahres sind die steuernden Großhirnfunktionen so weit gereift, dass eine willentliche Beherrschung der entsprechenden Schließmuskulatur möglich ist. Die Erziehung zur Sauberkeit voranzutreiben ist ein Bestreben, das bei der Mutter in dem Maße wächst, wie ihr die beschmutzte Wäsche des Kindes zur Last wird. Diese Tatsache und dazu die Erscheinung, dass es in unserem Kulturkreis unter Müttern hoch bewertet wird, wenn man sein Kind so bald wie möglich „aus den Windeln hat", führen dazu, dass manche Mütter zu früh und allzu energisch an die Sauberkeitsgewöhnung herangehen. Aber selbst heute, im Zeitalter der Wegwerfwindeln, das den mütterlichen Übereifer gedämpft hat, „halten manche ihr Kind ab", lange bevor es in der Lage wäre, selbständig auf dem Topf zu sitzen, andere zwingen es schon im zweiten Lebenshalbjahr auf den Topf oder schlagen es gar, wenn die Prozedur ergebnislos verlief. Einige Mütter und übereifrige Großmütter sind auf diese Weise erfolgreich: Manche Kinder sind schon vor Vollendung des ersten Lebensjahres sauber. Aber gerade nach solchen frühen, harten und erfolgreichen Dressuren entwickeln sich häufig Verhaltensstörungen der Kinder, die später psychologische Beratung und Behandlung nötig machen. Wieder einmal wird das Gesetz deutlich, dass „Verfrühungen" (das heißt vorzeitige Handlungen) durch willkürliche Erziehungspraktiken erzwungen, dem Menschen schaden können.

Zum Verständnis dieses Zusammenhanges sollen die Lernvorgänge, die bei der Erziehung zur Sauberkeit vollzogen werden, etwas genauer betrachtet werden. Die Forderung lautet:

Stuhl und Urin sollen zurückgehalten und nur an dem Ort entleert werden, der dafür vorgesehen ist. Die Voraussetzung zum Erfolg ist, dass das Kind die Funktion dieses Ortes, also des Töpfchens, verstehen lernt. Das kann nur durch eine Verknüpfung der Ausscheidungstätigkeit mit diesem Töpfchen geschehen. Diese Verknüpfung kann das Kind nur durch die Erfahrung lernen, dass die Entleerung in den Topf Anerkennung, ja sogar eine Belohnung durch den Erziehenden zur Folge hat, die Entleerung in Höschen und Bett dagegen Ablehnung und Unmutsäußerungen bewirkt. Ebenso kann die Beendigung der „Sitzung" nach der erfolgten Entleerung bereits als Belohnung wirken und den Lernvorgang des Kindes beschleunigen. Je nach der erziehenden Handhabung werden die negativen oder die positiven Gefühle den Ausschlag geben für den erfolgreichen Lernprozess. Sowohl die erfahrungsgemäß zu erwartenden Unlusterlebnisse (Schläge, Zwang etc.) bei Verweigerung können in dem Kind den Ausschlag geben zur Abgabe – wie andererseits die zu erwartenden Belohnungen.

Es hat sich nun gezeigt, dass die grundsätzliche Einstellung eines Menschen zum Problem des Abgebens hier ihre erste Prägung erfahren kann. „Abgeben" kann den Beigeschmack des Erzwungenen, des hilflos Ausgeliefertseins, ja des Gefährlichen erhalten, wenn bei der Gewöhnung an die Sauberkeit negative Erziehungshandlungen vorherrschten. Andererseits kann Abgeben bereits hier eine Freude und Beglückung sein und den Akzent des Schenkens erhalten. Die Einstellung des Menschen zum Besitz, zum Behalten und Verschenken wird also schon bei diesen Lernvorgängen vorgeformt.

Diese Zusammenhänge werden noch dadurch verstärkt, dass um das erste Lebensjahr herum die Tendenz des Kindes, etwas behalten zu wollen, stärker in den Vordergrund rückt. Der Wunsch, etwas zu haben, der zu diesem Zeitpunkt in Erscheinung tritt und in den folgenden Jahren einen Großteil der kindlichen Impulse bestimmt, gehört in den Bereich des normalen und gesunden Strebens des Menschen. Die Entfaltung dieses Strebens vollzieht sich auch bereits innerhalb der ersten Lebensjahre: Die Funktion des Ergreifens, des

Um das erste Jahr herum lernt das Kind sich aufzurichten und zu laufen.

In-Besitz-Nehmens tritt schon in den ersten Lebenstagen eines Kindes in Erscheinung in Gestalt des Zupackens der Brustwarze mit Hilfe des Mundes. Die Funktion des Besitzergreifens wird hier zunächst auf dem Wege der Nahrungsaufnahme eingeübt. Hunger oder Mangel an Übung im Besitzergreifen während des ersten Lebensjahres – etwa durch eine unzureichende Saugtätigkeit – führen daher auch zu charakterlichem Fehlverhalten: zum Unvermögen, zuzugreifen und ein Ziel, welcher Art auch immer, entschlossen und beharrlich anzustreben. (Die Zusammenhänge werden in Kapitel VI noch ausführlich behandelt.) Da um diese Zeit aber auch die Erziehung zur Sauberkeit einen beträchtlichen Anteil am täglichen Erleben des Kleinkindes hat, können hier zwei entgegengesetzte Wünsche einen ersten inneren Konflikt in dem Kind heraufbeschwören: Durch die ständige Forderung des Erziehenden, den Darminhalt abzugeben, kann dieser von dem Kind als Besitz erlebt werden, dessen Abgabe man verweigern kann.

Die negative Verknüpfung zwischen Sauberkeitsdressur und Besitzstreben kann später bei den Menschen allgemeine Charakterzüge annehmen und entweder zu einer übergefügigen, freudlosen Abgabebereitschaft, zu einem Sich-gezwungen-Fühlen zum Abgeben führen oder auch zu einer Zurückhaltetendenz.

Solche Entwicklungen können den Entfaltungsspielraum eines Menschen unter Umständen beträchtlich einengen. Um derartige Gefahren zu vermeiden, ist es nötig, dass die Erziehung zur Sauberkeit nicht allzu sehr in den Mittelpunkt des Kinderalltags gestellt wird. Auch ohne ständige Erziehungsmaßnahmen wird ein seelisch gesunder Mensch um das dritte bis vierte Lebensjahr herum von selbst sauber. Unreinheit über die Kleinkindzeit hinaus (das Bettnässen, Tagnässen und Einkoten) entsteht nicht durch fehlende Erziehung zur Sauberkeit, sondern ist die Folge seelischer Beeinträchtigung, die durch die unzureichende Beachtung der vitalen Bedürfnisse des Säuglings und Kleinkindes entsteht (s. Kapitel VI).

Im Mittelpunkt des Alltags eines Kindes zwischen dem sechsten Lebensmonat und dem zweiten Lebensjahr sollte daher nicht die Sauberkeitsdressur stehen, sondern die Entfaltung der Bewegungsfähigkeit, die Eroberung des näheren Lebensraumes, die Bereicherung des Verständnisses und der Sprache und die Befriedigung des Besitzstrebens.

Nur Kinder, die in dieser sensiblen Phase für „Besitzhaben" die Erfahrung machen durften, dass ihnen etwas gehört, was ihnen von niemandem streitig gemacht wird und was sie mit niemandem zu teilen brauchen, können aus dem Gefühl des „Reichseins" heraus später auch großzügig verteilen. Egoistische Raffgier, ungeduldige Riesenansprüche einer Habenichtshaltung als Charakterzug finden sich dagegen vor allem bei solchen Menschen, die als Kleinkinder keinen eigenen Besitz kannten – wie zum Beispiel Heimkinder – oder bei solchen, denen der Besitztrieb durch die Erzieher gedrosselt wurde. Gerade in solchen früh zur „Kommune" gezwungenen Kindern kann das Besitzstreben später geradezu wuchern und sie als Erwachsene dann besonders unsozial machen. Solche Menschen bleiben häufig zeit ihres Lebens an die Frühzeit in ihrer Kindheit fixiert, in der man ihr Besitzstreben unterdrückte. Sie müssen sich dann als Erwachsene im Wiederholungszwang durch Raffgier, manchmal sogar durch Diebstahl, beweisen, dass sie doch Besitzende sind. An diesem Beispiel zeigt sich wieder: *Nicht durch künstliches Behindern oder Überspringen von Entwicklungsphasen kommt der Mensch zu einer optimalen Ausreifung seiner Person. Nur durch die Erfüllung der phasenentsprechenden Entwicklungsaufgaben kann er die einzelnen Stufen überwinden und zur nächsten voranschreiten.*

Der Umgang mit Besitz sollte in der Kleinkinderzeit so gestaltet werden, dass das Kind eine Reihe von Gegenständen (Kleidung, Spielzeug, Essgerät, Handtuch, Zahnbürste etc.) als sein echtes Eigentum zu betrachten lernt, das die Umwelt respektiert und dessen Verteidigung sie ihm als rechtmäßig zubilligt. Ebenso muss andererseits vom Kind gefordert werden, dass es das Eigentum der Personen seiner Umgebung (zum Beispiel seiner Geschwister) respektiert und es nicht ungefragt an sich nimmt. Der Besitz sollte natürlich den Bedürfnissen im Kleinkindalter entsprechen und ein Ausmaß haben, das für das Kind überschaubar ist.

Heute geschieht es oft, dass man ein Kind durch ein Überangebot an Spielzeug verwirrt. Die vielen Dinge entsprechen nicht seinen altersgemäßen Bedürfnissen. Auf diese Weise wird der pflegliche Umgang mit Besitz nicht gefördert. Noch größere Fehler machen aber

Im zweiten Lebens-
jahr beginnt sich
die Motorik zu ver-
feinern. Das Kind
hat Freude an der
Bewegung.

Mütter, die ihre Interessen und die des Kindes nicht genügend unterscheiden. Mütter identifizieren sich häufig zu stark mit ihren Kleinkindern. Sie erlauben ihnen daher Übergriffe in ihr persönliches Eigentum, betrachten aber das Eigentum des Kindes ebenso unbedenklich als das ihre. Im Zuge solcher Irrtümer verschenken sie zum Beispiel Spielsachen oder Kleidungsstücke ihrer Kinder und beschimpfen diese gar noch als böse Geizhälse, wenn sie darüber in Angst und Erregung geraten. Dass die Mütter so handeln, liegt daran, dass sie ihre Kinder in diesem Punkt nicht verstehen: Ein gesundes Kleinkind entwächst der Identifikation mit der Mutter. Sein noch schwaches Ich, das sich unter vielen Kämpfen aus der Geborgenheit und dem Einssein mit der Mutter löst, braucht gerade die Unterscheidung zwischen mein und dein, um den Prozess der Ichfindung durchzustehen.

Wenn das Kind seinen Besitz durch die Erwachsenen hingegen respektiert sieht, dann erlebt es, dass es als ein eigenständiges Wesen ernst genommen wird. Nicht nur das Kind hat also zu fragen, ob es Mutters Kekse essen oder sich einmal mit ihrem Halstuch schmücken darf; auch eine Mutter sollte ihr Kind fragen, ob es das Röckchen, die Kette schon entbehren kann oder ob es diese Gegenstände noch behalten will.

Zum Abgeben geliebten Eigentums sollte man Kinder im Kleinkindalter nicht zwingen. Das ist aus den oben angeführten Gründen eine Überforderung für das Kind. Überhaupt sollte das Kind zum Abgeben nicht aufgefordert werden, sondern sein freiwilliges Abgeben sollte beachtet, mit Lob, Anerkennung und Freude prämiert und auf diese Weise gefördert werden. Ein Kind, das während seiner Säuglingszeit die opfernde, schenkende Liebe seiner Mutter fortgesetzt erfahren hat, entwickelt spontan auch den Impuls, die Mutter und später auch andere Menschen zu beschenken und ihnen Freude zu bereiten, indem es etwas opfert.

In diesem Sinn sollte auch die Erziehung zur Sauberkeit gehandhabt werden. Wenn das Kind über längere Zeit stabil sitzen kann, kann man es zu der Tageszeit auf den Topf setzen, an der es sein „großes Geschäft" zu erledigen pflegt, wenn sich das ohne Widerstand des Kindes bewerkstelligen lässt. Es ist sinnvoll, dabei Lautäußerungen zu machen, die man bereits in den Monaten vorher ausschließlich in Verbindung mit der Stuhlentleerung verwandt hat. Die assoziative Verknüpfung zwischen Säuberungsvorgang und Topf mit Hilfe solcher Lautäußerungen kann den Lernprozess des Kindes beschleunigen. Auch das Demonstrieren von Drücken und Pressen oder das Laufen eines Wasserhahns können am Anfang kleine Hilfen sein. Mit Gewalt sollten selbst zwei- und dreijährige Kinder nicht auf den Topf gesetzt werden.

Erfolge der Prozedur sollten Anlass zu begeistertem Lob sein. In die Freude über die „Leistung" sollen die Angehörigen einbezogen werden. Die Beseitigung des Töpfcheninhalts sollte zunächst im Beisein des Kindes erfolgen, zum Beispiel, indem man es selbst die Wasserspülung betätigen lässt und ihm etwa erzählt, „dass sein Aa nun in den großen Garten kommt und dass davon viele bunte Blumen und große Bäume wachsen". Durch eine solche Handhabung kann sich eine positive Einstellung zu allen späteren Leistungsforderungen vorformen, während eine unter Zwang und Druck stehende Dressur einen später schwer überwindbaren Leistungswiderstand hervorrufen kann.

Wir wissen heute, dass es von größter Wichtigkeit für die Erziehbarkeit eines Kindes ist, unter welchen Erlebniseindrücken es primär in die verschiedenen Lebensbereiche eingeführt worden ist. Ob ein Mensch etwas gern tut oder ob er mit geheimer Unlust, mit unüberwindlichem Widerstand, mit Ekel oder panischer Angst reagiert, ist in einem bisher nicht bekannten Maß von seinen ersten Erfahrungen abhängig. Am Beispiel der Sauberkeitserziehung wird das besonders deutlich. Sie ist ja die erste ausdrückliche Forderung, die die Erwachsenen an das junge Kind stellen. Forderungen aller Art werden dem Kind später begegnen, in der Schule, in der Ausbildung und in allen folgenden Lebenssituationen. Macht das Kind anhand der Sauberkeitsgewöhnung die Erfahrung, dass es eine Lust ist, etwas zu leisten und dass die Belohnung eintritt, wenn es der Forderung nachgekommen ist, so verknüpft sich diese positive Gestimmtheit mit der Leistungsforderung. Mit Hilfe der Gewöhnung zur Sauberkeit kann also die Leistungsbereitschaft eines Menschen, die in unserer heutigen Gesellschaft so hoch gewertet wird, vorbereitet oder aber im Ansatz verschüttet werden.

Der Zwang zur Leistung anhand der Sauberkeitserziehung im Kleinkindalter kann schädliche Folgen für die Charakterentwicklung eines Menschen haben. Wie im Abschnitt 5 noch näher ausgeführt werden wird, entfaltet sich nämlich außer dem Besitzstreben im Kleinkindalter der eigenständige Wille. Er ist nötig, um die Loslösung vom Schürzenband der Mutter vollziehen zu können. Wird dieser gesunde Antrieb durch eine Form der Sauberkeitserziehung blockiert, die den Widerstand des Kindes mehrere Male am Tage rigoros bricht, so muss sich seine Eigenwilligkeit als passiver Widerstand durchsetzen. Solche, dem Kind unbewusste „triebhafte" Widerstände können alle Forderungsbereiche überfluten und das Kind schließlich „schwer erziehbar" machen.

Dazu ein Beispiel: Die Eltern eines achtjährigen Jungen suchen Erziehungsberatung. Sie klagen darüber, dass das Kind abenteuerlich trotzig sei. In der Schule spräche es kein Wort. Drucksend säße der Junge nachmittags vor seinen Schularbeiten, ohne anzufangen. Und dann sage er mit merkwürdig hilflos-gequältem Gesichtsausdruck: „Ich könnte wohl, aber ich will nicht." Die Mutter erinnert sich, dass er diesen Satz bereits als Kleinkind oft gesagt habe – und zwar in Verbindung mit den Topfsitzungen. Bis ins fünfte Lebensjahr hinein habe das Kind sein großes Geschäft beim Mittagsschlaf im Bett in die Windeln gemacht, während jede auch noch so langfristige Topfsitzung ergebnislos verlaufen sei. Die Mutter berichtet, dass sie den Jungen bereits früh in der Säuglingszeit abgehalten habe. Er habe sich schreiend gegen die Topfsitzungen gewehrt. Sie habe ihn mit Klapsen, Schimpfen und gewaltsamem Hinsetzen so lange gezwungen, bis er den Widerstand aufgegeben habe. Aber dann habe sich der Trotz darin gezeigt, dass der Junge den Stuhl grundsätzlich zurückgehalten habe. – Gegen den bewussten Willen zum Bravsein setzt sich in solchen Fällen in dem Kind ein Wille zum Widerstand durch und gefährdet seine zügige und gesunde Entfaltung.

Zusammenfassung und erzieherische Konsequenzen

Die Handhabung der Sauberkeitserziehung eines Kleinkindes ist deshalb von prägender Bedeutung für die Charakterentwicklung des Menschen, weil sie für das Kind die erste Leistungsforderung und die erste Forderung zum Abgeben darstellt.

Die Lebensbereiche „Abgeben" und „Leisten" können durch die positiven oder negativen Erlebnisse des Kindes bei der Erziehung zur Sauberkeit einen positiven oder einen negativen Akzent bekommen, der alles spätere Leisten und Abgeben in der einen oder der anderen Weise beeinflusst. Wurde die Sauberkeitserziehung als lustvoll erlebt, wird das Kind später offenherzig, schenk- und leistungsfreudig sein können. Hat es die Sauberkeitserziehung aber als qualvollen Zwang erlebt, wird es später unter einem freudlos übergefügigen Abgabezwang, oft in Verbindung mit heimlichem Geiz und heimlichen Zurückhaltungstendenzen, stehen. In Bezug auf die Leistung kann es entweder einen bewussten Leistungswiderstand oder einen mit erheblichen Ängsten besetzten Leistungszwang entwickeln.

Infolgedessen ist sorgfältig darauf zu achten, dass sich in dem Kind positive Empfindungen mit der Erziehung zur Sauberkeit verknüpfen. Das kann geschehen durch Lob und Anerkennung bei erfolgreichen Sitzungen und durch Gelassenheit bei anfänglichen Misserfolgen, da ja jedes gesunde Kind auch ohne Dressur sauber wird.

Zu vermeiden sind: das „Abhalten" des Kindes vor dem zweiten Lebenshalbjahr, Topfsitzungen, bevor das Kind sicher sitzen kann, und endlose, gewaltsame, quälende Dauersitzungen. Entwickelt das Kind einen panischen Widerstand gegen den Topf, so ist es kein Schaden, ihn über längere Zeit ganz wegzulassen. Bei vielen etwas älteren Kleinkindern haben die Versuche mit einem Einsatz auf der Toilette mehr Erfolg.

Eine angstfreie Sauberkeitserziehung gelingt bei einigen Kindern erst, wenn ihre Willensentwicklung gefestigt und das in diesem Alter drängende Besitzstreben hinreichende Befriedigungserlebnisse erfahren hat.

5. Die Erziehung zur Selbständigkeit und der Umgang mit dem Trotz

Wie wird ein Mensch selbständig? Indem man ihn sich selbst überlässt? Indem man ihn anregt, eigene Entscheidungen zu treffen, indem man ihn negative Erfahrungen machen lässt? Wie erzieht man ein Kind am besten zur Selbständigkeit?

Für die Mutter eines Kleinkindes ist die Erziehung zur Selbständigkeit, oft ohne dass sie sich dessen bewusst ist, immer ein Problem. Jede normale Mutter wird von einem mächtigen Drang beherrscht, das Kind zu beschützen, das noch unbeholfen auf seinen Beinen steht und unerfahren ist im Umgang mit den Gefahren der Welt. Außerdem macht ihr die Fürsorge für das Kind, sein Füttern, Ankleiden, Baden und Betreuen Freude. Sie tut viel, ja oft alles für ihr Kind.

Dabei kann sie aber über das Ziel hinausschießen. Sehr deutlich ist das daran ablesbar, dass das Kind sich gegen die Fürsorge zu wehren beginnt. „ … 'leine" (das heißt: „Ich will das allein machen") gehört dann zu den häufigsten Wörtern des Kindes im zweiten Lebensjahr. Und damit greift es energisch, wenn auch ungeschickt zum Löffel, zum Strumpf, zum Waschlappen und drängt sich in die Handhabungen der Mutter ein. Viele Mütter werden an dieser Stelle ungeduldig. Sie haben nicht die Zeit, aber auch gar nicht die Lust, eine halbe Stunde zu warten, bis das Kind sich die Schuhe endlich richtig selbst angezogen hat, es graust sie beim Anblick der entsetzlichen Schmiererei, die das allein essende Kind veranstaltet. Es ist ihnen zu mühsam und auch zu gefährlich, untätig zuzusehen, bis ihr Kleinkind einen Stuhl erklommen hat.

An solchen Stellen entstehen daher für das Kleinkind und seine Mutter oft Konflikte. Liebt es seine Mutter, das heißt, hat es sie während seines ersten Lebensjahres als die erlebt, die alle „Süße" gibt und von angstvoller Unlust entlastet, hat es sich infolgedessen gefühlsmäßig an seine Mutter gebunden, so macht es dem Kind Freude, ihr zu gehorchen. Aber ebenso wächst in ihm zunehmend der Impuls, trotz der entgegengesetzten Wünsche der Mutter allein zu handeln. Es bleiben ihm in solchen Situationen nur zwei Möglichkeiten: Entweder lehnt es sich gegen den Willen der Mutter auf,

Die Aufforderung
zur Welt hin durch
die Eltern ist für
das Kleinkind
lebensnotwendig.

handelt mit Nachdruck ungehorsam, wobei es dann nicht selten erlebt, dass die Mutter böse wird und das Kind mehr oder weniger drastisch bestraft – oder das Kind folgt der Mutter –, entweder spontan aus Zuneigung oder aus Furcht und der Erfahrung von Strafen.

Obgleich nun, oberflächlich gesehen, dieser zweite Weg als der bessere erscheint, weil er zunächst reibungsloser in einen friedfertigen Umgang zwischen Mutter und Kind führt, zeigt sich doch oft schon nach kurzer Zeit, dass er nicht Konflikt lösend ist. Überbrave Kleinkinder, die sich gegen die allzu tätig-voreilige Betreuung ihrer Mütter nicht zur Wehr setzen, neigen zum Beispiel unter anderem dazu, nachts von heftigen Angstträumen beunruhigt zu werden. Sie träumen von Kühen, Lokomotiven oder wilden Tieren, die sie verfolgen und zu überrennen drohen. Unter dem Drang, sich zu retten, wachen die Kinder dann manchmal schreiend auf. Und diesen Sinn haben solche Träume auch: Unbewusst wird die mächtige Betreuerin als Gefahr erlebt, die die Kinder zu „überfahren" droht. Dieser Gefahr zu entrinnen wird zum Gebot der Stunde. Aber da gewöhnlich niemand den Inhalt solcher Träume versteht, die Kinder vor ihren Traumhexen ins Bett ihrer Mütter flüchten, so dass sie in eine noch stärkere Situation der Behütung hineingeraten, verstärken sich im Teufelskreis ihre Angstträume und die Beschützerimpulse der Mütter.

Selbständig zu werden ist ein unabweislich drängender Impuls in jedem Kleinkind. Er lässt sich zwar unterdrücken, aber nicht ohne dass er – leider oft unerkannt – in Ängsten und Verhaltensstörungen wieder zutage tritt.

Die Mutter muss also das Drängen des Kindes nach Selbständigkeit respektieren, weil es zu den vordringlichen Entfaltungsaufgaben des kleinen Kindes gehört. Dennoch bleibt die Frage bestehen: Wie kann sie das, ohne das Leben des Kindes zu gefährden und ohne dass das Kind seine Grenzen überschreitet? Geht man bei der Beantwortung dieser Frage stets vom Entwicklungsstand aus, so lässt sich feststellen: Das Kind braucht einerseits Schutz, Beaufsichtigung und Führung, andererseits das Gewährenlassen, ja sogar das Anleiten zur Selbständigkeit. Viele tägliche, zermürbende Kämpfe zwischen Erziehern und Kleinkindern sind vermeidbar, wenn diesen beiden Gesichtspunkten gleichermaßen Rechnung getragen wird. Fassen die

Erziehenden das Bedürfnis nach Eigenaktivität bei ihren Kleinkindern als einen gesunden und entwicklungsnotwendigen Impuls auf, so können sie den Drang zur Selbständigkeit mit Geduld respektieren. Sie sollten dabei ihren Wunsch, dem Kind zu helfen, zurückhalten oder dem sich mühenden Kind, wenn es nicht zurechtkommt, nur beiläufig eine kaum merkliche Stütze oder Hilfe geben, ohne ihm das Erleben und die Freude am „Alleinkönnen" zu nehmen. Beachtung und Belohnung für selbständige Leistungen fördern den Unternehmungsgeist und die Aktionsfreude des Kindes, ohne die es sein Leben später nicht erfolgreich bewältigen kann. Bei Misserfolgen sollte das Kind getröstet und zu geduldigem Wiederholen ermuntert werden. Eine Mutter, die dem Kleinen eine noch unzureichend vollzogene „Arbeit" aus der Hand reißt und ihre Überlegenheit demonstriert, indem sie sie selbst ausführt, kann die mutlose und bequeme Passivität ihres Kindes fördern, die es später in der Schule und im Beruf quälend so beeinträchtigen kann, dass es hinter seinem möglichen Leistungsniveau zurückbleibt. Die Sicherheit eines Kindes im Umgang mit den Dingen, Menschen und Gegebenheiten seiner Umwelt kann nur dadurch erreicht werden, dass sie unter dem Anreiz von Erfolgserfahrungen immer und immer wieder geübt wird.

Dennoch ist es nötig, das Kind – notfalls mit Hilfe von Strafreizen – zu hindern, wenn es Situationen heraufbeschwört, die sein Leben gefährden, die ihm schwerwiegenden Schaden bereiten oder die den Besitz, den Umkreis anderer Menschen beeinträchtigen oder stören können. Nicht nur bei „Messer, Gabel, Schere, Licht", nicht nur im Straßenverkehr ist das energische Nein der Erziehenden unumgänglich für das kleine Kind – es sollte bereits im zweiten Lebensjahr viele weitere „Tabus" kennen lernen, deren Einhaltung die Erziehenden kompromisslos fordern; zum Beispiel das Respektieren der Bücher im Schrank, der Vasen auf dem Sims, das heißt also der Ordnung im Wohnzimmer, des Ruhebedürfnisses der Hausbewohner in der Mittagsstunde, fester Zeiten und Spielregeln bei Tisch, der Ruhe nach dem Gute-Nacht-Sagen – um nur einige strittige Punkte zu nennen. Diese Forderungen, die wirkungsvoll besonders vom Vater unterstrichen werden können, sind umso leichter durchhaltbar, je mehr Zuwendung das Kind während seines Tages, je mehr Einübung seines Selbständigkeitsstrebens es im eigenen Bereich des Kinderzimmers in ungegängelte Eigenaktivität hat erfahren können. Auch wenn es bei den oben beschriebenen Forderungen heftig protestiert und lange schreit, sich trotzend auf den Boden wirft oder die Erwachsenen angreift, sollte (ohne zusätzliche Bestrafung) unnachgiebig an der Einhaltung der festgelegten „Spielregeln" festgehalten werden. Solcher Widerstand der Erwachsenen kann den Trotz bei Kleinkindern in einer lästigen Weise steigern. Dennoch ist das konsequente erziehende Verhalten wichtig und richtig für das Kind aus dreierlei Gründen:

1) Schon das kleine Kind muss erfahren, dass dafür gesorgt ist, dass „die Bäume nicht in den Himmel wachsen". Es muss lernen, dass in einer Gemeinschaft nicht die eigenen Wünsche allein maßgeblich sind, sondern dass es Verbote gibt und dass das Leben unangenehm wird, wenn man diese nicht beachtet.

2) Feststehende Grenzen erhöhen das Sicherheitsgefühl des Kindes. Es erfährt sich als beschützt, umso mehr, als der Vater in diesem Alter des Kindes die Wahrung der Grenzen betont. Ein starker Vater, der nicht weichlich sein Nein in ein Ja verwandelt, nur damit aus Bequemlichkeit die Ruhe rasch wiederhergestellt ist, gibt dem noch schwachen Kind auch das ihm notwendige Gefühl, gegen reale und imaginäre Gefahren beschützt zu sein.

3) Eine Kinderstube, in der es keinen Trotz der Kinder und keinen Widerstand der Erwachsenen gibt, ist nicht ideal. An Krankengeschichten seelisch gestörter Erwachsener hat man das nachweisen können. Viele Menschen, die als kleine Kinder nicht Trotz und Widerstand erfahren haben, schaffen es später nicht, sich je von der Mutter loszumachen. Als Erwachsener sind sie dann häufig versteckt-aggressiv, andererseits aber ohne ausreichende Initiative, vor allem nicht in schöpferischen Bereichen, selbst wenn sie als Kleinkinder dazu manchen Ansatz zeigten (in Kapitel VI wird das systematisch dargestellt). Eltern sollten es in Ruhe ertragen lernen, von ihren Kindern nicht nur als die Lieben, sondern gelegentlich auch als die Bösen, Unnachgiebigen erlebt zu werden. Solche Missstimmungen fördern die Selbständigkeitsbestrebungen der Kinder, sie erleichtern mit Hilfe des prometheischen Trotzes dem Kind seinen Aufbruch aus dem „Paradies".

Der Trotz des Kleinkindes tritt, mehr oder weniger stark, im zweiten bis vierten Lebensjahr auf. Er ist keine krankhafte Erscheinung, sondern zeigt im Gegenteil normale Verselbständigungsimpulse an. Mit Hilfe des Trotzes übt das Kind eine Funktion, die es im Leben später dringend braucht: sein Ich, seine eigenen Intentionen kämpfend zu verteidigen. Hat es dazu keine Gelegenheit, so findet es meistens nicht den Mut, die Urgeborgenheit bei seiner Mutter aufzugeben und den Gang in die Welt zu wagen. Es gerät dann schon in der Schule in Gefahr, sich nicht verteidigen zu können, und wird leicht zum Prügelknaben seiner Klasse. Es kann im Leben ein unkritischer konformistischer Mitläufer werden, ein Mensch, der sich übergefügig ausnutzen lässt, dafür aber häufig an quälenden chronischen funktionellen Erkrankungen leidet.

Da der Trotz eines Kindes im Kleinkindalter oft erhebliche Anforderungen an die Langmut und das erzieherische Geschick seiner Eltern stellt, sollen an einem Beispiel konkret Möglichkeiten des Umgangs mit einem trotzenden Kind aufgezeigt werden:

Zum Spiel im Garten steht dem dreijährigen Christian ein weit reichender Aktionsraum zur Verfügung. Als er über ein Stück neu ausgesamter Rasenfläche laufen will, hebt die Mutter ihn herunter und sagt energisch: „Nein, dorthin darfst du nicht laufen, sieh, die Pflänzchen müssen erst wachsen. Das können sie nicht, wenn der Christian darauf herumläuft." Nach kurzem Spielen in der Sandkiste macht Christian demonstrativ abermals einen Schritt auf den Rasen. In den meisten Fällen reicht es jetzt aus, das Kind mit einem warnenden „Du, du" zu ermahnen. Kinder im Trotzalter wollen häufig nichts weiter als eine solche, oft geradezu mit verschmitztem Lächeln vorgetragene Demonstration ihres Eigenwillens, um sich dann doch befriedigt in das Verbot zu schicken. Deshalb ist es immer sinnvoll abzuwarten, ob die erste Gehorsamsverweigerung allein diesen Akzent der Demonstration eigener Stärke trägt.

Tollt das Kind aber erneut über den Rasen, wird es nötig, es aufzuheben und ernst, aber ohne Zorn zu sagen: „Nun, dann müssen wir eben drinnen weiterspielen." In den seltensten Fällen wird das Kind diese Maßnahme der Mutter akzeptieren, sondern heftig zu schreien beginnen. Nun ist es ratsam, das Kind eine kurze Zeit, nicht länger als fünf Minuten, allein zu lassen. Auch wenn es dann noch schreit, sollte man ihm einen Vorschlag machen, der ihm zeigt, dass es von der Mutter verstanden wird. Den Trotz „zum Fenster hinausjagen", ihn in der Toilette „hinabspülen", ihn mit dem Naseputzen „ausschnauben", können hier Wunder wirken und die Einigkeit zwischen Mutter und Kind wiederherstellen. Sehr richtig betont H. Fischle-Carl: „Es geht um das richtige, in der Erziehung so notwendige Vergessenkönnen. Alle Kinder, ganz besonders aber die Trotzkinder, brauchen Menschen mit gütigen und starken Herzen, bei denen sie aufgenommen und trotz aller Unleidlichkeiten angenommen werden. Sie brauchen Mütter mit offenen Armen und mit der Großmut des Verzeihens ohne Ende."[13]

Zusammenfassung

Man erzieht ein Kind zur Selbständigkeit,

1) indem man Impulse dieser Art beachtet, sie unterstützt und dem Kind Muße lässt, seine ungeschickten Versuche zu machen und zu wiederholen. Lob und Anerkennung beschleunigen solche Übungen, ungeduldiges Aus-der-Hand-Nehmen kann Verselbständigungsvorgänge verzögern;

2) indem man das Kind anleitet und es zur Nachahmung ermuntert;

3) indem man es ihm ermöglicht, innerhalb eines Bereiches, der Lebensgefahren ausschließt, selbst Erfahrungen zu sammeln;

4) indem man den Trotz des Kindes versteht als überschießende Willensäußerung, eine „Funktionsübung" auf dem Wege zur Verselbständigung und zur Loslösung aus dem Paradies der Kindheit;

5) indem man den Trotz des Kindes nicht bricht. Es ist richtig, dem Kind eine Demonstration seines Ungehorsams zu erlauben. Das erregt trotzende Kind sollte für kurze Zeit unbeachtet bleiben. Aber die Erzieher sollten ihm den Rückweg aus dem Trotz mit Hilfe ablenkender und verstehender Handlungen erleichtern;

6) indem man ihm nicht alles schrankenlos gewährt. Erst durch das Setzen von Grenzen und durch den Widerstand des Kindes gegen die Grenzen schärft sich seine Entscheidungsfähigkeit zwischen Anpassung und Verteidigungsbereitschaft.

6. Das Kind in der Geschwisterrolle/Rivalitätsprobleme

Wenn die Mütter mehrerer Kinder sich mit dem Wissen der modernen Psychologie vertraut machen und lernen, welch starken Einfluss erziehende Maßnahmen auf die Charakterentwicklung eines Menschen haben können, erheben sie meist folgenden Einwand: Meine Kinder sind alle außerordentlich verschieden in ihrem Charakter, obgleich ich sie doch alle in der gleichen Weise erzogen habe. Wäre es vor allem die Erziehung, die den Charakter prägt, so müssten die Kinder doch alle einen stark ähnlichen Charakter haben.

Dieser Einwand ist einerseits richtig. Jedes Kind bringt unterschiedliche Erbanlagen mit auf die Welt. Aber andererseits erweist sich bei genauer Beobachtung dieses Argument als nicht absolut stichhaltig. Kein Kind in einer größeren Geschwisterreihe (es sei denn, es ist als Zwilling zur Welt gekommen) befindet sich auch nur annähernd in einer gleichen familiären Situation. Keine Mutter wendet sich jedem Kind in vollständig gleicher Weise zu. Darüber hinaus kann die Stellung eines Kindes in der Geschwisterreihe in typischer Weise prägend sein für seine Charakterbildung. Solche typischen Züge prägen sich immer dort deutlich aus, wo eine äußerlich ungestörte Kindheitssituation vorhanden ist, wo also die Kinder unter der Obhut ihrer Eltern zusammen aufwachsen. Hier einige Beispiele:

Das älteste Kind

Der Typ des ältesten Kindes zeigt sich am reinsten in der Zweikinderfamilie, besonders dann, wenn der Altersunterschied nicht zu groß und das Geschlecht der beiden Kinder gleich ist. Älteste Kinder befinden sich in einer Art Kronprinzenrolle. Das kann Glanz und Elend für sie bedeuten. Sie erfreuen sich in der Familie meist von Anfang an einer stärkeren Beachtung, ja Bewunderung und genießen intensive und sorgfältige Pflege. Andererseits werden hohe Erwartungen und Forderungen an sie gestellt und oft sogar eine rasche Disziplinierung verlangt. Älteste Kinder und Einzelkinder, die ihre ersten Lebensjahre in der Obhut einer konstanten Bezugsperson verbringen, sind daher häufig sehr ordentlich, gewissenhaft und brav. Im Umgang mit Kameraden sind sie schüchtern, vorsichtig, oft ängstlich, haben aber dennoch im Inneren ein sehr viel festeres Selbstwertgefühl, als es nach außen in Erscheinung tritt. Sie neigen mehr zur Anpassung als zur Opposition und sind im Vergleich zu den jüngeren Geschwistern häufig anfälliger gegen Erkältungskrankheiten. Das kann seinen Grund darin haben, dass die junge Mutter mit ihrem ersten bzw. einzigen Kind übertrieben hygienisch bzw. überwärmend umgeht und so seine notwendige Abhärtung behindert.

Es ist für ein ältestes Kind typisch, auf die Ankunft des Geschwisters mit Anzeichen von Eifersucht zu reagieren – häufig wesentlich stärker als jüngere Kinder auf die Ankunft Nachgeborener. Die Ältesten erleben die „Entthronung" härter, nämlich als einen Liebesentzug, der zu einer Reihe von Verhaltensstörungen führen kann (nächtliches Aufschreien, Erkrankungen, erneute Unsauberkeit, nörgelnde Anspruchshaltungen). Ist das nachgeborene Kind von gleichem Geschlecht oder das älteste ein Junge, das zweite ein Mädchen, so pflegen sich die Eifersuchtsreaktionen meist im Laufe der Jahre abzuschwächen, da die meisten Kinder erleben, dass die Nachgeborenen keine gefährlichen Konkurrenten bleiben. Die Ältesten behalten im Grunde ihre Kronprinzenstellung, eine Erfahrung, die dem Kind umso mehr deutlich wird, je mehr das jüngere der Säuglingszeit entwächst.

Atypisch kann die Entwicklung eines ältesten Kindes vor allem dann verlaufen, wenn es ein Mädchen und das nachgeborene Kind ein Junge ist. In solchen Fällen bleibt die Entthronung des ältesten Kindes häufig bestehen, so dass sich seine Eifersuchtshaltung chronifiziert und zu feindseligen Impulsen gegen seine jüngeren Geschwister führen kann. Das älteste Mädchen entwickelt sich in dieser Situation manchmal vom lieblichen Kronprinzesschen zum „Biest", weil sein Ringen um den ersten Platz erfolglos geblieben ist und sich sein Ansehen in den Augen der Erwachsenen durch seine „Hässlichkeit" den Geschwistern gegenüber fortgesetzt verschlechtert. Das älteste Mädchen findet seine Existenzberechtigung daher häufig erst, wenn es bei mehreren nachgeborenen Geschwistern schließlich aus der Not eine Tugend macht und sich in die Rolle der mütterlichen Gehilfin schickt. Die auf diese Weise neu gewonnene Anerkennung der Eltern kann das Mädchen dann aber leicht in eine überbetont soziale Haltung zwingen. Sie ergreifen später nicht selten soziale Berufe. Bekommen sie dort aber Machtmöglichkeiten über andere Menschen, so können (ungewollt und unbewusst) die unverarbeiteten Geschwisterkonflikte in den Vordergrund treten und dazu führen, dass das „Biest" die „Kleinen" schikaniert und quält – ohne zu wissen, dass hier eine alte Not am unpassenden Objekt sich eine späte, süße Rache verschafft, die den Opfern als böse und den Handelnden selbst oft als fremd erscheint.

Das zweite Kind

Eine völlig andere Situation ergibt sich für das zweite Kind. Es findet das Nest bereits besetzt, das Herz der Eltern mit der Liebe für das älteste Kind erfüllt. Freilich, wenn das älteste Kind ein Mädchen, das zweite ein Junge ist, kann es doch noch eine Kronprinzenstellung und damit entsprechende Charakterzüge erwerben. Aber selbst dann ist seine Lage anders als die des Erstgeborenen. Einerseits besteht für das zweite Kind von Anfang an die Notwendigkeit, sich gegen das ältere, „klügere" durchzusetzen und sich seinen Entfaltungsspielraum zu erkämpfen, andererseits besitzt es im älteren einen kindgemäßen „Vormacher". Diese beiden Gegebenheiten und der meist sehr viel unbekümmertere Umgang der Mutter mit ihrem zweiten Kind führen dazu, dass es im Gegensatz zu dem mehr feinsinnigen Ältesten eher praktisch, patent und durchsetzungsfähig wird. Im Allgemeinen sind die zweiten Kinder in Bezug auf das Bedürfnis nach der Liebe der Erwachsenen anspruchsloser. Sie nehmen die Situation, teilen zu müssen, Zweite zu sein, als gegeben hin. Dennoch kann das Erleben, einen stärkeren Konkurrenten vor sich zu haben, einen Motor bilden zu einer Haltung ehrgeiziger Strebsamkeit, mit dem heimlichen Wunsch, den Kronprinzen dennoch irgendwann einmal zu entthronen. Deshalb sind zweite Kinder häufig kämpferische Fleißnaturen, die im Erwachsenenalter im Beruf erfolgreicher werden können als ihre (meist zunächst mit so viel Leichtigkeit vorangekommenen) älteren Geschwister.

Geschwister zu haben ist von großem erzieherischem Wert.

Lediglich wenn der Altersunterschied sehr groß ist, so dass beide Geschwister praktisch als Einzelkinder aufwachsen (und in der bereits besprochenen Variante: erstes Kind – Mädchen, zweites Kind – Junge), tritt diese typische Charakterprägung bei zweiten Kindern selten in Erscheinung.

Zu variieren pflegt die Charakterentwicklung eines zweiten Kindes noch aufgrund von zwei weiteren unterschiedlichen Gegebenheiten: Bleibt es das jüngste Kind seiner Eltern, so kann es seine zweitrangige Stellung durch den Ausbau der „Nesthäkchenrolle" kompensieren. Es kann die Erfahrung machen, dass es dem Bedürfnis seiner Mutter nach einem kleinen, noch abhängigen Kind entspricht.

Diese Nesthäkchenrolle, die dem Jüngsten unter Umständen eine Sonderposition ermöglicht, kann zu Retardierungserscheinungen der Kinder führen: Sie halten an der Rolle des Hilflos-Abhängigen fest und können auf diese Weise in die Gefahr eines bequemen Genießertums im Windschatten der Mutter geraten, die den Lebensstart in die Selbständigkeit verzögern, ja sogar verhindern kann.

Werden nach dem zweiten Kind hingegen noch weitere Geschwister geboren, so steht dieses Zweite in einem Zweifrontenkrieg nach oben und nach unten. Besonders rein tritt diese Situation in Erscheinung, wenn die drei oder mehr Kinder das gleiche Geschlecht haben und der Altersunterschied gering ist. In solchen Fällen ist das zweite Kind in Bezug auf Anerkennung in der schwierigsten Situation. Seine Trotzphasen, sein Ringen um einen Platz an der Sonne, haben oft heftigen, drängenden Charakter. Mittlere Kinder in einer Geschwisterreihe werden am häufigsten schwierig im Umgang, weil sie emotionale Defizite haben, die sie wütend auszufüllen suchen. Überfordert dieser Kampf die Kräfte des Kindes nicht, entstehen also keine Verhaltensstörungen und Entwicklungsbehinderungen, so pflegen diese Zweiten als Erwachsene besonders widerstandsfähig gegen Konkurrenzkämpfe und Enttäuschungen zu sein. Sie sind „hart im Nehmen" und kaum zu entmutigen.

Das dritte Kind und die folgenden Geschwister

Die Gegebenheiten für das zweite Kind werden bei den folgenden Geschwistern quantitativ verstärkt. Dabei kann man in einer großen Geschwisterreihe meist eine abfallende Linie in Bezug auf Empfindsamkeit und Schulleistungen feststellen (womit keineswegs gesagt ist, dass die jüngeren Kinder weniger intelligent sind). Andererseits lässt sich in gleicher Abfolge eine steigende Durchsetzungsfähigkeit und zunehmend praktischer Menschenverstand feststellen.

Freilich kann hier nur sehr grob eine gewisse Gesetzmäßigkeit nachgewiesen werden. Die Unterschiedlichkeit der jeweiligen Familiensituation, das gelegentliche deutliche Hervortreten erblicher Charakterzüge – etwa angeborenerweise eine extreme Sensibilität oder Robustheit – kann im Einzelfall eine gänzlich anders geartete Lage entstehen lassen, die auch andere Folgen hat. Die typischen Merkmale des ältesten Kindes treten zum Beispiel kaum oder nur abgeschwächt auf, wenn es seine Vorschulzeit von Anfang an in Kollektiven verbringt.

Zusammenfassung und erzieherische Konsequenzen

1) Die Charakterentwicklung eines Kindes wird oft davon mitbestimmt, in welcher Weise und in welchem Ausmaß sich Erwachsene mit ihm und seinen Geschwistern beschäftigen. Dies bildet die Voraussetzung dafür, dass Kinder eine größere Empfindsamkeit, stärkere Fügsamkeit und Konzentrationsfähigkeit ausbilden.

2) Sind dagegen Geschwister in erhöhtem Maße sich selbst überlassen und erziehen sich gegenseitig, so entwickeln sie robuste Durchsetzungsfähigkeiten, neigen häufig zu oppositionellen Haltungen. In Bezug auf Ordnung und Arbeitshaltung schwingt die Kurve von stabiler Gelassenheit bis zu gleichgültiger Wurstigkeit.

3) Durch die Forschung vor allem von Psychotherapeuten wurde eine Illusion aufgelöst: Es ist keineswegs selbstverständlich, dass ein Kind seine Geschwister liebt! Geschwister können zwar intensive Bindungen aneinander entwickeln; dennoch haben sie oft vielerlei Rivalitätsprobleme. Der Hass auf Geschwister wird in dem Maße geschürt, als sich das Kind von seinen Eltern weniger geliebt und somit sich selbst als weniger erfolgreich erlebt. Solche Konkurrenzprobleme können die Einstellung zu den Mitmenschen zeitlebens negativ färben, weil ein schmerzliches Unterlegenheitsgefühl zurückbleibt und wie mit einem starren Projektor auf spätere Kollegen, Partner oder Konkurrenten übertragen wird.

4) Diese Gegebenheiten machen es nötig, dass Eltern die Rivalitätsprobleme ihrer Kinder besser durchschauen lernen, um sie nach Kräften abzuschwächen. Es muss nicht unabdingbar das Schicksal der entthronten Kronprinzessin sein, ein „Biest" zu werden. Sehen die Eltern hinter den Unbotmäßigkeiten ihrer Kinder deren Not, so lernen sie, mit Liebe gelassen zu sein und Erbarmen zu haben. Ein Kind, das sich in der Tiefe von seinen Eltern verstanden fühlt, wird durch das Gefühl, beschützt und geliebt zu werden, eine Sicherheit erwerben, die es später möglich macht, eine positive Einstellung und Gelassenheit gegenüber seinen Mitmenschen zu entwickeln.

Im Folgenden sollen einige Verhaltensvorschläge für Erziehende gemacht werden, um Rivalitätsnöte abzuschwächen:

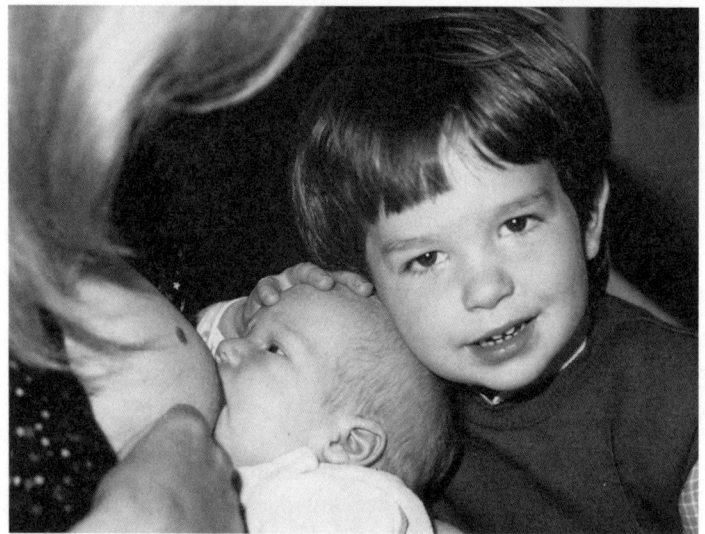

Wenn das zweite Kind geboren ist, sollte man das ältere sorgfältig in die Pflege des Säuglings einbeziehen, um Rivalitätsprobleme abzuschwächen.

1) Wenn das zweite Kind geboren ist, sollte man das älteste (soweit es noch Klein- oder Grundschulkind ist) sorgfältig in die Pflege des Säuglings einbeziehen. Gelegentlich ist es zunächst nötig, es während des Stillens in den Arm zu nehmen oder auf einem eigens dafür bestimmten Hocker daran teilnehmen zu lassen. Im Umgang mit dem Baby sollte nicht vorausgesetzt werden, dass das Kleinkind von dem Neugeborenen ebenso begeistert ist wie seine Eltern. Gut ist es daher zu betonen, wie „dumm" das neue Geschwisterchen noch ist und wie stolz die Mutter ist, auch einen „großen" Sohn oder eine „große" Tochter zu haben, der/die schon allein laufen und essen kann, sauber ist usw. Es ist ungünstig, den Schlafplatz des ältesten Kindes gerade zu dem Zeitpunkt zu verändern, zu dem das neue Geschwisterchen in die Wohnung einzieht. Es ist viel besser, wenn das älteste Kind schon Wochen oder Monate vorher in seinen Raum neben dem Elternschlafzimmer umquartiert wurde, am besten so, dass es noch in Ruf-

nähe der Mutter lebt. Wenn das älteste Kind sein Bett und seinen Schlafplatz nämlich unmittelbar für den Neuankömmling räumen müsste, könnte es leicht geschehen, dass es mit Trennungsängsten und einer verstärkten Abneigung reagiert. Kinder sagen dann gelegentlich: „Schick das Baby doch wieder weg", oder sie unternehmen direkt Beseitigungs- und Zerstörungsversuche. Es ist wichtig, solche Versuche nicht mit empörten Verdammungsurteilen und Strafen zu belegen. Nötig wäre vielmehr, dem Kind klarzumachen, dass das Geschwisterchen schnell wachsen und dann mit ihm wird spielen können, dass die Eltern glücklich sind, nun bald einen Gefährten für ihren „Großen" zu haben, dass das aber nur geht, wenn man dem Kind nicht wehtut, es stattdessen beschützt und füttert, damit es rasch sitzen, stehen und laufen lernen kann. Es ist falsch, einem zwei- bis vierjährigen Kleinkind Geschwisterliebe und dem Neugeborenen gegenüber eine Verzichthaltung abzufordern. Betont man hingegen das im Kleinkindalter noch stark dominierende Besitzstreben des Kindes, indem man von „deinem" Bruder oder „deiner" Schwester spricht, ist es leichter bereit, positive Gefühle mit dem Baby zu verbinden und es als liebenswerten Besitz, nicht als lästigen Eindringling zu empfinden.

2) Für das jüngere Kind entsteht eine Krisenzeit in Bezug auf Rivalitätsprobleme, wenn es jenseits des ersten Lebensjahres seine Ansprüche geltend zu machen versucht. In dieser Zeit tritt die Überlegenheit des ältesten Kindes deutlich hervor, häufig indem es ängstlich seine Spielsachen hütet oder dem Jüngeren sein eigenes Spielzeug fortnimmt und es angreift. In dieser Zeit ist es angebracht, das Nachgeborene vor dem Älteren abzuschirmen. Dabei kann es nötig werden, die Kinder in getrennten Räumen spielen zu lassen. Der Kindergarten für die älteren Kleinkinder (einige Stunden am Morgen) kann häufig diese Entwicklungszeit dadurch positiv überbrücken helfen, dass das ein- bis zweijährige Kind zu dem Erlebnis kommt, auch einmal ungestört und allein in der Nähe der Mutter zu sein.

3) Die Mutter sollte es bewusst vermeiden, Nesthäkchenrollen ihrer Kinder zu fördern. Verstärkte Anlehnungsversuche der Älteren nach der Geburt von Geschwistern (oder der Jüngsten unter dem

Druck der Älteren) dürfen kurzfristig wohl angenommen werden
in einer zärtlichen Umarmung, einem liebevollen Streicheln – aber
babyhaftes Verhalten beim Essen, Sprechen, Laufen und anderes
mehr muss man behutsam abwehren und den Vorteil des „Groß-
seins" betonen und selbständige Handlungen belohnen. Worte
wie: „Ach, wie gut, dass unser Michael so schöne Zähne hat und
damit beißen kann wie ein starker Löwe – da braucht er das dumme Nuckeln nicht mehr!" unterstützen das Ringen des Kindes um
seine Zukunft und hindern die Versuchung, sich träge und kampf-
los mit dem bestehenden Zustand zufrieden zu geben oder gar in
die frühere passive Behütungssituation zurückzufliehen.

7. Förderung der Sprachentwicklung und des Wortschatzes

Kinder in einem „gepflegten" Milieu kennen im Alter von eineinhalb
Jahren einundneunzig sinnvolle Wörter, Kinder aus einem „sozial
niederen" Milieu wesentlich weniger, stellten Hetzer und Reindorf
in einer Untersuchung fest[14]; und auch in den folgenden Jahren
zeigt sich zunehmend deutlicher, dass Sprachgewandtheit und Um-
fang des Wortschatzes milieuabhängig sind.

Die Sprachentwicklung eines Kindes lässt sich also durch seine Erzieher fördern. Welche erziehenden Maßnahmen sind in diesem
Teilbereich angezeigt?

Die Sprachentwicklung eines Kindes reift nicht allein von innen, sie
ist auf Nachahmung angewiesen. Wäre das nicht so, so müsste auch
jeder Gehörlose sprechen können – und alle Menschen würden eine
einzige einheitliche Sprache haben. Stattdessen besitzt jeder Mensch
eine Muttersprache, die er von seinen Erziehern erlernt. Als Voraussetzung dafür entsteht in jedem gesunden Kind innerhalb seines ersten Lebensjahres eine Bereitschaft zu sprechen. Deutlich erkennbar
ist das an den „Lall-Monologen" der älteren Säuglinge, die man auch
bei gehörlosen Kindern feststellen kann. Solche Lautäußerungen zeigen das spontane Auftreten eines Dranges zur Kundgabe an und haben vermutlich bereits eine übende Funktion. Aber auch in den folgenden Entwicklungsphasen bleibt das Kind nicht nur von seiner
Fähigkeit, zu hören und nachzuahmen, sondern gleichzeitig auch
von den Reifungsvorgängen der entsprechenden Großhirnfunktionen

und des Kehlkopfes abhängig. Wir treffen hier wieder auf das Grundphänomen menschlicher Entfaltung: Reifungsvorgänge und Lernprozesse greifen ineinander und sind aufeinander angewiesen.

Unter der Voraussetzung, dass ein Kind ein gesundes, normal reifendes Gehirn hat und in einer Umgebung aufwächst, in der es pflegende Zuwendung und Sprachkontakt durch seine Mitmenschen erfährt, zeichnen sich daher bestimmte Stadien der Sprachentwicklung ab, die von Psychologen gründlich erforscht sind. Die Sprachentwicklung eines Kindes kann daher ein wertvoller Indikator sein, um früh organische Hirnstörungen oder tief greifende Erziehungsfehler zu erkennen. Deshalb werden hier die gesunden Entwicklungsstufen in einer Übersicht dargestellt.

Alter	Stadium	Art der Sprachäußerungen
2.–12. Lebensmonat	Vorstadium	1. Lall-Monologie 2. Schallmalerei: Wau-wau, Tick-tack, Mam-mam
12.–18. Lebensmonat	1. Epoche	Einwortsätze (ein isoliertes Wort hat die Bedeutung eines ganzen Satzes): Mam = „Mutter, komm" oder „Mutter, gib mir zu trinken"
18.–24. Lebensmonat	2. Epoche	Zweiwortsätze (das Kind entdeckt die Nennfunktion der Sprache): Puppe-Atta = „Ich will mit meiner Puppe nach draußen gehen"
24.–30. Lebensmonat	3. Epoche	Mehrwortsätze, Aneinanderreihung, Konjugation und Deklination werden verwendet
30. Lebensmonat	4. Epoche	Hypostatische Satzbildung, Auftreten von Haupt- und Nebensätzen

Während in den beiden ersten Stadien die Lautäußerungen des Kindes wie bei den Tieren vor allem der Signalgebung und der Kundgabe dienen, wird der Schritt zur Sprachentwicklung in dem Augenblick vollzogen, in dem der Laut zum Symbol wird. „Damit löst sich die Sprache aus der Umklammerung des Subjektiven, und aus der

Kundgabe affektiver Zustände des triebhaften Begehrens wird die objektive, vom Ichhaft-Zuständlichen gelöste Darstellung eines Sachverhalts. Die Sprache wird damit zur Sinnträgerin und zugleich zur Schöpferin geistiger Gehalte."[15]

Hat das Kind dieses Stadium nach Ablauf der zweiten und dritten Epoche nicht erreicht, so kann mit Sicherheit angenommen werden, dass es an einer Entwicklungsverzögerung leidet, die organische, aber auch seelische Ursachen haben kann. Diese beruhen in den meisten Fällen darauf, dass die vorbereitenden Erlebnisse zur Sprachentwicklung ausgefallen sind oder gestört und unterbrochen wurden. Es wurde bereits erwähnt, dass die Voraussetzung zur Nachahmungsfähigkeit eine positive, angstfreie Beziehung zur pflegenden Person ist. Ein solcher positiver Kontakt schafft nämlich erst die Lust zur Nachahmung, also die Nachahmungsbereitschaft. Darüber hinaus können wortkarge, vor allem depressiv-schweigsame Pflegerinnen es an auffordernden Reizen für das Kind fehlen lassen. Das plötzliche Abbrechen des Kontaktes zu der bis dahin vertrauten Person in den beiden ersten Stadien kann sogar zu einem dauerhaft angstvollen Verstummen des Kindes – dem so genannten Mutismus – und einer Verzögerung der geistig-seelischen Entwicklung führen. Aus solchen Gründen haben Kinder, die bis zum Schuleintritt in einem Heim waren, oft erhebliche Sprachrückstände und können manchmal erst verspätet eingeschult werden. Dass diese Rückstände keineswegs allein auf anlagemäßige Intelligenzmängel zurückgeführt werden können, ist den Berichten von Pflegeeltern, die Heimkinder bei sich aufnahmen, oft deutlich zu entnehmen. Folgende Schilderung zeigt einen typischen Fall:

„Unsere Sophie geht jetzt seit einem Jahr in die Schule, liest schon fließend und erzählt und schreibt selbst ausgedachte Geschichten, wobei sie uns durch ihren Wortschatz ins Staunen versetzt. Das erscheint uns immer wieder umso mehr als ein Wunder, als Sophie nicht mehr als einige Lautäußerungen wie ‚dada' und ‚wauwau' sprechen konnte, als wir sie im Alter von zweieinhalb Jahren aus dem Heim holten. Dennoch haben wir nie mit dem Kind systematisch sprechen geübt. Wir haben uns – wie uns geraten wurde – lediglich viel mit dem Kind beschäftigt und uns pfleglich um Sophie gekümmert. Aus dem todernsten Kümmerling mit dem alten Gesichtchen ist jetzt ein unbekümmert plapperndes Schulkind geworden."

Erkenntnisse und Erfahrungen dieser Art lassen Rückschlüsse darauf zu, auf welche Weise die Sprachentwicklung und der Wortschatz eines Kindes durch seine Erzieher gefördert werden können:

1) Die beste Voraussetzung zu einer guten Sprachentwicklung ist die positive Mutter-Kind-Beziehung im ersten Lebensjahr des Kindes. Seine Bindung an die Mutter, das Erleben ihrer Zuwendung ohne Angst fördert Nachahmungsbereitschaft, die Lust zu Kundgabe und Signal. Dosiertes Zeigen und Benennen von Gegenständen gehört im zweiten Lebensjahr zu den auffordernden Entwicklungsreizen. Unter „Dosierung" wird in diesem Zusammenhang das Vermeiden von einer überflutenden Fülle verstanden. Weder ein ununterbrochen lauter Redestrom der Pflegenden oder eine große Anzahl auf das Kind einredender Erwachsener noch gar Fernsehen und Stadttrubel fördern die geistige Entfaltung und die Sprachentwicklung des Kindes. Solche Überdosierungen können vielmehr dazu führen, dass das Kind mit einer Reizabwehr antwortet, die es in seiner Entwicklung hemmt.

2) Ein Kind lernt sprechen, indem es die Erwachsenensprache nachahmt. Eine Anpassung der Erwachsenen an die unzureichende Sprechweise des Kindes (Babysprache) ist unangebracht, weil das der Vervollkommnung der Sprache im Wege steht und den Entwicklungsprozess verlangsamen kann. Ebenso wenig fördern direkte Aufforderungen zum Sprechen und Sprechübungen im Kleinkindalter die freie Entfaltung des Sprechens; dadurch kann vielmehr das spontane Sprechbedürfnis blockiert werden. Wie alle Kommunikationsmittel ist auch das Sprechen auf Spontaneität und Freiwilligkeit angewiesen. Erzwungenes, bewusst gemachtes Sprechen verunsichert daher oder verhindert gar den freien Fluss der Rede.

Ein Beispiel: Eine Mutter fühlte sich stark beunruhigt durch die Tatsache, dass sowohl ihr Vater als auch ein Vetter Stotterer waren. Sie fürchtete, dass ihr Junge eine solche Sprachstörung geerbt haben könnte und begann das eineinhalbjährige Kind mit lang dauernden Sprechübungen zu quälen. Der Junge wehrte sich weinend gegen die Dressur, sprach lange Zeit weniger als vorher und begann danach in der Tat zu stottern. Die besorgte Mutter hatte diese Sprachstörung geradezu heraufbeschworen, indem sie sie „an die Wand malte".

Dem Wortschatz des Kindes ist es vor allem dienlich, wenn die Erwachsenen die zunehmende Wissbegier des Kindes beachten. Etwa im Alter von drei Jahren zeigt sie sich in dem gesteigerten Wunsch, die Erwachsenen nach Gegenständen ebenso wie nach Zusammenhängen zu fragen. Das wache Hinhören auf diese Kinderfragen, das Mühen um ein kindgemäßes Antworten, kann das Interesse des Kindes anregen und seinen Wortschatz fördern. (Dieses Fragen kann gelegentlich auch in einer übersteigerten Weise in Erscheinung treten. Hinter dem immer wiederholten „Warum" oft unsinnig erscheinender Inhalte pflegt dann meist ein dem Kind unbewusstes Problem nach Antwort zu suchen.)

Wichtig für die geistige Entwicklung des Kindes und die Förderung seines Wortschatzes ist es, sein Fragen nicht zu überhören oder mit einem gleichgültigen und ärgerlichen „Ich habe jetzt keine Zeit" oder „Sei doch endlich mal still" abzutun. Wohl ist es nötig, einem Kind zu bedeuten, dass es in einer bestimmten Situation keine Antwort bekommen könne (etwa wenn zwei Erwachsene miteinander sprechen), aber es muss gleichzeitig die Erfahrung machen, dass irgendwann am Tag die Erziehenden Zeit für seine Fragen haben und selbst die nicht vergessen haben, die unbeantwortet geblieben sind.

8. Die Rolle elterlicher Vorbilder in der Phase erster Realitätsprüfung

Während des gesamten Entwicklungsprozesses des Kindes ist das Verhalten seiner Erzieher von großer Bedeutung. Darüber hinaus aber gibt es eine Phase im Kleinkindalter, in der das Bild von Vater und Mutter sich in der Seele des Kindes geradezu einstanzt und seine Einstellung zu sich selbst und späteren Lebenspartnern in einer entscheidenden Weise färben kann. Diese Phase setzt ein, wenn das Kind so weit gereift ist, dass es sich selbst als abgehoben von der Umwelt erleben kann. Es unterscheidet sich nun von den anderen, stellt sich den Menschen seiner Umgebung gewissermaßen gegenüber und wird – zum ersten Mal in seinem Leben – zu einem außenstehenden Beobachter, während es vorher eine Einheit mit seiner Umwelt bildete. Diese Phase setzt nach dem Trotzalter ein. In ihr war Loslösung von der engen Bindung an die Mutter unter Not und Unbehagen geübt und vollzogen worden. Jetzt – im Alter von fünf Jahren etwa – erlebt das Kind sich noch bewusster als abgetrenntes Eigenes, als ein „Ich". Dieses Erleben des Getrenntseins macht das Kind zum Betrachter und bildet damit die Voraussetzung dafür, dass es (gewissermaßen „objektiv") seine Umgebung zu erfassen sucht. Das hat zur Folge, dass es lernt, die Realität zu erfassen, und dass es beginnt, innen und außen zu unterscheiden. Für Kinder am Anfang der Schulzeit in der Phase des „naiven Realismus" ist alles Real-Erfassbare „wahr", alles Phantasierte, Erdachte „nur" ein Märchen, „nur" gesponnen". Ein solches Kind entwertet mehr und mehr die Innenwelt, in der es vor kurzer Zeit noch eingebettet und zu Hause war und macht sich mit Ernst daran, die Welt, „wie sie wirklich ist", zu erfassen, zu erkennen und als „Außenstehender" neu zu erobern. Aber während einer längeren Zeit ist das Denken des Kindes noch gemischt aus Realitätserfassung und phantasiertem Wunschdenken. Wir sprechen in dieser Phase der Vier- bis Sechsjährigkeit des Kindes von einem „phantastischen Realismus". In dieser Zeit beobachten Kinder teilweise schon real, aber die Beobachtungslücken werden mit freien Erfindungen (= konfabulatorisch) ausgefüllt.

In dieser Zeit ändert sich die Rolle der Erzieher für das Kind zum dritten Mal. Jetzt braucht es, erstmalig bewusst, ein Vorbild, eine Zielvorstellung, zu der hinzuwenden es sich lohnt. Um dieses Vorbild finden zu können, ist aber eine vorbereitende Unterscheidung notwendig: das unterscheidende Erkennen der Geschlechter und das Annehmen der eigenen Identität. Deshalb bekommt die Frage nach der Verschiedenheit der Geschlechter und der Entstehung der Unterschiede einen so drängenden Charakter und bestimmt die Spielinhalte, Träume und Fragen in diesem Lebensabschnitt. Es wird jetzt von großer Wichtigkeit, bestätigt zu finden: „Ich bin ein Junge" bzw. „Ich bin ein Mädchen, und das ist gut und richtig so"; denn erst wenn diese Einstellung gelingt, kann das Kind weiter folgern – als Junge: „Dann werde ich eines Tages ein Mann sein wie der Vater"; als Mädchen: „Dann werde ich eine Frau wie die Mutter." Ja, schließlich pflegt in einer günstigen Familiensituation ein weiterer Schluss des kleinen Jungen in dieser Phase zu lauten: „Dann wer-

Das kleine Mädchen identifiziert sich mit seiner Mutter, ahmt ihr Verhalten nach und bereitet sich so spielend auf Mutterschaft vor.

de ich ein Mann wie der Vater und heirate eine Frau wie die Mutter"; beim Mädchen: „... und heirate einen Mann wie den Vater." Es ist daher entscheidend für sein weiteres Schicksal und seine Vorbereitung zur Partnerschaft und Ehe, wie das Kind in dieser prägsamen Phase seine Geschlechtsrolle erfährt und Vater und Mutter erlebt (vgl. hierzu auch Kapitel VII, S. 244).

Deshalb ist es wichtig, dass der Vater dem Jungen erstrebenswerte Verhaltensweisen vorlebt, sowohl in der Einstellung zu seinem Beruf als auch zu seiner Ehefrau und zu seinen Kindern. Der Junge muss den Vater erleben als den, der beschützt, der für die Einhaltung der Ordnung sorgt und für seinen Sohn ein Kamerad ist, mit dem man sprechen kann.

Das Mädchen kann vor allem am Verhalten des Vaters zu seiner Frau das Erstrebenswerte der Partnerschaft erlernen. „Einen Mann zu heiraten, der so ist wie der Vater", kann es als ideal nur dann aus der Kindheit mitbringen, wenn es den Vater als liebevollen Ehemann hat erleben dürfen.

Der Vater muss aber dabei auch mit der Gefahr vertraut sein, die in einer zu engen Bindung zwischen ihm und seiner Tochter besteht. Ist ein fünfjähriges Mädchen in der vollen Entfaltung seiner Identifikation mit der Mutter, so sucht es die Rolle der Ehefrau möglichst vollständig zu übernehmen. Das Mädchen spielt dann gern „Vaters kleine Frau", wobei es eine Zeit lang zunehmend mehr versucht, die Mutter vom Vater abzudrängen. Es ist wichtig, dass der Vater diesen Wunsch zwar versteht, ihn aber nicht unterstützt und aufheizt. Übersteigerte Vaterbindungen dieser Art können nämlich die Partnerschaftsfindung und Partnerschaftsbeziehungen solcher Mädchen später im Erwachsenenalter tiefgreifend stören und eventuell sogar unmöglich machen. Um der Gefahr aus dem Wege zu gehen, ist es zu empfehlen, die Schlafzimmer- und Bettgemeinschaft zwischen Eltern und Kindern spätestens von diesem Alter ab aufzulösen. Übertriebene Zärtlichkeiten und die Zurschaustellung des nackten Körpers sollte der Vater jetzt ebenso vermeiden wie eine – womöglich gar aggressiv gegen die Mutter gerichtete – Kumpanei mit der kleinen Tochter. Die Zuwendung des Vaters zu seiner Tochter in dieser Phase muss sich beschränken auf ein zuhörendes, verstehendes Verhalten. Er sollte dem Mädchen beim Spielen Partner sein können und ein freundlich-wohlwollendes, zugewandtes Interesse für die Tochter zeigen.

Diese so wichtigen Aufgaben des Vaters innerhalb der frühkindlichen Entwicklung sind heute sehr viel mehr erschwert als früher, als der Vater noch während seiner Berufsarbeit praktisch im Blickfeld des Kindes blieb. Die häufige Abwesenheit des Vaters von der Familie, sein Beruf, der oft dem Kind noch fremd bleiben muss, erschwert heute die Identifikationsmöglichkeit des kleinen Jungen mit seinem Vater und das Durchschreiten dieser Phase für beide Geschlechter – erst recht bei Scheidungswaisen und bei Kindern allein erziehender Eltern. Dass der Vater einen Teil seiner Freizeit für das Kümmern um seine Kinder bewusst einplant, ist deshalb eine berechtigte und wünschenswerte Forderung der Moderne an ihn.

Für die Mutter gelten entsprechende Verhaltensgrundsätze in dieser Phase. Es ist wichtig, dass sie die Identifikationswünsche der kleinen Tochter versteht und unterstützt. Das gemeinsame Pflegen weiblicher Interessen, das Hegen und Verschönern, hausfrauliche Tätigkeiten und das Nachvollziehen mütterlicher Verhaltensweisen – vor allem mit Hilfe des Puppenspielens – sind wichtige Übungsschritte für das kleine Mädchen. Sie treten meist spontan in Erscheinung, wenn das Kind bis dahin eine positive Beziehung zu seiner Mutter hatte und die „Lust" zur Nachahmung der Mutter von ihr gefördert und aufrechterhalten worden ist.

Das Rivalisieren der kleinen Tochter mit der Mutter kann diese umso leichter ohne Kränkung ertragen, je mehr sie das töchterliche Verhalten als einen natürlichen, vorübergehenden Entwicklungsvorgang durchschaut und je mehr ihr Ehemann dem Kokettieren der Tochter gegenüber bewusste Zurückhaltung übt.

Der kleine Sohn stellt der Mutter in dieser Phase oft direkte Heiratsanträge – und gelegentlich werden sogar Wegwünschphantasien gegen den Vater geäußert. „Schick ihn doch weg", erklärt ein Fünfjähriger seiner Mutter. „Wenn ich groß bin, heirate ich dich!" Oder: „Wenn sie mich fortschicken und sagen ‚Such dir einen Schatz', dann antworte ich: ‚Brauch ich nicht, hab schon einen, und das bist du!'"

Besonders allein stehende Mütter und Frauen in unglücklicher Ehe sind anfällig dafür, sich von solchen Liebeserklärungen ihrer kleinen Söhne geschmeichelt zu fühlen und die „Liebhaberrolle" des kleinen Sohnes anzunehmen und damit erotisch anzufachen. Wenn der kleine Sohn die Zärtlichkeitsbedürfnisse seiner am Ehemann enttäuschten Mutter erfüllt, kann das in dieser Phase zu einer Erwartung werden, die für das Kind große seelische Gefahr bedeutet in Bezug auf seine spätere Einstellung zur Frau.

Die „Heiratsanträge" der kleinen Fünfjährigen sollten weder verlacht noch mit überströmender Zärtlichkeit angenommen noch mit Empörung zurückgewiesen werden. Sie sollten ernst angehört werden, mit ebenso viel Ernst und Festigkeit aber sollte (im Fall einer intakten Familie) erwidert werden: „Aber, nicht wahr, die Mutter hat ja schon geheiratet, sie hat den Vati, das ist ihr Mann. Wenn du groß bist, dann findest du deinen Schatz, und den bringst du mir heim, dann freuen wir uns alle."

In Kapitel VI wird aufgezeigt, was für seelische Erkrankungen und Fehlentwicklungen sich anbahnen, wenn in dieser Phase der Vater oder die Mutter als Vorbilder ausfallen oder im Erleben des Kindes eine negative Färbung erfahren.

9. Kinderängste

In dem Maß, wie das Kind in die Welt hineinwächst, in dem Maß, wie es sich aus der Urgeborgenheit herausentwickelt, in dem Maß packt es das Gefühl von Herausgestelltsein, von Verlorenheit, ja von Zweifel und Schuld. In jeder menschlichen Entwicklung vollzieht sich das wieder neu, jeder Mensch – auch der im besten Elternhaus – wird häufig ganz unbewusst befallen von dieser zum menschlichen Leben gehörenden Urangst. Will man vor dieser Tatsache nicht die Augen verschließen, erhebt sich für Eltern und Erzieher die Frage: Wie helfe ich dem Kind in seinen Ängsten?

So gehen zum Beispiel viele Kinder, die unter nächtlicher Angst leiden, in kurzen Abständen zur Toilette. Die Angst taucht regelmäßig auf, nachdem die Kinder ins Bett gebracht worden sind, wenn die Dunkelheit hereinbricht, wenn sie in dem stillen Haus, in der stillen Straße, in der Schwärze ihres Zimmers allein sind. Dieser Angst sich auszuliefern, können sie einfach nicht ertragen, und um ihr zu entfliehen, gehen sie auf die Toilette, zu der Verrichtung, um derentwillen es ja erlaubt ist, aufzustehen und Licht anzumachen. Aber abgesehen vom Lichtmachen und vom Erlaubten dieser Handlung können sie auch Geräusche wahrnehmen, die alten vertrauten Geräusche des Tages, die die Angst beschwichtigen: das Öffnen und Schließen der Türen, das Rauschen der Wasserspülung, ja gelegentlich einen Laut oder einen Ruf von der Mutter oder dem Vater. Aber das alles hilft eben nur für kurze Zeit. In der Stille und Dunkelheit ihres Bettes bricht die Angst von neuem los und lässt das Abwehrritual der Kinder von neuem in Gang kommen. Die Verleugnung und Nichtbeachtung solcher Ängste durch die Eltern führt zu ihrer stetigen Verschlimmerung; denn Angst will ernst genommen sein, ja, grundsätzlich könnte man sagen: Angst – das Symptom der Einsamkeit und Verlorenheit – kann nur überwunden werden durch Verstehen.

Was aber heißt das zum Beispiel in diesem Fall: die Angst ernst nehmen? Was macht man, wenn man erkennt, dass ein Kind nicht einschlafen kann, weil es im Dunkeln Angst bekommt? Man sorgt vor allem dafür, dass die Verbindung zu dem Kind, zu den vertrauten Dingen der Wirklichkeit nicht verloren geht. Das kann man auf verschiedene Weise tun: Oft wirkt schon der offene Türspalt Wunder, durch den das Licht des Wohnzimmers und die gedämpften Stimmen der Eltern beruhigend zu dem Kind herüberfließen. Im Gegensatz zu der weit verbreiteten Meinung, dass dieser Türspalt das Kind stören könne, kann man immer wieder die einfache Erfahrung machen, dass gerade das Gegenteil der Fall ist.

Man kann auch bei einem Kind, das dazu neigt, nachts aufzuwachen und Angst zu bekommen, ein Nachtlämpchen mit gedämpftem Licht im Zimmer anbringen, die es speziell für diesen Zweck mit dem geringfügigsten Stromverbrauch im Handel zu kaufen gibt. Auf jeden Fall ist es anzuraten, ein kleines Kind des Nachts, zumindest bis zum Schulalter, in Rufnähe der Mutter zu haben. Die Schlafzimmer der kleinen Kinder gehören in die unmittelbare Nachbarschaft des Elternschlafzimmers. Hier Konzessionen an die baulichen Gegebenheiten zu machen rächt sich häufig bitter. Über die Kleinkinderzeit, die eine zunehmende Ablösung aus der Urgeborgenheit darstellt, kommt ein Kind am leichtesten ohne die Nöte von Angstüberflutungen hinweg, wenn es immer wieder die Erfahrung machen darf: Ich bin gar nicht allein – wenn ich rufe, wird mir geantwortet, tröstend, helfend und verstehend.

Eltern können in große Schwierigkeiten mit der nächtlichen Angst ihrer Kinder kommen, wenn sie abends fortgehen und die Kinder, ohne sie davon zu unterrichten, vollständig allein lassen. Jahrelang müssen manche Erwachsenen mit einer chronischen Störung ihrer Nachtruhe bezahlen, wenn das Kind während des Alleinseins einmal aufwacht, womöglich in einer Not, mit Erbrechen oder einem Hustenanfall, und nun in panischem Entsetzen feststellt, dass – unbegreiflicherweise – niemand da ist. Kinder können auf diese Weise seelische Verletzungen erleiden, die bewirken, dass sie nun nicht mehr einschlafen können oder Nacht für Nacht zur Mutter ins Bett kriechen. Solchen Nöten sollte man vorbeugen, indem man nicht fortgeht, ohne eine Ersatzperson, einen „Sitter", zu hinterlassen, mit dem man das Kind vorher vertraut gemacht hat. Bei Familien mit mehreren Kindern können sich die Geschwister oft gegenseitig unterstützen und dazu angehalten werden. Ältere Einzelkinder sollte man nur mit Hinterlassung einer Telefon- oder Handynummer oder in der Gewissheit, dass die liebevolle Nachbarin zu Hause ist, abends allein lassen – aber auch dann grundsätzlich nicht, ohne das Kind über das Fortgehen zu informieren.

Hat sich der Schrecken erst einmal eingenistet, ist er nur sehr schwer wieder zu beseitigen. Kinder, die aufgrund solcher schlechten Erfahrungen abends oder nachts ein angstvolles Anklammern beginnen, sollte man dennoch nicht zu sich ins Bett nehmen, sondern sie unter liebevoll-beschwichtigenden Worten in ihr eigenes Bett in der fühlbaren Nähe der Eltern zurückbringen. Nur ein allmähliches Erleben *besserer* Erfahrungen kann hier heilen. Dabei sollte man es zu vermeiden suchen, sich von dem „Einkriechungsbedürfnis" bei der Mutter vollständig tyrannisieren zu lassen. Kinder, denen man auf diese Weise helfen und das eigene Schuldgefühl entlasten will, bekommen dann immer mehr Angst, weil ihre Entwicklung auf diese Weise nicht vorwärts verläuft sondern eher stagniert.

Die Not des Kindes muss also verstanden, das negative Erleben muss durch bessere Erfahrungen ersetzt werden, dergestalt, dass mehr und mehr Selbständigkeit des Kindes angestrebt wird. Sehr starke Ängste des Kindes sind häufig eine Folge von Schocks, die es

durch nicht verstehbare Trennungen von seiner Mutter erfahren hat
(zum Beispiel Krankenhausaufenthalt im Kleinkindalter). Ein solches Kind braucht die verstehende Geduld der Bezugsperson.

Auch der Angst der Kinder, allein – ohne die beschützende Mutter – der Welt standhalten zu müssen, wie sie sich gelegentlich morgens vor dem Gang in die Schule einstellen kann, ist nicht durch
Nachgeben, sondern nur durch eine Ichstärkung des Kindes (Frei-
schwimmen, Boxen, Judo, eigenständige Besuche in den Ferien bei
Verwandten) abzuhelfen.

Ein Verstehen dieser Art ist oft noch in vertieftem Maß notwendig; denn häufig treten die Kinderängste in einer Art und Weise auf,
die komplizierte Hintergründe ahnen lassen. Sie sind mehr als natürliche Urangst, wie sie zu dem Vorgang der Ablösungsentwicklung
gehört. Weit verbreitet ist vor allem das nächtliche Aufschreien der
Kinder, so genannter pavor nocturnus, der für die Familie häufig lästig, störend und beunruhigend sein kann.

*So wurde zum Beispiel der kleine Peter zur Erziehungsberatung ge-
bracht, weil er durch sein allnächtliches Schreien nicht nur die Familie
und die Nachbarn, sondern auch schon die öffentlichen Behörden, die
Schule und das Jugendamt alarmiert hatte. Peter war ein elternloses
Kind, das seit zwei Jahren bei einem kinderlosen Ehepaar untergebracht
war, das ein so genanntes Pflegenest unterhielt, das heißt, dieser einfachen
Frau wurden vom Jugendamt bis zu vier heimatlose Kinder zugewiesen,
die sie bis zur Schulentlassung in Pflege nahm. In jüngster Zeit – und das
hatte der sechsjährige Peter schon sehr deutlich miterlebt – hatte gerade ein
Wechsel stattgefunden, indem ein Kind entlassen und ein neues aufgenommen worden war. Die Pflegemutter hatte es oft sehr schwer mit diesen Kindern, da fast alle aus ihrer Säuglingszeit in Heimen seelische Schäden und Störungen mitgebracht hatten, die in Misstrauenshaltungen
und Aggressivität zum Ausdruck kamen. Die in Erziehungsfragen gänzlich unbefangene Pflegemutter begegnete diesen Schwierigkeiten mit
robuster, lautstarker Güte. Gegen Peters nächtliches Schreien war sogar
der Umzug ins pflegeelterliche Schlafzimmer bisher ergebnislos geblieben.
Aber dadurch, dass die Mutter in der Nähe des Kindes war, konnte sie
zumindest genau erzählen, was sich dort in der Nacht mit Peter abspiel-
te; denn er schrie nicht nur, er sprang in wilder Angst aus dem Bett, rann-
te in eine Ecke, wie gejagt und verfolgt, und machte dabei mit Händen*

und Mund Geräusche und Gebärden des Scheuchens. Er rief: „Weg, weg,
du böse Hexe – da kommt sie wieder…" oder: „Der Affe, der Affe, er
beißt…" in den höchsten Tönen der Angst und Verzweiflung.

Um Peter verstehen zu können, um die Hintergründe seiner Angst
besser erfassen zu können, wurde mit ihm ein Phantasiespiel mit Puppen und Stofftieren begonnen. Er ergriff denn auch sogleich eine Pup-
penfigur, ernannte sie zur Hexe und begann in immer mehr sich stei-
gender, schließlich gar zitternder Erregung folgendes Spiel:

Eine Reihe von Kindern wurde unter der Obhut einer Mutter um
einen Esstisch gesetzt. Dann kam die böse Hexe, ergriff eines der Kinder und schleppte es in ihre Höhle, ein zweites, ein drittes Kind wurden gestohlen, schließlich auch ein kleiner Junge, dem Peter seinen Namen gegeben hatte. Danach aber holte er den Affen unter der Tier-
menge hervor. Der griff die Hexe an, kratzte und biss sie, und schließlich brach ein wahrer Vernichtungstaumel gegen die Kinder klauende
Hexe in Peter aus.

Das Erstaunliche nun: Schon nach dieser einen Spielstunde blieb das
nächtliche Schreien aus. Was war geschehen? Inwiefern war hier eine
Beruhigung des Kindes eingetreten? Zunächst wohl nicht mehr als das
eine: Peter hatte sich verstanden gefühlt. Aus seinem Spiel ging hervor,
dass er unbewusst fürchtete, seine Pflegemutter klaue sich die Kinder,
und er selbst sei auch ein einst so geklautes Kind. Dazu hatte er – ein
sehr zartes und sensibles Kind – offensichtlich eine Menge Wut gegen
seine Pflegemutter in sich angestaut, die er nie im Leben zu äußern ge-
wagt hätte, Wut, die er selbst als böse und gefährlich empfand. Deshalb
hatte er sie am Tage so weit als möglich zu verbergen versucht – aber in
der Nacht kam dann alles wieder hoch: die schreckliche Angst vor der
Pflegemutter und die Angst vor dem eigenen Antrieb, sie anzugreifen.
Deshalb wurde Peter im Traum nun von beiden verfolgt: von der bösen Kinderklauerin in Gestalt der Hexe, von sich selbst und seiner Wut
in Gestalt des Affen. Deshalb konnte das Schreien auch aufhören, als
durch das Verstehen und das Herauslassen der Wut im Spiel zum ersten Mal eine Entlastung der Ängste eingetreten war. Aber damit allein war die Arbeit nicht getan. Geheilt konnte Peter erst entlassen werden, als er in einer Reihe von Betreuungsstunden über sein eigenes
Schicksal Klarheit bekommen hatte, als ihm erklärt worden war, dass
niemand in der weiten Welt Kinder klauen dürfe, dass die Pflege-

mutter vom Jugendamt ausgesucht sei, für Kinder zu sorgen, die kei-
nen Vater und keine Mutter mehr hätten – eine Tatsache, die ihm völ-
lig neu war, da die Pflegemutter zumindest den kleinen Kindern weis-
zumachen versucht hatte, dass sie ihre eigenen Kinder seien.

Wie aus diesem Fall ersichtlich ist, können oft die Inhalte der Ängste der Kinder manchen Hinweis darüber geben, wie sie verstanden
und geheilt werden können. Das trifft auch für die so genannten Pho-
bien zu, jene Kinderängste, die sich in der Furcht vor Tieren und Gegenständen ausdrücken, die eigentlich nur Stellvertreter sind für jene
gefürchteten Eigenschaften oder Personen, gegen die sie sich nicht zu
wehren wagen. Da gibt es alles Mögliche: Angst vor Spinnen, vor
Hunden, vor Mäusen, vor Insekten und anderem mehr.

Ein Beispiel: Die vierjährige Margritta hatte so große Angst vor
Hunden, dass ihr Vater, bevor das Kind das Haus verlassen sollte, reih-
um alle Hundebesitzer anrief und sie bat, ihre Tiere einzusperren, da
Margritta sonst nicht zu bewegen war, auf die Straße zu gehen. Mar-
grittas Furcht schwand erst, als mit Hilfe ihrer Spiele herausgefunden
worden war, dass sie eigentlich das bellende Schimpfen und Schlagen
ihres Vaters fürchtete und dass in ihr viele Impulse steckten, sich durch
Beißen und Angreifen für diese unbillige und lieblose Behandlung zu
rächen. Erst als der Vater einsah, dass sein Verhalten selbst die Ursa-
che der Ängste seiner Tochter und ihrer verstärkten und unerlaubten
Racheimpulse war, erst als er über eine lange Zeit diese Brüllerei ein-
stellte, schwand Margrittas Hundeangst.

Auch verheimlichter sexueller Missbrauch an einem Kind kann
sich als pavor nocturnus oder als Phobie äußern. Um Probleme dieser Art verstehen zu können, ist es also nötig, das Verhalten der Kinder zu hinterfragen, um ihnen besser helfen zu können.

10. Bildungsmöglichkeiten im Kleinkindalter

Die Bildungsmöglichkeiten für Kleinkinder sind kaum vergleichbar
mit denen für Schulkinder und Erwachsene. Verbale Beeinflussung,
Lehrversuche auf dem Weg über die Einsicht des Kindes, der Appell
an die „Vernunft" oder den „gesunden Menschenverstand" sind
dem Kleinkind nicht gemäß, sie überfordern. Kinder in diesem Alter

sind von drängender Aktivität und großem Erlebnishunger. Was ihre Gefühle anspricht, ihnen Lust und Freude bereitet, prägt sich ihnen am sichersten ein. Werden diese beiden Gegebenheiten nicht berücksichtigt, ist ein Kleinkind viel weniger beeinflussbar. Es zu bilden kann daher nicht heißen, es nach einem Lehrplan zu lenken, sondern lediglich, es beim Durchlauf der lebensnotwendigen Entwicklungsstufen zu unterstützen. Um die frühkindlichen Entwicklungsphasen zu bewältigen, besitzt das Kind zwei natürliche Mittel: Antriebsüberschuss und Funktionslust, das heißt, jenseits des ersten Lebensjahres ist das Kind von dem drängend-lustvollen Bedürfnis erfüllt, etwas zu tun. Dieses Tun scheint zunächst zweckfrei. Es ist ein Tätigsein um seiner selbst willen: das Spielen. Dennoch hat dieses „freie" Tun des Kindes im Entwicklungsprozess zwei fundamentale Aufgaben: Erstens werden Tätigkeiten eingeübt, und zweitens werden Spannungen, Konflikte und Unausgeglichenheiten entlastet. Das Spiel hat daher für das Kind eine ausgleichende und eine die geistig-seelische Entwicklung fördernde Funktion.

Spielen

Das Spiel ist ein dem Kleinkind gemäßes und notwendiges Bildungsmittel. Es bevorzugt in seiner Spielwahl das, was für es entwicklungsfördernd ist. Wenn der Erzieher weiß, welche Aufgaben Kleinkinder zu bewältigen haben, kann er mit ihnen altersentsprechend spielen und Spiele entwickeln, die die Bedürfnisse der entsprechenden Phasen unterstützen. In der Tabelle auf den folgenden Seiten sind phasengerechte Spiele zusammengestellt.

Es ist der Entwicklung eines Kindes nicht dienlich, wenn man von ihm fordert, mit bestimmten Dingen zu spielen oder es mit Spielmaterial überhäuft. Grundsätzlich lässt sich sagen, dass Spielmaterial umso wertvoller für ein Kind ist, je mehr Möglichkeiten ihm zur freien Gestaltung offen bleiben. Wenig vorgeformtes, nicht technisiertes Material ist meist bei Kleinkindern ein besseres Bildungsmittel. Nicht allein die Phantasietätigkeit lässt sich auf diese Weise sicherer anregen – das Kind findet auch leichter Möglichkeiten, unbewusste Konflikte handelnd abzureagieren und zu verarbeiten. Das seelische

Das Kind bevorzugt in seiner Spielwahl das, was für es entwicklungsfördernd ist.

Gleichgewicht des Kindes wird oft – vom Kind unbewusst, vom Erwachsenen unverstanden – mit Hilfe immer wiederholter und vari-
ierter Spielideen schließlich wiederhergestellt. Ohne eine einigermaßen entspannte Stimmungslage ist das Kind nämlich nicht in der
Lage, weitere Entwicklungsstufen zu erklimmen, und es kann seelisch so lange zurückbleiben, bis Schwierigkeiten verarbeitet sind.

> Dazu zwei Beispiele: Der sechsjährige Pit fühlt sich von der Fuchsfigur
> im Kasperletheater magisch angezogen. Immer wieder holt er sie her-
> vor und spielt mit ihr „Zuschnappen". Dann lässt er das Fuchsmaul in
> eine Schale mit Schokoladenplätzchen greifen und sagt: „Der Fuchs hat
> Hunger und nichts zu essen. Da klaut er sich eben was!" Dabei lässt er
> die Plätzchen heimlich in seine Hand gleiten und versteckt sie in der
> Hosentasche.

Dieser Junge empfand sich als zu kurz gekommen, ein Gefühl, das
so mächtig in ihm war, dass sich der Drang zum räuberischen Übergriff in ihm ausbildete. Süßigkeiten sind bei Kindern häufig ein Symbol für die mütterliche „Süße", nach der sie sich sehnen. Im Spiel

mit dem Stehlen des Fuchses reagiert der Junge ein Bedürfnis nach liebevoller Zuwendung ab.

> Dennis hat sich ein Schiff gebastelt, setzt eine männliche Puppe als Kapitän hinein und lässt sie in scharfen Kommandos mit dem Schiff herummanövrieren. Das wird der Mannschaft aber zu dumm. Der Schiffsjunge, in Gestalt eines schlauen Eichhörnchens, lässt sich das nicht gefallen. Der Kapitän wird abgesetzt, mit dem Schießgewehr bedroht und gefesselt. Das Eichhörnchen übernimmt das Kommando.

Dennis reagiert in diesem Spiel die ihm unerträgliche Spannung und Unterlegenheitsgefühle gegen den dominanten Vater ab. In seiner Phantasie möchte er gegen den Vater aggressiv werden, ihn entthronen und sich an seine Stelle setzen. Das Ausspielen dieser Spannung macht es dem Jungen – ohne dass ihm der eigentliche Inhalt seines Spiels bewusst wird – möglich, die Erziehung im Kasernenhofstil zu ertragen, ohne eine Verhaltensstörung oder ein körperliches Leiden zu entwickeln. In der folgenden Tabelle (S. 82) befindet sich eine Übersicht über die den Entwicklungsstufen zugeordneten Spielformen des Kindes im Vorschulalter.

Das Spielen mit Baumaterial bedeutet Vorübung für Handfertigkeiten und konstruktives Gestalten.

Alter	Spielart	Förderungsmöglichkeit
Im 1. Lebensjahr	Verstecken, Suchen und Wiederfinden	Einübung der Fähigkeit, das Alleinsein zu ertragen, Entschärfung der Angst vor dem Verlust der Pflegenden
	Spiele auf dem Schoß, Reiten, Hopsen, Wiegen	Förderung der Motorik, Kontaktfindung
6. bis 12. Lebensmonat	Spiel mit einfach geformten Gegenständen (Ring, Ball, Würfel etc.)	Einübung von Greifvorgängen als Vorbereitung zur Realitätserfassung, später Kontaktfindung und symbolhaft Selbstfindung
1. bis 2. Lebensjahr	Spiel mit den Grundelementen: Wasser und Sand variiert: Schlamm, Ton, Plastilin	Vorübung zum Umgang mit Materie und später zu schöpferischem Gestalten
1. bis 2. Lebensjahr	Spiel mit Material unter Betonung von Zerreißen, Zerteilen, Zerbrechen, Zerschlagen	Vorübung zum Umgang mit Material, Aggressionsentlastung, symbolhaft: Vollziehen der ersten Ablösung von der Mutter
1. bis 2. Lebensjahr	Spiel mit Material unter Betonung von Öffnen und Schließen, Einfüllen, Einsammeln und Ausschütten	Vorübung zum Umgang mit Material, speziell dem Umgang mit Besitz
1. bis 6. Lebensjahr	Laufspiele, Springen, Klettern	Einübung der Motorik, gelegentlich auch Kontaktfindung und Konkurrieren

Alter	Spielart	Förderungsmöglichkeit
1. bis 3. Lebensjahr varriiert bis 12. Lebensjahr	Spiel mit Imitationen von Menschen und Tieren, Verkehrsmitteln, (Stofftiere, Puppen, Eisenbahn)	Spielende Befriedigung von Zärtlichkeitsbedürfnissen, Entschärfung von Unterlegenheitsgefühlen, Vorübung für Pflege- und Bemutterungswünsche
2. bis 4. Lebensjahr variiert- unbegrenzt	Spiel mit Material mit konstruktivem Akzent: Aufbauen, Bauen, Zusammenstellen, Zusammenfügen, Steckbausteine, hohle Würfel, Lego, Perlen etc.	Vorübung zu Geschicklichkeit, Handfertigkeit, zum konstruktiv-schöpferischen Gestalten
2. bis 4. Lebensjahr variiert- unbegrenzt	Spiel mit Fahrzeugen, die schnellere Fortbewegung ermöglichen: Roller, Rad, Wagen, Spielautos etc.	Vorübung des Expansionsstrebens, Einübung von Motorik und Eroberung eines erweiterten Aktionsraumes
ab 4. Lebensmonat	Sozialspiele: Reigen-, Abzähl- und Tanzspiele	Kontaktfindung, Vorübung des Leistungsstrebens und Konkurrierens, Vorübung zu Einordnung und Anpassung an die Gemeinschaft
ab 5. Lebensjahr	Würfelspiele und andere Materialspiele	
ab 5. Lebensjahr	Rollenspiele, Imitation von Erwachsenen: Kaufmannspiele, Eltern-Kind-Spiele etc.	Vorbildsuchen, Annehmen und Einüben der Geschlechtsrolle, Festigung einer Zielvorstellung über das „Erwachsensein", Kompensation kindlicher Unterlegenheitsgefühle

Das Spielen mit den Grundelementen ist eine Vorübung zu schöpferischem Gestalten (links). Ein vorzügliches Bildungsmittel im Kleinkindalter ist das Malen und Zeichnen (rechts).

Zeichnen

Ein weiteres vorzügliches Bildungsmittel im Kleinkindalter ist das Zeichnen. Nicht allein Handgeschicklichkeit als Vorübung zum Schreiben kann auf diese Weise vorbereitet werden; mit Hilfe des Zeichnens können Kinder dazu gebracht werden, eigenschöpferische Ausdrucksfähigkeit zu erlernen. Ähnlich wie bei vielen Spielen kann das Zeichnen dem seelischen Ausgleich dienen und damit eine Weiterentwicklung anregen.

Wie sehr das Zeichnen des Kleinkindes ein Gradmesser seiner geistig-seelischen Entwicklung und ein Ausdruck innerseelischer Befindlichkeit ist, kann man daran erkennen, dass Kleinkinder unabhängig von Rasse, Lebensgewohnheit und Religion die gleichen Stadien der Entwicklung des Zeichnens zeigen. Wenn man zum Beispiel die ersten schematischen Hausdarstellungen von Kindern aus verschiedenen Ländern wie Finnland, Deutschland, Indien, Frankreich und Dänemark nebeneinander legt, ist man nicht in der Lage, die Zeichnungen nach den Herkunftsländern genau zu identifizieren – eben weil die spezifischen Besonderheiten der einzelnen Länder die kindliche Darstellung so gut wie gar nicht beeinflussen. Diese Tatsache beweist, dass es ein Phantasieren im Kleinkindalter gibt, das dem Menschen artgemäß ist, unabhängig von Volk und Geschichtszeit.[16] Erst innerhalb der Entwicklung vom Kleinkind zum Schulkind wird diese Schicht des „Biopsychischen" überlagert von der des so genannten „Soziopsychischen", welche zwar auch kollektiv ist, aber der einzelnen Gruppe in ihrer geographischen, historischen, politischen und sozialen Besonderheit zuzuordnen ist.

Dementsprechend bestehen die Zeichnungen von Kleinkindern zunächst aus vorsichtig tastenden Schlängellinien (Abb. a, S. 86). Das Kind ist zu diesem Zeitpunkt etwa ein Jahr alt. Ein Jahr später beherrscht es die Hin- und Herbewegung des Armes und kann kräftig Kritzelbewegungen machen (Abb. b), die sich anschließend in Horizontalschlaufen, dann in spiralähnlichen Figuren und schließlich in mehrfach überschichteten Kreisfiguren weiterentwickeln (Abb. c). Die Kreisbewegung wird in der Folgezeit vereinfacht, geklärt und verbessert, bis das Kind im Alter von drei Jahren seine ersten Kreise zeichnet (Abb. d, e). Der reine Kreis wirkt freilich auch leer, und so beginnt das Kind die Kreisfläche mit Punkten und Strichen zu füllen (Abb. f), die sodann zu dem Einfall führen, den Kreis zu „durchkreuzen" (Abb. g). Während dieser Vorgänge hat das Kind auch gelernt, Kreuze und Sternfiguren zu zeichnen. Wenn es die Kreisform durchkreuzen will, bietet sich die Sternfigur als passendes symmetrisches Muster an. (Dieses Doppelkreuz innerhalb des Kreises ergibt bereits eine grundlegende Stufe des so genannten Mandala-Zeichens, das in vielen Kulturen der Erde als Meditationssymbol gilt, Abb. h).

Dieses Zeichen erscheint sehr häufig und scheint für die darauf folgenden Entwicklungsstufen unbedingt erforderlich zu sein. Auf das Mandala-Zeichen folgt in mehrstufiger Verwandlung das Sonnenmuster (Abb. i, k). Es bildet sich durch Reduktion aus dem Doppelkreuzkreis, indem die Striche der Kreuzfigur aus der Innenfläche an die Peripherie verschoben werden und das Zeichen das Aussehen einer „Sonne mit Strahlen" erhält. Die nunmehr leere Kreisfläche

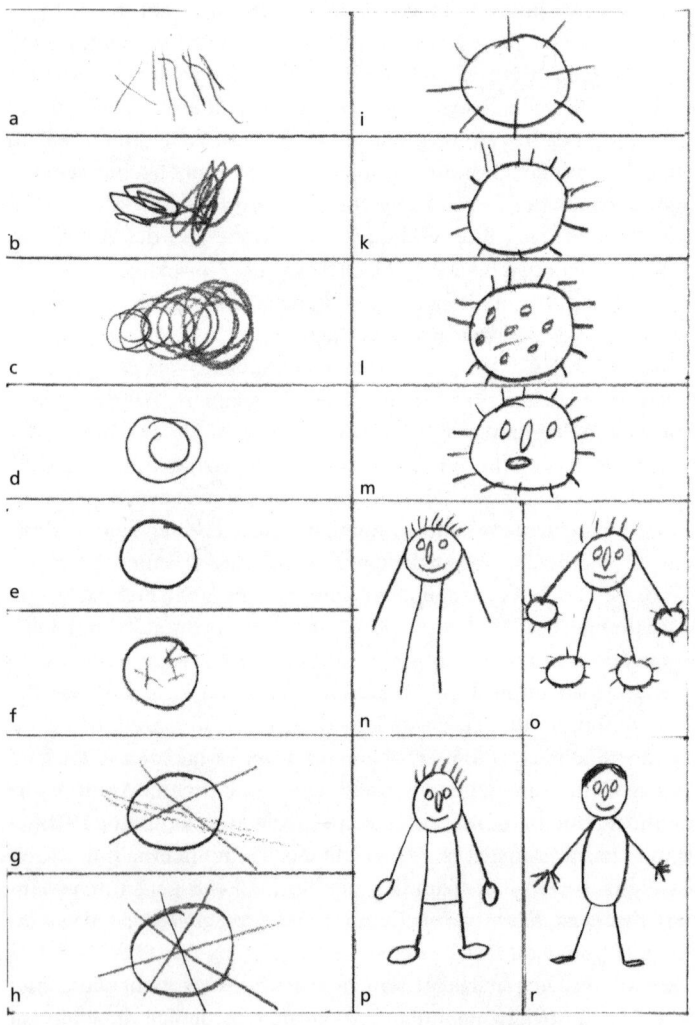

Entwicklung des Zeichnens beim Kleinkind nach Morris (1969).

veranlasst das Kind, Punkte, Striche oder kleine Kreise hineinzu-
zeichnen (Abb. l). Wenn die Markierung aus vier kleinen Kreisen besteht, die gesichtsähnlich angeordnet sind, blickt das Gesicht das
Kind an (Abb. m). Wegen ihrer typischen Gleichartigkeit spricht
man in diesem Stadium der zeichnerischen Entwicklung des Kindes
von Schemazeichnungen. Man könnte annehmen, dass nach der
Entdeckung des Schemas „Gesicht" die übrigen Teile der menschlichen Gestalt in schneller Folge ergänzt werden; aber das ist nicht der
Fall. Die Beherrschung des ersten Schemas ist noch nicht die Voraussetzung für neue Schemata, mit denen etwa der Körper, die Bei-
ne, die Finger und andere Details dargestellt werden könnten. Jedes
Schema bildet sich langsam und auf natürlichem Wege, genauso wie
die Vorstufen sich entwickelt haben. Die Strahlen des Sonnenzei-
chens sind durch die Verwandlung in das erste Schema zu Haaren
geworden. Das bedeutet, dass sie auf der Oberseite des Kreises dich-
ter gezeichnet, auf der Unterseite zahlenmäßig verringert werden.
Oft werden die verbleibenden Striche auf der Unterseite dagegen
verlängert und ganz allmählich zu „Armen" und „Beinen" (Abb. n).
Wir sehen auch hier wieder, dass das Geheimnis der Entwicklung in
der langsamen, stufenweisen, gleichsam natürlichen Progression besteht und sich nicht in großen Sprüngen vollzieht. Dieses so ent-
standene Schema bezeichnet man als Kopffüßler, weil Arme und Bei-
ne sich unmittelbar an das Schema, das offenbar nur den Kopf repräsentiert, anschließen. Der Stufe des Kopffüßlers folgt eine Phase,
in der häufig die Hände als Kreise dargestellt werden, so dass sich
abermals eine nach außen verlagerte Vierheit in Gestalt von Füßen
und Händen ergibt (Abb. o). Erst nach diesem Stadium beginnt das
Kind seine Selbstdarstellungen der Realität anzupassen, was typi-
scherweise im Alter von fünf Jahren der Fall zu sein pflegt (Abb. p, r).
Dennoch sind die Inhalte der Zeichnungen von fünf- bis sechsjährigen Kindern selten Darstellungen realistischen Geschehens. Lässt
man die Kinder unbeeinflusst, so kommt in diesen Zeichnungen
deutlich die Bindung an den gegengeschlechtlichen Elternteil und
das Orientieren am Vorbild zum Ausdruck.

In diesem Zusammenhang soll vorwegnehmend einiges über die
weitere zeichnerische Entwicklung in den folgenden Lebensab-
schnitten gesagt werden.

Im Grundschulalter bleibt das Kind keineswegs nur bei realistischen Darstellungen seiner selbst stehen. Spielerisch erprobt es auch seine künftigen Möglichkeiten, so dass es insgesamt zu einer breiten Skala von Selbstdarstellungen kommt.

Das Bild der Macht (der Held als Cowboy, Sheriff, König oder Polizist) ist auch dem Schulkind keineswegs vollständig aus dem Blickfeld gerückt (s. Seite 89, 93).

Bei den Mädchen zeigen sich ähnliche Motive in Darstellungen von Prinzessinnen und Engeln. Thronende Königspaare werden (als Ichideal) in diesem Alter vornehmlich von Mädchen bevorzugt. Bei Jungen dominiert stärker die Identifikation und Auseinandersetzung mit aggressiven Impulsen. Auch die Darstellung von Boxern und Kriegern sind Wunschbilder ihrer selbst. Die Dominanz räuberischer, habgieriger Impulse kommt in der Identifikation mit Räubern und Indianern zum Ausdruck (s. Seite 90, 93).

Mädchen sind bereits im Grundschulalter in der Lage, spezifisch weibliche Rollen zur Darstellung zu bringen (s. Seite 91, 94).

Jungen ebenso wie Mädchen zeichnen mit Vorliebe ein Haus oft von Bäumen und Blumen, von Sonne und Wolken umgeben. Auch in dieser Darstellung kommt die subjektive seelische Befindlichkeit der Kinder zum Ausdruck.

Die Zeit der unbekümmerten Malfreudigkeit geht in der Übergangsphase der Vorpubertät oft abrupt zu Ende. Spontan-schöpferische Ausdrucksweisen treten durch die immer stärker werdende Dominanz eines kritischen Realismus heute bereits im Alter von elf Jahren stark zurück. Das freie Fabulieren schränkt sich mehr und mehr ein und wird selbst in der Gruppe verschämt-überlegen abgelehnt. Gern malen Kinder in diesem Alter Masken (s. Seite 97). C. G. Jung würde sagen: Die Persona formt sich aus. Das heißt, das Innen zieht sich zurück, das Außen erweist sich als wandel- und manipulierbar. Das Kind beginnt die Technik der Maskierung zu lernen und infolgedessen auch zeichnerisch zu gestalten.

Die Themen der freien Zeichnungen tragen bei elfjährigen Kindern häufig aber auch einen betont aggressiven Akzent und lassen die kommende Krisenzeit vorausahnen.

Die zeichnerische Gestaltungsfähigkeit des Kindes lässt sich durch seine Erzieher fördern. Dabei ist das unmittelbare Vorzeichnen und

Tafel 1   Sechsjähriger Junge: König

Tafel 2 oben   Sechsjähriger Junge: Schiffsreise mit der Mutter
     unten   Achtjähriger Junge: Boxer

von Engel
für Vati

Tafel 3 oben   Sechsjähriges Mädchen: Schneewittchen
     unten   Fünfjähriges Mädchen: Blumengeschenk an den Vater

Tafel 4 oben   Elfjähriger Junge: Krieger
     unten   Zehnjähriges Mädchen: Nixe

Tafel 5 oben Sechsjähriger Junge: Indianer
unten Siebenjähriger Junge: Räuber

Tafel 6 Neunjähriges Mädchen: Mutter mit Kind

Tafel 7 oben   Elfjähriger Junge: Bombenexplosion auf einem Schiff
       unten   Elfjähriges Mädchen: Hausbrand

Tafel 8 oben Zehnjähriger Junge: Dieb und Polizist
   unten Sechsjähriges Mädchen: Schutzengel

Masken. Arbeit einer Elfjährigen

die Aufforderung zum Nachzeichnen zu vermeiden, da es zwar zur Nachahmung anregt, die Eigengesetzlichkeit kindlicher Gestaltungsprozesse aber behindert und dem Kind die Möglichkeit zum frei-schöpferischen Ausdruck verbauen und so die Entfaltung seiner Phantasie behindern kann. Förderlich ist es hingegen, das Kind durch Anbieten von Zeichenmaterial und Malgelegenheiten anzuregen. Große Bogen Papier, am besten an einer Staffelei oder an der Wand befestigt, Wandtafeln, Kreide, Wachsmalstifte und Fingerfarben können die Lust des Kindes zum zeichnerischen Gestalten locken und steigern. Kleinkinder in dieser Weise zu fördern ist wesentlich erfolgreicher, als sie bereits im Lesen und Rechnen zu üben.

Gelegentlich kommt es bei Kindern, die auf diese Weise überfordert werden, sogar zum Verkümmern der Phantasie und des Gefühlsreichtums.

Eine einseitige intellektualisierende Dressur kommt in der Baumzeichnung des neunjährigen Alex zum Ausdruck (s. Abb. S. 98). Als Sohn eines Lehrers war er kaum zu freiem Spiel mit seinen Kameraden gekommen. Lernen und Lesen waren in einem unkindgemäßen Übermaß Hauptbeschäftigungen in seinen Grundschuljahren gewesen. Nachdem in

Baum: Zeichnung eines kranken neunjährigen Jungen (links)
Baum: Zeichnung des gleichen, inzwischen geheilten Kindes (rechts)

einem Heilungsprozess auch die jungenhaften und eigenschöpferi-
schen Impulse entwickelt worden waren, malte er ein Jahr später einen
Baum, dessen vorher verstümmelte linke Baumkrone neu entfaltet ist.

Märchen

Der Ausbildung und Vertiefung der Gefühlsseite in den Kindern
dient das Erzählen und Vorlesen von Märchen.

Der Wert von Märchen, Sagen und Mythen für die Erziehung der
Kinder wird heute häufig von Laien in Frage gestellt. Aus der Sicht
eines einseitig rationalen Bewusstseins erscheinen sie als eine
Scheinwelt und damit als ein bedenkliches Erziehungsmittel, weil
man wähnt, sie machten die Kinder zu unrealistischen Träumern.
Außerdem – so wird häufig argumentiert – werden in den Märchen
nicht selten Grausamkeiten geschildert, die das Kind ängstigen oder
es mit sittlich fragwürdigen Handlungsweisen vertraut machen
könnten.

Solche Einstellung zeigt, dass das Kind nicht in seiner Eigenständigkeit, sondern als ein kleiner Erwachsener gesehen wird, sie verkennt außerdem den Aussagewert der Märchen. Wir wissen heute: In den Märchen wird mit Hilfe einer Bildersprache vom inneren Schicksal des Menschen gesprochen, und zugleich werden Lösungsmöglichkeiten aufgezeigt, wenn der Mensch in Konflikte, Sackgassen und Fallen gerät. Wollen wir als Erwachsene diese Bildersprache verstehen, so müssen wir sie übersetzen wie eine Fremdsprache. Die Märchensprache zu deuten und zu verstehen ist heute besonders durch die Forschungsergebnisse der Tiefenpsychologie möglich geworden, da sich erwiesen hat, dass sowohl in den Träumen der Menschen als auch im Mythengut der Völker eine ähnliche Sprache gesprochen wird.

Zu dieser Bildersprache haben Kleinkinder noch einen unmittelbaren Zugang. Sie brauchen keine Übersetzung; denn sie leben in dieser Welt. Je mehr die Kinder später das Bewusstsein ihrer selbst entwickeln, je mehr sie in die Realität hineinwachsen, umso fremder wird ihnen die Märchenwelt, umso schärfer empfinden sie einen Gegensatz zwischen der wirklichen Welt und der Bilderwelt, die sie jetzt zu Unrecht als Scheinwelt abwerten.

Um das zu verstehen, ist es nötig, einiges über die besondere Art des kindlichen Denkens zu wissen: Es ist nicht rational-logisch, sondern bildhaft-anschaulich.[17] Es erscheint dem Kind so, als hätten die Dinge einen eigenen Willen, eigene Absichten. Der Sturm ist ein Mann, der die Backen aufbläst und pustet. Weil die Sonne ins Bett geht, wird es dunkel. Das Kind erlebt die Welt magisch und schätzt auch seine Kräfte in dieser Weise ein. Es bildet magische Praktiken aus, mit denen es versucht, den Ablauf der Ereignisse zu beeinflussen. „Wenn die Dinge einen Willen nach menschlicher Art haben, und wenn die Welt menschlichen Zwecken dient, dann muss es möglich sein, den Gang der Dinge zu lenken."[18] Kleinkinder glauben, zauberische Kräfte zu besitzen, die zu einer Überschätzung der eigenen Möglichkeiten führt, zu so genannten Omnipotenzvorstellungen. In den Spielarten von Kleinkindern kommt es häufig zum Ausdruck, dass ihre Omnipotenzvorstellungen ihnen dazu verhelfen, das ängstliche Empfinden der Ohnmacht, der Schwäche den Erwachsenen oder älteren Geschwistern gegenüber zu überwinden.

Befreiungswünsche aus solchen Abhängigkeiten können bei Klein-kindern häufig zu Todes- oder Wegwünschphantasien führen.

Die „Entmachtung" einer Person geschieht in der magischen Pha-se häufig mit Hilfe der so genannten Pars-pro-toto-Vorstellung. Ein Dreijähriger zum Beispiel stahl sich heimlich den von der Mutter aufbewahrten Zahn des als mächtig empfundenen älteren Bruders und ließ ihn von seinem Spielzeugknacker viele Male zerbeißen. Hier steht der Zahn als Teil für die ganze Person. Symbolisch wurde die Übermacht des Bruders beseitigt und das Unterlegenheitsgefühl des Kindes beschwichtigt.

Kinder neigen in dieser Frühphase dazu, aus Mangel an Realitäts-kontrolle die Welt um sich her zu beseelen und ihre eigenen Erfah-rungen auf Gegenstände, Tiere oder Naturereignisse zu projizieren. Viele Kinder geben in diesem Alter noch den Blumen und den Ge-stirnen in ihren Zeichnungen Menschengesichter, sprechen mit ihrem Spielzeug wie mit Spielgefährten und machen sie für Hand-lungen verantwortlich, die sie selbst vollzogen haben. Ähnliche Pro-jektionen liegen vor, wenn das Kind anthropomorphe Vorstellungen über die Ursache von Naturerscheinungen zum Ausdruck bringt. So erklärt die vierjährige Monika: „Guck, die Sonne kommt. Und eben hat es noch ganz doll geregnet. Und nun hat die Sonne den Regen weggetröstet." Oder sie gibt bei einem harten Donnerschlag die see-lenruhige Erklärung ab: „Hör! – und nun ist der Bollerwagen um-gekippt." Monika hat also die Vorstellung entwickelt, dass Donnern in der Natur dasselbe sei wie ihr eigenes Poltern mit einem vierräde-rigen, eisenbeschlagenen „Bollerwagen" über die Pflastersteine des elterlichen Hofes.

Diese Gegebenheiten der innerseelischen Situation des Kleinkin-des bewirken, dass die Märchen ihm unmittelbar verstehbar sind. Sie schaden dem Kind nicht nur nicht, sondern machen es ihm möglich, Kraft zu finden, mutig eigene Entwicklungsschritte zu vollziehen. Natürlich geschehen solche Vorgänge vollständig unbewusst, ge-nauso, wie mit Hilfe von Träumen seelisches Gleichgewicht wieder-hergestellt und fördernde Lebensimpulse geweckt werden. Von eini-gen ganz wenigen Ausnahmen (Fitchers Vogel, die Räuberbraut, Gevatter Tod, Vom Machandelboom) abgesehen, sind die Volks-märchen nach den Gebrüdern Grimm gesunden Kindern durchaus verträglich. Symbole wie Hexe, böse Stiefmutter, böse Fee sind keine Gestalten, die dazu geeignet sind, das Kind zu verstören. Innerseelisch ist das Kleinkind, auch ohne dass es Märchen kennt, vertraut mit den dunklen Mächten um es und in ihm. So stellen die Märchenausgänge immer eine Entlastung von solchen Gefahren dar und geben Mut zu ähnlichen innerseelischen Anstrengungen. Denn die Engel und Teufel, Nikolause und Räuber, Elfen und Zwerge sind keine nur von außen an die Kinder herangetragenen Gestalten. Auch dann, wenn Kinder zum Beispiel den Ausdruck „Hexe" nie gehört haben, erfinden sie Phantasie und Traumgestalten von bösen alten Frauen usw. Das Auftauchen bestimmter „Urbilder" in der Seele des Kindes – Archetypen nach C. G. Jung – gehört zu seiner artgemäßen „biopsychischen" Befindlichkeit.

So ist zum Beispiel der Wolf ein Symbol der ungezähmten, gewaltigen, verschlingenden Natur selbst. Ein Kind unserer Zivilisation erlebt zwar kaum unmittelbar die Natur als Gefahr. Häufiger erleben Kinder etwa die Überbehütung durch ihre Mutter oder den zerstörerischen Jähzorn an ihrem Vater als Bedrohung, die sie sich in Gestalt eines bösen Wolfes vorstellen. Mit Sicherheit aber erlebt bereits ein kleines Kind seine eigene „Natur" als ungezähmte Triebhaftigkeit, die mit den Geboten und Verboten der Umwelt in Konflikt gerät, auch wenn es seine triebhaften Wünsche – etwa alles allein zu haben oder über die anderen zu herrschen – nicht bewusst als seine eigene, innere Not erkennen kann. Die Naturmächte, die in ihm drängen, scheinen mächtige „Geister" zu sein, die es dirigieren.

Durch solches Projizieren innerseelischer Konflikte und Entwicklungsvorgänge nach außen sind Mythen und Märchen entstanden. Deshalb gibt es in den Mythen und Märchen scharf getrennt immer gute und böse, lichte und dunkle Mächte, Götter und Dämonen. Deshalb ist das Leben des Märchenprinzen und der Märchenprinzessin umgeben von den heimtückischen Fallen teuflischer Gestalten und den rettenden, hilfreichen Gegenaktionen der zauberisch-mutigen Wesen. Weil aber jedes Märchen mit einer Verheißung („… und wenn sie nicht gestorben sind, dann leben sie noch heute!") endet, weil es damit die positiven Kräfte fördert, ist das Erzählen von Märchen geradezu seelische Kraftzufuhr für das Kind.

Sich als Erwachsene zu verkleiden, kann Kleinkindern dazu verhelfen, das Empfinden der Ohnmacht, der Schwäche gegenüber den „Großen" zu überwinden.

Nicht Märchen sind die Ursache, wenn Kleinkinder nachts aufschreien und stammelnd angeben, die böse Hexe oder der böse Wolf habe sie verfolgt oder fressen wollen. Auch Kinder, die keine Märchen kennen, träumen in solchen Bildern, falls sie von Problemen bedrängt sind, die sich in solchen Gestalten ausdrücken lassen.

Je jünger das Kind ist, umso kürzer sollte die Geschichte sein, die man ihm erzählt. Langes Zuhören ist für dreijährige Kinder eine Überforderung. Dabei ist das Erzählen besser als das Vorlesen, weil es den unmittelbaren Kontakt zwischen Kind und Erzähler fördert und er sich an das Entwicklungsniveau des Kindes anpassen kann. Es ist kleinen Kindern gemäß, wenn man ihnen das gleiche Märchen oft in möglichst gleichem Wortlaut wiederholt vorträgt, denn sie möchten sich in eingebahnten Strukturen geborgen fühlen. Es ist also besser, ein Märchen fünfmal als fünf Märchen einmal zu erzählen, am besten vier bis fünf Märchen in wochenlanger Wiederholung immer einmal wieder.

Im Gegensatz zu Erwachsenen ermüden Kinder nicht durch das Gleichmaß, sondern eher durch übergroße Vielheit, bei der sie innerlich „abschalten" müssen.

Das Zeigen von Märchenbildern in einfachen, klaren Darstellungen hat dabei einen zusätzlichen Wert: Das Kleinkind, das sich ohnehin vom Märchenstoff unmittelbar angesprochen fühlt, interessiert sich für die Bilder und kann auf diese Weise zu besinnlicher Genauigkeit der Beobachtung angeregt werden. Den Kindern Märchen zu erzählen ist auch wegen des nahen Kontaktes von erheblichem Wert. Der pädagogische Gewinn ist größer, als wenn man ihnen Tonbänder, Videos und Märchenfilme im TV vorsetzt.

Reime und Lieder

Rhythmisches Bewegen ist dem Kleinkind gemäß; nach dem Rhythmus eines Reimes oder Liedes bewegt zu werden und sich schließlich selbst zu bewegen, fördert die Hörfunktion wie auch die Musikalität und trägt zur Vertiefung des Fühlens und Erlebens bei. Es gibt Lieder, die im Zusammenhang mit entsprechenden Bewegungen nachweislich eine beruhigende Wirkung auf den Kreislauf ausüben, wie zum Beispiel das alte Wiegelied „Schlaf, Kindchen, schlaf". Kinder auf diese – ihnen gemäße und friedgebende – Weise „einzuwiegen" ist wesentlich gesünder, als sie mit Schlafzäpfchen zu narkotisieren.

Manche Reime ermuntern zu motorischer Lebendigkeit und Lösung von Spannungen durch rhythmische Steigerung. Rhythmus und Reim fördern die schöpferische Fühlkraft des Kindes und können vorbeugend dazu dienen, dass es später nicht einem einseitigen Intellektualismus oder fühlloser Stumpfheit verfällt. Gefühls- und Erlebnistiefe bei den Kindern auf diese Weise zu fördern und zu erhalten ist ein wichtiges Erziehungsziel für Menschen in unserer technisierten Welt. Ohne ein solches Bemühen um die „Beseelung" des Menschen geraten wir in die Gefahr der Verarmung des Gemüts und damit auch unserer Menschlichkeit. Intellekt und Technik ohne Menschlichkeit aber können allein niemals Fortschritt sein, sondern im Gegenteil: Im Übersteigern rücksichtsloser Konkurrenzkämpfe bahnt sich der Rückfall in die Barbarei an. Die Fühlkraft eines Kindes rechtzeitig zu fördern ist daher eine heute besonders dringliche Notwendigkeit. Wem die alten überlieferten Kinderreime aus seiner Kindheit nicht mehr gegenwärtig sind, findet sie heute in einer Fülle von prachtvoll ausgestalteten Büchern wieder.[19]

Das Bilderbuch

Bilder gehören zu den wertvollsten Bildungsmitteln für ein Kind im Vorschulalter. Für ein- bis dreijährige Kinder ist es dabei wichtig, dass man Bilder mit überschaubaren Inhalten und einfachen Formen wählt. Das Wiedererkennen der dargestellten Gegenstände und das eigenständige Verknüpfen mit den vorgesprochenen Namen macht Kleinkindern große Freude. Es gewährt ihnen Erfolgserlebnisse. Dabei ist es wichtig, Kinder zum langsamen, beschaulichen Betrachten anzuregen. Hektisches Blättern und ein Überangebot an Bildinhalten verwirren das Kind, schaffen Unlusterlebnisse und schränken die Freude an genauer Beobachtung und damit die geistig-seelische Entwicklung ein. Besonders gute Dienste leistet im Kleinkindalter das unzerreißbare Buch, das so genannte Leporello-Bilderbuch. Der feste Karton regt das Kind zum Selbsttun, zum Umblättern an, die geringe Zahl der Bilder macht es ihm möglich, bald Erlebnisse des Wiedererkennens zu haben. Kleinen Kindern eine große Menge von Bilderbüchern auf einmal anzubieten oder ihnen die Bilderflut eines ständig laufenden Fernsehapparates zuzumuten ist ihrer geistigen Entfaltung weniger förderlich. Das überfordert ihr Auffassungs- und Verarbeitungsvermögen.

Das Vorlesen von altersgerechten spannenden Geschichten ist ein vorzügliches Mittel, um die Motivation des Kindes zum Lesenlernen zu steigern. Vorlesen ist eines der vorzüglichsten Bildungsmittel im Vorschulalter.

11. „Ersatzeltern"

Eine seelisch und körperlich gesunde Mutter ist für ein Kind in seinen ersten Lebensjahren nicht voll ersetzbar (s. Kapitel II, 3; Kapitel VI). Forschungsergebnisse auf internationaler Ebene haben diese kasuistischen Erfahrungen der Praxis bestätigt.[20] Nicht ohne Not sollte eine Mutter deshalb in diesen ersten Lebensjahren ihr Kind über Tage und Wochen aus der Hand geben. Dennoch sollen an dieser Stelle Ersatzmöglichkeiten diskutiert werden, um sichtbar zu machen, welche von ihnen im Fall großer Not (schwere körperliche oder seelische Erkrankung, Scheidung, unumgänglich erforderliche Berufstätigkeit, Erziehungsunfähigkeit oder Tod der Mutter) die Entfaltung des Kindes mehr, welche weniger beeinträchtigen können.

Stiefeltern

Wenn Familienkatastrophen das Leben der Kinder überschatten, werden in unserem Land viele von ihnen von Verwandten großgezogen. Großeltern, Onkel, Tanten und Paten (s. S. 261) stellen deshalb oft noch eine positive Rückversicherung beim Verlust beider Eltern dar. Mehr als durch Krankheit und Tod verlieren Kinder heute ihre Familie durch Scheidung oder dadurch, dass sich die Eltern gar nicht erst heiraten und sich dann doch relativ rasch wieder trennen. Manche lehnen es auch von vornherein ab, ein Kind gemeinsam aufzuziehen. Die allein erziehende Mutter ist so zu einem nicht mehr seltenen Stand geworden. Viele der Scheidungswaisen – es sind zirka 160 000 neue pro Jahr – sowie auch die Kinder aus ungeordneten Beziehungen bekommen neue Miterzieher: im besten Fall bemühte Stiefeltern, die sie nicht selten adoptieren oder aber auch wechselnde Lebensgefährten ihrer Mutter oder ihres Vaters. Meist unterschätzen die eine neue Ehe oder eine neue Partnerschaft eingehenden Mütter oder Väter die Schwierigkeiten, die sich einstellen, wenn einer der Partner oder beide ihre Kinder in die neue Beziehung mitbringen.

Oberflächliche Akzeptanz des neuen Miterziehers durch das Kind bedeutet noch keineswegs eine stabile Beziehung. Sie kann nur allmählich entstehen und bedarf vieler Bewährungsproben, ehe das Kind echtes Vertrauen zu dem oder der „Neuen" entwickelt.

Viele Kinder erleben – nach oft langen, sie verstörenden Streitjahren mit ihren leiblichen Eltern, die mit der Trennung endete – den neuen Partner des Elternteils, bei dem sie geblieben sind, als einen Eindringling. Die negative Erfahrung hat sie misstrauisch gemacht und lässt sie innerlich lange auf Distanz bleiben. Manche erleben den neuen Bund von Mutter oder Vater auch als eine Treulosigkeit gegen sie selbst. Diese Kinder fühlen sich nun auch von dem Elternteil verlassen, zu dem sie hielten und für den sie sich bei der Trennung der Eltern entschieden haben. Das kann zu tief greifenden Verhaltensstörungen führen, die aus der Verzweiflung geboren werden. Aufsässigkeit, Negativismus, Schulversagen sind dann nicht selten die Folge.

Die Trennung vom Vater, so haben amerikanische Großuntersuchungen ergeben, werden von sehr kleinen oder schon erwachsenen Kindern am ehesten unbeschadet überstanden. Trennung von der Mutter durch Scheidung – dann meist durch deren psychische Erkrankung oder durch ein verantwortungsloses Weggehen von ihren Kindern – wird von diesen meist als ein schwerer Verlust bzw. als eine Kränkung erfahren, die nachhaltig beeinträchtigt. Selten sind die Kinder später je bereit, der ungetreuen Mutter wirklich zu verzeihen. Der schwelende Hass auf dem Boden einer fundamentalen Enttäuschung dieser Art bildet oft die Ursache von nicht immer im Bewusstsein seienden psychosomatischen Leiden und Depressionen – nicht selten sogar lebenslänglich.

Stiefeltern nehmen es häufig zu rasch als selbstverständlich an, dass die Stiefkinder sie als Väter bzw. Mütter wirklich akzeptieren. Stiefeltern sollten ihre neue Rolle mit größter Vorsicht und Behutsamkeit praktizieren.

Viel Enttäuschung bemühter Stiefeltern ist so vermeidbar. Blinder Eifer kann hier alle guten Absichten und Vorsätze durch den direkten oder indirekten Widerstand des Kindes zunichte machen. Stiefkinder sollten lange Zeit anhaltend umworben werden.

Die Scheidungsfreudigkeit von Familienvätern und -müttern bedeutet – wie Langzeituntersuchungen erwiesen und die Praxis lehrt – für die meisten Scheidungswaisen eine seelische Beeinträchtigung, die oft lebenslänglich fortwirkt. Auch das Hin- und Herpendeln zwischen getrennt lebenden Eltern fördert die Zerrissenheit der Seele zwischen Sympathie und Antipathie, schon ganz und gar, wenn die Exgatten das manipulierend verstärken, in der Absicht, das Kind zur Parteinahme zu bringen oder es als Waffe gegen den einstigen Partner zu gebrauchen. Meistens überschätzen scheidungswillige Eltern hier ihre Fähigkeiten zu Souveränität und Friedfertigkeit. Um des Gedeihens der Kinder willen bedarf es einer verantwortungsbewussten Disziplinierung der Geschiedenen. Eltern sollten sich deshalb nur in äußersten Notfällen zur Scheidung entschließen.[21]

Pflege- und Adoptiveltern

Menschen, die die Absicht haben, ein fremdes Kind in Pflege zu nehmen oder es zu adoptieren, sollten das nach Möglichkeit sobald wie möglich nach der Geburt des von seiner Mutter freigegebenen Kindes tun. Die Chance, dass sich das Kind vollständig an seine Ersatzeltern bindet und sich ihnen ganz zugehörig fühlt, ist dann groß. Aber es ist nötig, dass ein solches Kind, noch bevor es in die Schule kommt, erfährt, dass es ein angenommenes Kind ist. Kleine Kinder erleben keine Vertrauenskrisen zu ihren Ersatzeltern, wenn man ihnen wahrheitsgetreu, kindgemäß und liebevoll von ihrem Frühschicksal berichtet. Verheimlicht man die Abkunft des Adoptiv- oder Pflegekindes, dann kann solche „Unwahrhaftigkeit" die Familienatmosphäre unversehens vergiften.

Übernehmen Ersatzeltern ihr Kind erst, nachdem es mehrere Jahre in einem Heim verbracht hat, dann müssen sie sich darauf einstellen, dass es ziemlich wahrscheinlich ist, dass Schwierigkeiten auftreten, die beim ersten Anblick eventuell noch gar nicht sichtbar sind, später aber störend in Erscheinung treten können. Bindungslosigkeit, Unbeeinflussbarkeit, Zerstörungslust, Bettnässen und vieles andere (s. Kapitel VI) können die Erziehung solcher Kinder außerordentlich erschweren. Nimmt man also ältere Kinder aus einem Heim auf, muss man vorher bereit sein, an der Heilung des Kindes von seiner seelischen Erkrankung mitzuwirken. Das kostet sehr viel mehr Einsatz an Kraft, Zeit und Geduld als die Erziehung eines Kindes, das in normalen Verhältnissen geboren ist. Erfolgreich ist so eine Erziehung oft nur mit Hilfe der kontinuierlichen fachmännischen Beratung und Betreuung durch einen Psychologen oder Kinderpsychotherapeuten.

Völlig anders ist die Situation für eine Ersatzmutter, wenn ihr Pflegling von einer sorgsamen Mutter betreut wurde, die starb oder durch schwere Krankheit von ihrem Kind getrennt wurde. Ist ein solches Kind älter als drei Monate und jünger als zwei Jahre, so ist eine besonders intensive, ausschließliche Kontaktpflege nötig, um zu verhindern, dass das Kind aus dem Empfinden der Trennung heraus eine so genannte anaklitische Depression (Spitz) entwickelt. Die Verwendung von Kleidungsstücken der Mutter (Kittel oder Schürze) beim Umgang mit dem Kind kann hier gute Dienste leisten, das Erleben des Verlassenseins entschärfen und die Möglichkeit zu neuer Bindung erleichtern. Auch ältere Kinder brauchen, falls sie unwiderruflich von ihren Eltern getrennt werden, ein Stadium liebevollen Eingewöhnens, in dem vor allem zunächst der Kontakt mit der mütterlichen Ersatzperson geradezu eingeübt werden sollte. Dabei ist die Bindung eines Kindes, das als Säugling keine feste Mutter-Kind-Beziehung erlebte, in seinen späteren Lebensjahren ein sehr viel mühsameres und in seinem Erfolg niemals sicher voraussagbares Abenteuer. Aber auch ein gebundenes Kind, das diesen Halt verlor, braucht eine lange, schonende Übergangszeit, ehe man von ihm erwarten kann, dass es Reaktionen einer Gefühlsbindung wie Dankbarkeit, Schenkbereitschaft, Zugehörigkeitsgefühl und Verteidigungsbereitschaft zeigt. Fordert man sie aufgrund kurzfristiger Bemühungen dem Kind ab, so kann das noch zu wenig haltbare Band oft irreparabel zerstört werden.

Dennoch ist es für Kinder, die als Säuglinge eine gute Mutter-Kind-Beziehung hatten, wesentlich leichter, sich an eine neue Bindung zu gewöhnen, und sie sind meist wesentlich leichter erziehbar als Kinder, die niemals eine Mutter-Kind-Beziehung entwickeln konnten.[22]

Katastrophal kann es für Pflegekinder sein, wenn sie nach einem mehrjährigen Aufenthalt in der Pflegefamilie von der leiblichen Mutter zurückgefordert werden. Typisch ist folgende Situation:

Ilona wurde unehelich geboren und von ihrer Mutter vierzehn Tage nach ihrer Geburt im Säuglingsheim zurückgelassen. Im Alter von zwei Jahren wurde das Kind von liebevollen Pflegeeltern aufgenommen, die sich große Mühe gaben, den Entwicklungsrückstand des Kindes aufzuholen. Die Verwurzelung gelang. Als Ilona im Alter von sieben Jahren eingeschult wurde, waren fast alle Verhaltensstörungen beseitigt, und das Kind hing in zärtlicher Liebe an seinen Pflegeeltern. In Ilonas achtem Lebensjahr stellte die leibliche Mutter beim Jugendamt den Antrag, man möge ihr das Kind zurückgeben. Sie hatte inzwischen geheiratet, hatte drei kleine Kinder und erhoffte anscheinend von ihrem ältesten Kind in der Beaufsichtigung der kleineren Geschwister. Ilona spürte nach ihrer Übersiedlung bald, dass sie nicht um ihrer selbst willen angenommen wurde, dass sie einem Zweck diente. Sie reagierte mit einem Rückfall in die Verhaltensstörungen der frühen Jahre, nässte wieder das Bett, versagte in der Schule und zeigte eine wie gelähmte Passivität, die die leibliche Mutter veranlasste, nach vielen drastischen Erziehungsversuchen das Kind abermals zu verstoßen. In der alten Pflegefamilie erholte sich das Kind hingegen bald und konnte seine Verhaltensstörungen wieder aufgeben.

In der Praxis erweist es sich als Regel fast ohne Ausnahme, dass solche Rückverpflanzungen zu den Müttern, die sich nie um ihre Kinder kümmerten, für diese eine Katastrophe bedeuten. Es ist unsinnig, in solchen Fällen von der „Stimme des Blutes" oder dem „Recht" der leiblichen Mutter auf ihr Kind zu sprechen. Dieses „Recht" verwirkt eine Mutter im Grunde, wenn sie die Verantwortung für ihr Kind jahrelang nicht auf sich nimmt. Kinder sind keine Gegenstände, die beliebig austauschbar sind. Außerdem ist es nicht nur für das Kind unzumutbar, plötzlich von seiner Pflegefamilie, in der es verwurzelt ist, getrennt zu werden; eine Pflegemutter, die einem Heimkind durch die Kraft ihrer Liebe aus seinem Entwicklungsrückstand herausgeholfen hat, hat für dieses Kind so Wertvolles geleistet, dass ihr daraus auch Rechte erwachsen müssten. Auf gar keinen Fall aber sollte so eine Herauslösung eines Pflegekindes aus seiner Pflegefamilie ohne verantwortungsbewusste Prüfung durch die Jugendämter, am besten unter Beratung von Psychologen oder Kinderpsychotherapeuten, erfolgen.

Ergibt sich in einem derartigen Fall, dass das Herausgabeverlangen der leiblichen Eltern einen Missbrauch des Personensorgerechts darstellt, weil hierdurch das Kindeswohl gefährdet wird, könnte das zu-

ständige Vormundschaftsgericht aufgrund des § 1666 BGB den Eltern
das Personensorgerecht oder aber zumindest das Aufenthaltsbestim-
mungsrecht entziehen. Ob das Gericht sich zu einem solchen Schritt
entschließt, hängt allerdings davon ab, ob es dem Elternrecht oder
dem Kindeswohl den Vorrang gibt.

Leider gibt es viele Pflegeeltern, die ihre Pfleglinge aus reinen Nütz-
lichkeitserwägungen, nämlich der staatlichen Gelder wegen, aufnehmen. Sie erweisen sich häufig als ungeeignet, Heimkindern nachholende Bindungsfähigkeit zu ermöglichen. Solche Pflegeversuche
scheitern dann an den Erziehungsschwierigkeiten, die die Kinder in
zunehmendem Maße bereiten. Sorgfältige Auswahl der Pflegeeltern
gehört zu den verantwortungsschwersten Aufgaben der Jugendämter. Die äußere Sauberkeit und Gepflegtheit eines Haushaltes allein
garantiert keineswegs, dass ein Heimkind in ihm gedeihen kann!

Zusammenfassung

1) Je jünger ein Kind in die Pflegefamilie kommt, desto bessere
   Chancen bestehen, dass das Kind heimisch wird und sich an diese bindet.
2) Heimkinder lassen sich in Pflegefamilien umso schwerer einge-
   wöhnen, je länger sie ihre erste Lebenszeit in Heimen zugebracht
   haben.
3) Kinder, die wegen einer Familienkatastrophe Veränderungen erleiden müssen, brauchen eine Zeit liebevollen Eingewöhnens,
   um den Trennungsschock zu überwinden.

12. Fremdbetreuung

Säuglingsheime

Dass Heimerziehung bei einem Kind vor allem dann schweren Schaden anrichten kann, wenn sie bereits in seinem ersten Lebensjahr einsetzt, ist in den vorangegangenen Abschnitten schon deutlich sichtbar geworden. Ein Säuglingsheim kann für die charakterliche Entwicklung des Kindes umso ungünstigere Folgen haben, je unpersönlicher der Umgang mit den Säuglingen gehandhabt wird. Werden die Kinder nur selten auf dem Arm getragen oder gewiegt, mit einem Flaschenhalter ohne die Anwesenheit der Pflegerinnen gefüttert, ist die Zahl der wechselnden, im Schichtdienst stehenden Pflegerinnen groß, und werden die Kinder dazu noch von Vierteljahr zu Vierteljahr in anderen Räumen untergebracht, so ist die Chance gering, dass ein Kind sich normal entwickelt.

Andererseits sind die Schäden umso geringer, je mehr die Familiensituation für den Säugling imitiert wird. Der gleiche Raum, der gleiche Schlafplatz, vor allem aber eine immer gleiche Pflegerin in den beiden ersten Lebensjahren kann den schwersten charakterlichen Schaden, nämlich die Unfähigkeit zur Bindung, verhindern. Freilich ist es in den seltensten Fällen bei Heimerziehung möglich, dem Kind ein ausreichendes Maß an auffordernden Umweltreizen zukommen zu lassen, wie es die Beschäftigung der Mutter mit dem älteren Säugling erreicht. So leiden auch dann Heimkinder unter leichten geistigen Entwicklungsverzögerungen, wenn sie in kleinen Heimen aufwachsen, die nach entwicklungspsychologischen Erkenntnissen geführt werden. Diese Hemmungen lassen sich aber im Kindergarten- und Schulalter leichter aufholen als die absolut fehlende emotionale Bindung im Säuglingsalter.[55]

Kinderkrippen

Die Krippe für Kinder in ihren ersten drei Lebensjahren ist ein unnatürliches Kunstprodukt. Es ist aus wirtschaftlichen Ansprüchen erdacht worden, ohne dem Kindeswohl gerecht zu werden.

Fremdbetreuung von Säuglingen und Kleinkindern in einem Kollektiv, wie es das Krippenmodell darstellt, entspricht nicht den Entfaltungsbedingungen des Menschen und enthält deshalb für das Erwachsenenalter schwerwiegende Risikofaktoren in Bezug auf die seelische und körperliche Gesundheit der so behandelten Kinder.

Das ist Fakt und mit einer Vielzahl von Studien, mit den Erfahrungen der psychoanalytischen Psychotherapie sowie durch die neue Hirn- und Hormonforschung als auch durch die Epigenetik untermauert worden.[56]

Dass im Zeitraum der 0-3 Jährigkeit bei den Kindern so schwer revidierbare Beeinträchtigungen hervorgerufen werden können, liegt daran, dass sich in dieser Phase die Basis des Gehirns konstituiert. Das geschieht im Bereich des limbischen Systems, der Amygdala und des Hippocampus.

Die Beeinträchtigungen werden, wie Langzeitstudien erwiesen haben, umso eher chronisch, je länger, je früher und je kontinuierlicher Kinder in den ersten drei Lebensjahren kollektiviert wurden (NICHD-Studie u. a.). Ein Grobraster der Resilienzforschung hat erwiesen, dass lediglich 45 % der ehemaligen Krippenkinder einen gesunden Status im Erwachsenenalter erreicht, der es möglich macht, ein eigenständiges, ein nicht gesundheitlich gemindertes Leben zu führen.

Folgende, der Biologie des Kleinkindes entsprechende Voraussetzungen und angemessene Umgangsweisen mit dem Kind sind deshalb von größter Wichtigkeit:

1) Präsenz einer liebevollen, einfühlsamen Mutter. Sie wird für diese so zentral wichtige Aufgabe während der Schwangerschaft hormonell zugerüstet.
2) Stillen des Neugeborenen nach Bedarf mindestens während der ersten sechs Monate. (Jede Mutter kann stillen. Die Milchmenge richtet sich automatisch nach dem Bedarf des häufig an die Brust angelegten Säuglings. Der Maßstab der Stillhäufigkeit muss deshalb vom Kind ausgehen.) Das bedeutet:
3) Vermeidung von Schreiphasen des Säuglings. Ordnungsprinzipien sollten erst jenseits der Säuglingszeit angestrebt werden.

4) Eine pflegliche, am besten familiäre Lebensform mit Gleichmaß ohne allzu viele Umtriebe und dem Versuch, Stress möglichst zu vermeiden. (Stress mit einem übermäßigen Angstpotential wird z. B. durch die tägliche Auslieferung des Kindes an wechselnde professionelle Fremdbetreuer in der Krippe hervorgerufen. Das zu starke Maß an Angst des Kindes, entstanden durch die Trennung von der Mutter, hat sich bei einer Vielzahl von Krippenkindern durch einen Speicheltest feststellen lassen.)

5) Eine Umfriedung des Säuglings in Leibnähe der Mutter, aber auch im Schutz des Vaters und evtl. weiterer anwesender liebevoller Familienmitglieder ist nachweislich das beste Klima zur Erlangung eines ausgeglichenen, belastbaren Charakters sowie von Lern- und Liebesfähigkeit.

Da die Dringlichkeit dieser Voraussetzungen unbekannt ist, bestimmen immer häufiger unzureichende künstliche Umgangsweisen das Leben des Kleinkindes. Dadurch ist in unserer Gesellschaft bereits eine epidemische Zunahme von Verhaltensstörungen eingetreten, was in erheblichen Prozentsätzen jetzt bereits bei Kindern im Vorschulalter sichtbar wird, wobei häufige Trennungen der Kinder von Müttern (wie bei den Tageskrippen), außer den eben genannten, vor allem eine unzureichende Bindungsfähigkeit hervorruft.

Das kann bereits im Grundschulalter an verschiedenen Anzeichen späterer Unausgeglichenheit sichtbar werden:

1) als motorische Unruhe, manchmal auch im Schlaf als Schaukelbewegung,

2) in der geminderten Fähigkeit, sich auf den Schulstoff zu konzentrieren,

3) in aggressiven antisozialen Verhaltensweisen, gelegentlich auch als Lügen und Stehlen,

4) als Unersättlichkeit, oft in Gestalt von Naschsucht und/oder Fresssucht,

5) als Aktivitätsmangel (meist als Faulheit eingestuft, oft in Form der fehlenden Erledigung der Schulaufgaben),

6) als Selbstbeschädigungen wie Haarausreißen, Wangenbeißen, Nägelkauen etc.,

7) als Einnässen und/oder Einkoten noch im Schulalter.

In der Jugend oder auch erst im Erwachsenenalter wird die Störung sichtbar:

1) als Depression (mit Versagenszuständen und Selbsttötungswünschen),

2) in Form von Süchten verschiedenster Art (Habgier, Kaufsucht, Abhängigkeit von Alkohol, Nikotin, Cannabis, Heroin, Kokain, Fresssucht, Bulimie, Magersucht, Schneidesucht, Spielsucht, Stehlsucht, Raubkriminalität ...),

3) aber auch chronische körperliche Erkrankungen können in unangemessenen Umgangsweisen mit dem Säugling ihre Ursache haben. Erwiesen sind: Bluthochdruck, Diabetes und Adipositas (Fettsucht).

Aber selbst die Kinder mit robusten Genen, denen es trotz eines erschwerten Lebensstartes möglich war, Schule und Ausbildung zu bewältigen und die es geschafft haben, ihren Unterhalt selbst zu bestreiten, verfügen damit durchgängig keineswegs mit Sicherheit über seelische Stabilität und Beziehungsfähigkeit. Viele scheitern nun an ihren Riesenansprüchen, an unzureichender Gefühlskontrolle (Wutausbrüchen etc.) an einer verringerten Belastbarkeit und sind gekennzeichnet durch eine Vielzahl weiterer Merkmale eines unersättlichen, in sich unzufriedenen Charakters, dessen unbewusste diffuse Sehnsüchte sich oft sogar unter besten Bedingungen nicht befriedigen lassen. Das Beispiel einer sich anbahnenden depressiven Charakterstruktur nach Krippenschicksal erhärtet den Tatbestand.

Der vierzehnjährige Dieter G. wird vom Jugendamt mit seiner Mutter und seiner Großmutter zur Erziehungsberatung geschickt. Die betreuende Sozialarbeiterin hat bei einem Hausbesuch festgestellt, dass der Junge seit Jahren an Bettnässen leidet. Dieter ist ein großer, freundlicher Junge, der breit zurückgelehnt im Stuhl mehr liegt als sitzt. Er ist sehr dick. Sein Rumpf ist tonnenartig, die schwammigen Backen lassen die Augen klein erscheinen. Der Hals ist durch ein Doppelkinn verdeckt. Die verfetteten Finger wirken wurstartig, die Fingernägel sind abgekaut.

Die Mutter berichtet, dass ihr Mann sie bereits vor der Geburt des Jungen verlassen habe. Sie sei genötigt gewesen zu arbeiten. So habe sie Dieter mit ihrem Arbeitsbeginn sechs Wochen nach der Geburt morgens in eine Kinderkrippe gebracht und abends wieder abgeholt.

Gestillt habe sie ihn nicht. Ihr sei berichtet worden, dass er in der Kinderkrippe viel geschrien habe, später aber dann ein besonders braver Junge geworden sei. Als älterer Säugling habe er dann nur noch geschrien, nachdem die Mutter ihn morgens abgegeben hatte. Im Kleinkindalter habe sie den Jungen ganz der Betreuung ihrer Mutter überlassen, da sie wieder geheiratet habe und ihr Mann den Jungen häufig schlug. Die Großmutter zeigt sich sehr besorgt um den Jungen. Er darf auch jetzt – im Alter von vierzehn Jahren – noch nicht unbeaufsichtigt auf die Straße gehen. Sie möchte, dass er ein „feiner" Junge wird und keinen Umgang hat mit den „Rowdys" im Dorf. Sie erzählt spontan, dass der Junge viel isst und trinkt und dass er keine Lust hat, sich zu bewegen. Er treibe keinen Sport und könne noch nicht schwimmen. Dieter habe einen viel zu tiefen Schlaf – sie wecke ihn allnächtlich, um ihn vor dem Einnässen zu bewahren, aber sie bekomme ihn kaum wach. Außerdem meint sie, dass Dieter faul sei und seine Schularbeiten nicht gut mache. Dadurch sei er ein schlechter Schüler, obgleich er bestimmt nicht dumm sei. Dieter giert nach Geld; wenn er etwas hat, kauft er sich davon sofort Süßigkeiten.

Es darf vermutet werden, dass die Passivität des Jungen, sein bequemes „Laufenlassen" bis zum nächtlichen Einnässen auf einer resignierten Grundhaltung aufbaut, die durch das täglich neue Erleben des Getrenntseins von der Mutter im Säuglingsalter – durch die Hoffnungslosigkeit seiner Proteste bei der dann später einsetzenden Verwöhnung durch die Großmutter – sich tief greifend in dem Jungen eingestanzt hat.

Krippenschicksal mindert in einer unverantwortlichen Weise die zureichenden Bedingungen für einen gesunden Lebensaufbau. Tierexperimente an Säugern, z. B. Ratten und Affen, haben ergeben, dass, wenn sie als Babys für nur eine Stunde pro Tag von ihren Müttern getrennt wurden, als erwachsene Tiere krankhafte Gehirne haben! Für eine Gesundung unserer kranken Gesellschaft brauchen wir keine Krippen, sondern einen erznatürlichen Umgang der Mütter mit ihren Babys und Kleinkindern zwecks Ausgestaltung eines ausgeglichenen lern- und liebesfähgen Gehirns, indem man den Müttern für diese Aufgabe die Möglichkeit zu einem Volleinsatz bei ihren kleinen Kindern einräumt.

Eine Gesellschaft, die die Zukunft und die Leistungssteigerung ihrer Bevölkerung will, muss auf dem Boden dieser Forschungsergebnisse einen Schwerpunkt setzen, der aber auch die Ansprüche nach Selbstständigkeit der jungen modernen Frauen im Blick behalten sollte:

1) indem die Bevölkerung über diese Forschungsergebnisse und die Risiken falscher Umgangsweisen mit den Kleinkindern nachhaltig informiert wird,

2) indem Mutterschaft als der wertvollste aller Berufe anerkannt wird,

3) indem Mütter ohne zureichenden Lebensunterhalt finanziell unterstützt werden,

4) indem gestandene Mütter beim späteren Wiedereinstieg oder Neuerwerb einer Berufsausbildung favorisiert werden,

5) indem die verantwortungsbewusste Liebe der Eltern für ihr Kind als ein Höchstwert aller Werte anerkannt wird,

6) indem der Förderung der Familie bei den Bemühungen von Staat und Gesellschaft als ein Notprogramm in später Stunde Vorrang zugebilligt wird.[57]

Kinderdorf

Einen wesentlich günstigeren Ansatz, elternlosen Kindern eine störungsfreie Kindheit zu gewährleisten, bildet die Einrichtung von SOS-Kinderdörfern. Der Versuch, eine Familiensituation zu imitieren, kann offensichtlich verhindern, dass Kinder seelische Störungen entwickeln. Denn in den Kinderdörfern werden kleine Gruppen von Kindern verschiedenen Alters gebildet, die von einer Pflegemutter betreut werden. Vorbereitende Schulung solcher Frauen, die Nachahmung einer Geschwisterreihe, die Unterbringung solcher künstlichen Familien in eigenständigen Haushalten und Einzelhäusern sind geeignet, den Waisenkindern das Gefühl von Geborgenheit und Heimatlichkeit zu vermitteln, welches das Fundament zu positiver Lebensgestaltung bildet.

Kindergarten

Diskutabel wird die Frage, ob ein Kind einen Kindergarten besuchen sollte, eigentlich erst, wenn er nicht als Ersatz für familiäre Erziehung, wenn er nicht zum Zwecke der Verwahrung des Kleinkindes angestrebt wird, sondern um ihm einen erweiterten Aktionsraum und fachgerechtere Anregung zu bieten. Und auch wenn diese Voraussetzung gegeben ist, kann dieser Schritt ernstlich nur erwogen werden, wenn ein Kindergarten vorhanden ist, in dem für eine kleine Gruppe von Kindern (nicht mehr als zehn) jeweils eine Erzieherin zur Verfügung steht.

Für manche Einzelkinder, die man an die Gemeinschaft gewöhnen möchte, ist die Forderung zur Anpassung an die Masse ein Schock, auf den sie mit Angst, Bauchschmerzen und Erbrechen reagieren können, wenn sie morgens in den Kindergarten gehen sollen. Es ist daher nicht ratsam, die Sozialisierung des Kleinkindes mit einem derartigen „Sprung ins kalte Wasser" zu vollziehen. Erst im Alter von drei Jahren beginnen Kinder allmählich, Interesse für das Spiel mit Gleichaltrigen zu bekunden. In diesem Alter sollte eine Mutter nach Möglichkeit Umschau nach gleichaltrigen Spielgefährten für ihr Kind halten, falls keine wenig älteren Geschwister vorhanden sind. Das Spielen mit Spielgefährten im Umkreis und unter der Anregung der Mutter bietet einen besseren Übergang zur Herauslösung des Kindes aus dem unmittelbaren Bezug der Mutter und zum gemeinschaftlichen Verhalten. Zwar kommt es in Spielgemeinschaften immer wieder zu Rivalitätskämpfen; aber solange die Kinder sich dabei nicht ernstlich gefährden, sollte man nicht eingreifen. Man muss es auch vermeiden, das eigene Kind fortgesetzt gegen die Gleichaltrigen in Schutz zu nehmen. Abmachungen mehrerer Mütter, die Kinder umschichtig zu sich einzuladen und unter ihrer Obhut miteinander spielen zu lassen, sind sinnvolle Vorbereitungen, um Anfangsschwierigkeiten der Kinder in größeren Gemeinschaften zu verhindern. Je älter ein Kleinkind wird und je weniger eine Mutter in der Lage ist, es zum Basteln und Spielen anzuregen, und je weniger der Umgang mit anderen Gleichaltrigen gewährleistet ist, umso positiver kann der Einfluss eines Kindergartens auf das Kind wirken. Folgende Gesichtspunkte lassen den Wert des Kindergartens für die Kleinkindererziehung deutlich werden:[24]

1) Oft unterstützt das Leben in der Gemeinschaft die altersgemäß nötige Ablösung eines zu sehr behüteten und gegängelten Kindes von einer zu starken Bindung an die Mutter.

2) Zu fügsame wohlerzogene „Musterkinder" werden von über-
flüssiger Angst befreit. Sie blühen auf in der Spiel- und Lebensgemeinschaft mit anderen Kindern.

3) Kinder, die ohne eine Ordnung aufgewachsen sind, werden – unter Leitung von Fachkräften – durch das Zusammenleben mit
den Altersgenossen und durch Beschäftigung und Spiel an Einordnung und Gehorsam gewöhnt.

4) Der Kindergarten kann eine gute Möglichkeit sein, schöpferische
Kräfte des Kindes zu fördern, weil er ihm eine geeignete Spielwelt bereitstellt.

In den letzten Jahren hat das öffentliche Interesse am Problem der
Vorschulerziehung breiten Raum eingenommen. Das ist eine
außerordentlich begrüßenswerte Erscheinung; denn lange haftete
in den Hirnen der Erzieher unzulässigerweise die unkritische Vorstellung, dass Intelligenz eine statische Größe sei, dass Dummheit
oder Klugheit den Menschen in die Wiege gelegt wird und dass man
– ähnlich wie bei Pflanzen und Früchten – nur zu warten brauche,
bis sie reif würden. Erst seit etwa zwanzig Jahren wurde die tiefenpsychologische Erfahrung zur Kenntnis genommen, dass diese
„Reife" beim Menschen lebenslänglich ausbleiben kann, wenn in
seiner frühen Kindheit bestimmte Voraussetzungen, bestimmte
Umweltbedingungen nicht erfüllt werden, die sie erst zur Entfaltung bringen. Was sind das für Bedingungen? Im weitesten Sinne:
Anreiz, Anstoß, „Aufforderung zur Welt hin", wie es die Psycho-
analytikerin Annemarie Dührssen[25] einmal genannt hat.

Wir sind nun freilich erst auf halbem Wege, wenn wir meinen, dieses Problem wäre allein durch wohl ausgebildete Erzieherinnen zu
bewältigen. Die Tiefenpsychologie kann mit Hilfe ihrer Kasuistik
nachweisen, dass die wesentlichen Lernhilfen schon in einem Alter
gegeben werden müssen, in dem Kindergartenerziehung noch gar
nicht möglich ist, nämlich in den ersten zwei Lebensjahren. Wir wissen heute: Schickt man Kinder, die als Säuglinge in Heimen waren,
später in einen guten Kindergarten, so verringert man dadurch ihre
große Schwierigkeit nicht, in der Schule konzentrationsfähig, aus-
dauernd und interessiert zu sein. Wirkungsvolle Zusatzhilfe kann der
Kindergarten nur für die Kinder werden, die als Säuglinge eine ge-

sunde Mutterbeziehung durch die liebevolle Zuwendung ihrer Bezugsperson haben erfahren dürfen. Eine der ersten und wesentlichen Voraussetzungen zur Entfaltung der Intelligenz ist nämlich das fundamentale frühkindliche Erlebnis der Geborgenheit, der angstlosen, weil beschützten Hinwendung zur Außenwelt unter der Obhut *einer* Person, die immer bei dem Kind ist. Vorausschickend soll also gesagt werden: Wenn wir meinen, man könnte opferbereite Mutterschaft dadurch ersetzen, dass wir hierzulande jede Menge Krippen und Kindertagesstätten schaffen, sind wir immer noch in einer gefährlichen Weise auf dem Holzwege.

Nun sind wir heute nicht nur dabei, mehr Kinder im Vorschulalter zu institutionalisieren, sondern auch den Geist der Kindergärten zu verändern. Das ist sicher begrüßenswert; denn allzu oft mussten Erzieherinnen in vergangenen Zeiten notgedrungen lediglich Kinderbewahrerinnen sein. Oft war die Zahl der Kinder viel zu groß, die der Betreuer viel zu klein, so dass die Praxis eher einem Schafehüten glich, als dass sie Anregung und individuelle Förderung gesunder Kleinkinder war. Oft wurde unter dieser Not der Ton der Erzieherinnen allzu autoritär, allzu kommandohaft, so dass eher fragwürdige Dressur dabei herauskam als sinnvolle Entfaltung altersentsprechender Fähigkeiten. Wir wissen heute, wie gefährlich eine Erziehung ist, die Gehorsam mit Hilfe von Ängstigung erzwingt, weil sie sowohl kritikloses Duckmäusertum wie auch sich unterschwellig stauende Aggressivität begünstigt. Es ist dringlich, Fehler dieser Art zu vermeiden – auch dies ist allmählich ins öffentliche Bewusstsein getreten. Aber in dieser Hinsicht geht es uns nun so, wie es oft geschieht, wenn neue Erkenntnisse in die Praxis umgesetzt werden sollen: Sie stehen, wenn sie ans Tageslicht treten, unter starkem Druck wie ein vulkanischer Geysir: Sie schießen hervor – und damit zunächst häufig über das Ziel hinaus.

Mit der Kindergartenerziehung geht es nicht anders: Wenn es „autoritär" nicht richtig ist, dann muss es „antiautoritär" werden in den Kindergärten! Was aber ist das: „antiautoritär"? Nun, so meinen die begeisterten Übertreiber, auf jeden Fall erst einmal das Gegenteil: Freiheit statt Unterdrückung, Laufenlassen statt Gängeln, unbekümmertes Wachsenlassen statt einengender Dressur. Das ist gewiss eine pädagogisch ernst zu nehmende Forderung, die viel Segen bringen kann. Sie zeitigt gute Früchte, wenn sie maßvoll angewandt wird, das heißt, wenn innerhalb eines Kindergartentages mehrere Stunden der freien Spielwahl gewidmet sind. Die Voraussetzung zur Durchführung dieses Konzepts ist freilich, dass die Gruppe, die sich in einem Raum aufhält, sehr klein ist, nicht mehr als acht Kinder enthält, dass also bei einem größeren Kindergarten eine genügend große Zahl von Räumen und von Betreuern vorhanden ist. Mehr Kinder in einem abgeschlossenen Gelände oder Raum unentwegt sich selbst zu überlassen, während ein oder zwei Betreuer passiv in der Ecke lehnen, hat hingegen nichts mit einer angemessenen Erziehung zu tun, sondern ist nichts anderes als das alte „Bewahren" mit einer verabsolutierten Toleranz. Wer antiautoritäre Erziehung in dieser Weise missversteht, beweist zumindest, dass er bar ist jeder Kenntnis über die innerseelischen, lebensnotwendigen Bedürfnisse von Kleinkindern. Sie wollen nämlich keineswegs unausgesetzt sich selbst überlassen sein. Verhält sich ein Erzieher ihnen gegenüber für Wochen absolut passiv, so empfinden sie sich keineswegs von Unterdrückung befreit, sondern als vernachlässigt. Dieses Gefühl aber löst dumpfes, im Grunde angstgetöntes Unbehagen aus, das sie missgestimmt, übellaunig, nörgelig und schließlich aggressiv macht.

Es ist Theorie zu meinen, die Zurückhaltung der Erwachsenen lasse sich durch den Umgang mit den kleinen Kameraden kompensieren. Das ist zwar für ältere Kinder ein erstrebenswertes Erziehungsmodell, aber bei Kindergartenkindern ist es entschieden verfrüht. Drei- bis sechsjährige Kinder sind noch keine sicher sozialisierten Wesen. Ihrer Entwicklungsstufe gemäß steht das egoistische Wünschen, das Habenwollen, das Alleinwollen, das Sichbemächtigen noch ganz im Mittelpunkt. Wird das Kind dem Druck einer großen Zahl von Gleichaltrigen mit ähnlichen Bemächtigungsimpulsen ausgesetzt, so ist die Wirkung oft nicht anders als in einer starr autoritären Erziehungsform: Das Kind neigt dann dazu, mit verdoppelter Aggressivität auf die Einschränkung seines Lebensraumes zu antworten.

Antiautoritäre Erziehung, die sich missversteht als ein schrankenloses Alleserlauben, schadet den Kindern daher ebenso tiefgreifend wie die gewaltsame Dressur. Zwar werden die Kinder in dieser Atmosphäre selten übergefügig und still, ihre Not tritt viel offener und viel früher zutage; denn ihre Aggressionen stoßen ja in Watte und verstärken sich mehr und mehr, ihre Stimmung ist unlustig, die Richtungslosigkeit wird zur Orientierungslosigkeit und damit zu einem chaotischen Empfinden und Denken. Das liegt daran, dass die seelische Entfaltung des Menschen sich nach bestimmten Gesetzen vollzieht, die nicht ungestraft vernachlässigt werden dürfen. Zu diesen Gesetzen gehört es, dass Kinder der Anregung und des Vorbildes von Erwachsenen bedürfen, damit im Rahmen einer Ordnung Verwirklichung dessen möglich ist, was in ihnen angelegt ist. Kinder sind in vieler Hinsicht noch kleine Wilde. Sie haben einen ausgeprägten, gesunden Egoismus, sie müssen ihren Bewegungsapparat durch Üben beherrschen lernen, sie müssen nein sagen, trotzen, sich verteidigen können. Aber es gibt nicht den absoluten Zustand „Kind", ein Kind will nicht nur sein, es will auch werden. Dazu braucht es Erwachsene, braucht Leitbilder, braucht Forderung und Anforderung, braucht das Erleben von Maß und Grenze in einer geordneten, es beschützenden Erwachsenenwelt.

Kinderläden, in denen das Unterste zuoberst gekehrt wird, in denen es keine feststehenden Ordnungen, wie zum Beispiel Mahlzeiten zu immer gleichen Tageszeiten, gibt, in denen alle sozialen Spielregeln aufgelöst sind, verstören die Kinder in einer fundamentalen Weise und machen sie seelisch krank. Denn nicht Chaos und Unordnung, sondern Ordnung ist das dem Menschen eingeborene Lebensprinzip. Solche Kinder leben nicht natürlich, sondern in einer extremen Weise unnatürlich. Es ist ein unrealistisches Denkmodell, das jeder wissenschaftlichen kinderpsychologischen Grundlage entbehrt zu meinen, der Mensch sei von Natur vollkommen, so dass man ihn nur unbeeinflusst wachsen lassen müsse, um diese Vollkommenheit erhalten und verwirklichen zu können. Es ist unrealistische, aggressiv-ideologische Gesellschaftskritik, wenn man behauptet, die Erzieher machten den Menschen allein durch ihre Unterdrückung aggressiv. Gewiss lässt sich vieles in kleinen Kindern verbiegen, stauen, übersteigern, wenn man sie zu Drahtpuppen eines starren Erziehungsprinzips macht. Aber man macht sich die Erziehung von Kindern in einer gefährlichen Weise zu leicht, wenn man annimmt, sie gleiche der Beförderung eines Postpaketes, dessen unversehrten Inhalt man am Bestimmungsort – sprich im Erwachsenenalter – freudig in Empfang nehmen könne, wenn die Post (= die institutionellen Erzieher) es nur pflichtgemäß unangetastet gelassen habe.

Kindererziehung ist in Wirklichkeit zunächst eine Angelegenheit sehr subtiler Beobachtung, um zur rechten Zeit und im rechten Maß Anregung und Ermunterung zu geben, die es dem Kind möglich machen, den nächsten fällig gewordenen Entwicklungsschritt zu vollziehen. Gute Kindererziehung ist „phasenspezifisch", das heißt, sie passt sich an das an, was zur Verwirklichung einer altersentsprechenden Entwicklungsaufgabe gerade notwendig ist. Im Kindergartenalter gehört zu dieser Aufgabe: die Entfaltung der Motorik, der Handgeschicklichkeit, der Verwirklichung konstruktiver Ordnung und anderes mehr. Das lässt sich durch vielerlei Spiele anregen und unterstützen und wird von den Kindern in endlosen Wiederholungen mit großer Lust so lange vollzogen, bis die Bewältigung gelungen ist. Hingegen bedeutet es bei drei- bis fünfjährigen Kindern eine künstliche Entwicklungsverzögerung, wenn die destruktiven Impulse zum Zerreißen, Zerteilen, Zerschmettern und Kaputtmachen, die der Ein- bis Zweijährigkeit zuzuordnen sind, weiterhin in den Mittelpunkt des Kindergartenlebens gestellt werden. Ebenso unsinnig, weil verfrüht, ist es, Drei- bis Fünfjährige das Lesen lehren zu wollen. Solche künstliche „Menschenmacherei" rächt sich durch die Entstehung von Disharmonien im Seelenhaushalt der Kinder, so dass es zu Fehlverhaltensweisen, Unausgeglichenheiten und seelischen Erkrankungen kommt.

Wie durchgängig diese entwicklungspsychologische Gesetzlichkeit ist, lässt sich besonders eindrucksvoll an der geschlechtlichen Erziehung nachweisen. Die Übertreiber des antiautoritären Erziehungsstils verbreiteten in den 70er Jahren ja die befremdlich klingende Vorstellung, dass in einem Kindergarten die Kleinen zu einem „freien Ausleben ihres Geschlechtstriebes" kommen müssten. In einem laienhaften Missverstehen der Lehren Freuds meinen sie, Kinder hätten spontan ein starkes Bedürfnis, mit ihren Genitalien zu spielen und miteinander Kopulationsversuche zu machen. Wenn Kinder in „antiautoritären" Kindergärten nicht auf die Idee kommen, sich in dieser Weise zu beschäftigen, so unterstellten manche Ideologen sogar, dass das an der durch die Eltern vollzogenen Unterdrückung des Geschlechtstriebs läge. In einigen „antiautoritären"

Kindergärten sind daher in den vergangenen Jahrzehnten die Kinder von ihren Betreuern zu sexuellen Spielereien angeregt worden, um die vermeintliche Fehlerziehung aufzulösen in der irrigen Vorstellung, Kinder damit auf ein unverklemmtes Geschlechtsleben im Erwachsenenalter vorbereiten zu wollen. Dazu muss korrigierend gesagt werden: Zwar gibt es so etwas wie eine frühkindliche Sexualität, sie hat aber mit der eines geschlechtsreifen Erwachsenen wenig gemein. Sie ist unbewusst, steht im Schatten anderer Entwicklungsimpulse und ist an verschiedene, nicht nur genitale Körperzonen gebunden.

An vielen Praxisfällen können wir nachweisen, dass es falsch, ja böse ist, diesen unbewussten Reifungsprozess durch verfrühtes Hervorzerren ans Tageslicht zu stören. Sexuelle „Vorübungen" wirken wie Verletzungen, die die seelische Entwicklung keineswegs fördern, sondern sie geradezu blockieren können.

Menschen, die im Kindergartenalter zu sexuellen Spielereien gebracht werden, können auf dieser Stufe fixiert bleiben und solche unreifen Formen genitaler Betätigungen auch im Erwachsenenalter geradezu suchtartig beibehalten, so dass es zu so genannten Perversionen kommt. In den Psychoanalysen Erwachsener ist immer wieder nachgewiesen worden, dass Exhibitionisten, Voyeure, Pädophile, manche Homosexuelle, Sadisten und Masochisten diese fundamentale Störung ihres Geschlechtslebens tragischerweise durch seelische Verletzungen in der Kindheit erworben haben.

Die Fehlvorstellung über gesunde Sexualerziehung hat vor allem das Boomen der Pädophilie und damit den Auswuchs des internationalen Kinderschändertums begünstigt. Erst in jüngster Zeit ist in der Bevölkerung eine Rückkehr zur Realität erfolgt, indem der sexuelle Kindsmissbrauch wieder als ein strafbares Delikt eingeschätzt wird.

In letzter Zeit ist der richtig verstandene antiautoritäre Erziehungsstil in unseren Kindergärten wieder mehr verwirklicht worden, ein Stil der es den Kindern möglich macht, sich in ungegängelter Freiheit und unter unmerklicher, aber gezielter und bewusster Anregung seelisch gesund zu entfalten.

Zusammenfassung

1) Not kann es unumgänglich machen, dass Kinder in Heimen, Krippen und Kindertagesstätten aufwachsen müssen. Ohne Not sollten Institutionen der Vorschulerziehung nur familienbegleitend in Anspruch genommen werden.

2) Kindergärten können anregende und gemeinschaftsfördernde Aufgaben erfüllen, wenn sie von dem Kind angemessen in Anspruch genommen werden, am besten aber erst im Alter von drei Jahren und zunächst lediglich halbe Tage. Hilfreich kann die Faustregel sein:

   9 Monate im Leib,

   9 Monate am Leib,

   9 Monate an der Hand,

   9 Monate in den Fußstapfen von Mutter,

   9 Monate im Blick.

   Dann ist das Kind drei Jahre alt und meist reif, um seine Sozialisation mit Hilfe mehrerer Gleichaltriger willentlich und mit fröhlichem Gewinn fortzusetzen.

3) Ideologische Verfrühung in der „Sozialisation" und der Sexualerziehung können ebenso schaden wie ein laufen lassender Erziehungsstil und ein Zwang zur Frühkollektivierung durch Kindertagesstätten.

III.

Erziehung im Schulalter

1. Maßstäbe für die Schulreife

Bevor die Erziehung im Schulalter behandelt wird, sollen in einem Überblick die Stufen der seelischen Entwicklung zusammengestellt werden, die in Kapitel II zum Teil bereits besprochen, in den Kapiteln III und IV weiter erörtert werden.

Lebensalter	Stufen des Weltbildes	Entwicklungsaufgabe Zeitfenster	Tiefenpsychologische Benennung der Entwicklungsphasen
0–1 Säuglingsalter	Mundwelt	Ersaugen und zupacken, sich an die Mutter binden	Orale Phase
1–4 Kleinkindalter	Magisches Weltbild	Trotzphase = selbständig werden, Beherrschung der Motorik, der Darm- und Blasenfunktion, behalten und hergeben, sprechen lernen	Anale Phase
4–6 Übergang zur schulfähigen Kindheit	Phantastischer Realismus	Annehmen der Geschlechtsrolle, Vor-Bild zur Partnerbindung	Ödipale Phase
6–9 Erste Phase der schulfähigen Kindheit	Naiver Realismus	Arbeiten lernen, Realitätserfassung	Latenzzeit
9–11 Zweite Phase der schulfähigen Kindheit	Kritischer Realismus	Erfassen größerer Zusammenhänge, Ordnung u. Orientierung in der Welt	

Lebensalter	Stufen des Weltbildes	Entwicklungsaufgabe Zeitfenster	Tiefenpsy- chologische Benennung der Entwick- lungsphasen
11–13 Vorpubertät	Negative Phase	Vorbereitung zur Ab- lösung von den kindli- chen Bindungen durch das Entstehen zwie- spältiger Einstellungen	
13–16 Pubertät	Subjektiv orien- tiere Weltsicht	Ablösung von den kindlichen Bindungen	Pubertät
17–21 Adoleszenz	Objektivierte Weltsicht	Anerkennung objektiv gültiger Wertgehalte, altersentsprechende Partnerbindungen	

Warum eigentlich ist es angebracht, Kinder gerade im Alter von sechs Jahren einzuschulen?

Von welchem Lebensalter ab man ein Kind systematisch in den so genannten Kulturtechniken unterrichten sollte, darüber hat es in den letzten Jahrzehnten immer wieder große Meinungsverschiedenheiten gegeben. In den Nachkriegsjahren neigte man mehr und mehr dazu, das Einschulungsalter hinaufzuschieben. Der Begriff der Schulreife tauchte auf und führte schließlich zu so genannten Schulreifeunter- suchungen bei der Anmeldung der Kinder in der Schule. In den sieb- ziger Jahren zeigten sich gegenläufige Tendenzen. Man zog in Er- wägung, Kinder schon im Alter von fünf Jahren einzuschulen, nach- dem man sie nach den Methoden von Lückert das Lesen bereits in der frühen Kindheit gelehrt hätte. Seit den achtziger Jahren gilt diese Mode eher bereits als veraltet. Dennoch machen manche Eltern nun, besonders mit ihren ältesten Kindern, Versuche, ihnen das Lesen und Schreiben vor ihrer Einschulung beizubringen, um ihnen den Start zu erleichtern. Die Tendenz zur Einschulung war lange gegenläufig. Heute entsteht erneut eine Tendenz zu möglichst rascher Einschu- lung, evtl. auch bereits im Alter von fünf Jahren.

Es ist nun zwar sicher, dass der Mensch sich unter willkürlicher Be- einflussung beträchtlich unterschiedlich entwickeln kann, dass aber optimale Erfolge in dem Maße ausbleiben, in dem die Erzieher die

natürlichen Entwicklungsbedingungen nicht respektieren und die
Entwicklungsphasen unbeachtet lassen. Wie die Tabelle zeigt, gibt
es in jeder Lebensphase eines Kindes bestimmte zentrale Entwicklungsaufgaben, gewissermaßen Zeitfenster, die im Vordergrund stehen und nach Bewältigung drängen. Werden solche Aufgaben unterdrückt, so bleibt das Kind teilweise auf der entsprechenden Entwicklungsstufe stehen (Fixierung), aber später werden unbewusst
Versuche unternommen, die versäumte Phase nachzuholen. Es kann
geschehen, dass diese Ansätze immer wieder aufgenommen werden
und schließlich den Charakter einer Fixierung annehmen.

Die Entwicklungsaufgaben, die das Kind vom ersten bis zum sechsten Lebensjahr zu bewältigen hat, sind andere Erfordernisse als die
nun beim Lernen in der Schule nötig sind. Sie heißen unter anderem: Konzentrationsfähigkeit, Durchhaltevermögen, Beobachtungs-
fähigkeit, die Fähigkeit, einfache Zusammenhänge realitätsgerecht zu
erfassen, und die Fähigkeit zur Abstraktion, wie sie zunächst im Zah-
lenverständnis zum Ausdruck kommt. Solche Fähigkeiten pflegen
hinreichend erst gegen Ende der frühkindlichen Entwicklung im Alter von vier bis sechs Jahren während der Zeit des „phantastischen
Realismus" allmählich sichtbar zu werden. In dieser Phase ist das
Kind noch in einer besonders gespannten Gefühlslage durch die spezielle Entwicklungsaufgabe in dieser Altersstufe. Sie sollte abgeschlossen sein, bevor ein Kind eingeschult wird (s. auch Kapitel II,
8). Lernwilligkeit und Aufnahmebereitschaft – das haben die Verhaltensforscher bereits am Neugierverhalten von Tieren nachgewiesen – ist erst dann weitgehend gegeben, wenn keine intensiv drängenden Spannungen aus anderen vitalen Bedürfnisbereichen vorliegen. Die für das kleine Kind vordringliche Triebgebundenheit sollte
deshalb zurücktreten können, wenn es in die Schule kommt.
Im Alter von sechs Jahren hat ein normal entwickeltes Kind dieses
Stadium erreicht. Heute haben viele Schulkinder aber solche seelischen Störungen. Die gespannte Unruhe dieser Kinder stört die Dis-
ziplin in der Schule und damit den Schulbetrieb beträchtlich. Darum befürworten manche Pädagogen für sie die Verschiebung des
Einschulungsalters. Das ist aber eine zu oberflächliche bzw. gar keine Lösung des Problems – aus folgenden Gründen: Die Kinder werden zu alt im Schulbetrieb, zumal durch das Hinausschieben des

Schulbeginns ihre Störung nicht beseitigt wird und die Konzentrationsschwierigkeiten zu weiteren Verzögerungen durch Sitzenbleiben führen. Die Kinder kommen zu spät in die Berufsausbildung, und sie werden viel zu spät selbständig zu eigenem Lebens- und Familienaufbau. Das bringt eine Fülle von neuen Problemen mit sich: Unruhe und Entmutigung führen zu Störungen psychischer und körperlicher Art, beschwören Verhaltensstörungen herauf, die als Durchbrüche durch eine nicht ertragbare Spannung zu werten sind – wie zum Beispiel Verwahrlosung, Chaotentum, Bandenwesen. Abgesehen davon ist die Überdehnung der Ausbildungzeit und des Ausbildungsalters nicht nur eine unorganische, sondern auch eine unökonomische Angelegenheit. Manche Mädchen zum Beispiel bringen es auf diese Weise nur zu angefangenen Berufsausbildungen, bevor sie heiraten. Eine erhebliche Ausbildungsbeihilfe des Staates verpufft ins Leere, weil diese Frauen – nachdem ihre Kinder groß sind – nicht wieder in den Beruf zurückgehen können, eben weil ihnen dazu der Abschluss fehlt. Kollektiv kann diese Maßnahme also zu einem Mangel an Konkurrenzfähigkeit gegenüber anderen Staaten führen, individuell fördert es Lebensschwierigkeiten der einzelnen Menschen (zum Beispiel auch durch zu lang sich hindehnende voreheliche Lebensgemeinschaft), statt sie zu verringern.

Es ist unbedingt notwendig, dass wieder ein höherer Prozentsatz von Sechsjährigen schulreif wird. Schon darum müssen seelische Störungen vermieden oder bereits im Vorschulalter behoben werden (s. Kapitel VI).*

Woran erkennt man nun, dass ein Kind schulreif ist? Dafür gibt es körperliche und geistig-seelische Kriterien. Dennoch darf keines-

---

* Die Programme von Vorschulen und Schulkindergärten, wie sie in einigen Ländern der Bundesrepublik Deutschland eingerichtet worden sind, zielen auf eine solche Förderung ab. Den Kindern soll dort geholfen werden, selbständig zu spielen und arbeiten zu lernen, die Trennung vom Elternhaus zu ertragen und zu akzeptieren, Hilfen und Anweisungen von Erwachsenen entgegenzunehmen und sinnvoll mit anderen Kindern zusammenzuleben. Die Kinder sollen lernen, ihren – milieubedingten – unterschiedlich großen Wortschaft zu erweitern, unbefangen zu sprechen, ihr Tun, Denken und Erleben mit Worten wiederzugeben und sich mit ihren Partnern auseinander zu setzen. Darüber hinaus wird auf musische und eigenschöpferische Gestaltung sowie auf Übungen zur Körperbeherrschung Wert gelegt.

wegs jedes Einzelmerkmal, besonders im körperlichen Bereich, als ein Beweis für die Schulreife gewertet werden. Im Grunde gibt es nur einen die Mehrzahl der Einzelmerkmale umfassenden Maßstab für Schulreife: die Entwicklung der Gesamtpersönlichkeit. – Körperliche Merkmale der Schulreife versucht man zu finden durch folgende Beobachtungen: 1) durch das Messen von Sitzhöhe und Brustumfang, 2) durch den Versuch, ob das Kind mit dem rechten Arm über den Kopf hinüber das linke Ohr zu erreichen vermag, 3) durch die Feststellung, ob der Zahnwechsel begonnen hat.

Alle diese Messversuche fußen auf der entwicklungspsychologischen Gegebenheit, dass im sechsten Lebensjahr bei normaler körperlicher und oft (aber keineswegs immer!) bei normaler seelischgeistiger Entwicklung ein körperlicher Gestaltwandel einsetzt. Er trägt folgende Kennzeichen:

Kleinkind	Schulkind
Kopf: groß im Verhältnis zum Rumpf, große, vorgewölbte Stirn, verhältnismäßig kleines Untergesicht, Milchzähne	*Kopf:* Nase, Mund und Kieferpartie festgeformt, durch Wachsen des Untergesichts scheint die Stirn jetzt kleiner, Wechsel der Schneidezähne
Rumpf: walzenförmig, undifferenziert, vorspringender Bauch	*Rumpf:* Abzeichnen der Taillenlinie, Schulterbreite überragt Beckengürtel
Extremitäten: kurz im Verhältnis zum Rumpf, weiche Formen (pummelig)	*Extremitäten:* durch das Wachsen der Arme und Beine erscheinen sie jetzt länger im Verhältnis im Rumpf, Hervortreten der Gelenke (hager)

Ob ein Kind in geistig-seelischer Hinsicht schulreif ist, können selbst Laien mit einiger Geschicklichkeit feststellen. Einige Kriterien dieser Art sollen folgen:

Beobachtungs- und Imitationsfähigkeit lassen sich daran erkennen, ob das Kind Ansätze dazu zeigt, Gesehenes oder Dargestelltes nachzugestalten. Ein sechsjähriges Kind muss zum Beispiel in der Lage sein, einfache Formsymbole (Kreis, Dreieck, Rechteck, Spirale und Schlinge) nachzuzeichnen. Prüfbar ist die Fähigkeit zur Nachahmung auch etwa dadurch, dass man die Kinder auffordert, einen einfachen Satz wie „Klaus ist da" nachzuschreiben, nachdem man diesen Satz in Druckbuchstaben im Beisein des Kindes vorgeschrieben hat. Man kann das Kind auch auffordern, Perlen in einer bestimmten Abfolge der Farben auf eine Schnur zu ziehen oder Steckbausteine in bestimmter Form- und Farbfolge zu stecken usw.

Kinder, die noch nicht den Entwicklungsstand erreicht haben, aufgrund von Beobachtung imitierend handeln zu können, haben erfahrungsgemäß große Schwierigkeiten beim Erfassen einfacher Lernvorgänge, wie zum Beispiel dem Schreiben von Zahlen und Buchstaben.

Ob Kinder Konzentrationsfähigkeit und Durchhaltevermögen haben, braucht man im Grunde nicht erst durch die Benotung der Schule und bei den Schularbeiten festzustellen. Wenn man sich die Mühe macht, sie beim Spiel zu beobachten, weiß man das längst vorher. Kinder, die in dieser Weise gesund und altersentsprechend entwickelt sind, können bereits als Vier- und Fünfjährige lang dauernd, intensiv und vertieft spielen. Kinder, die in dieser Altersphase niemals bei einem Spiel durchhalten, die grundsätzlich von schwankender Aufmerksamkeit sind, die alle zwei Minuten etwas Neues anfangen müssen, ohne von der Spielaufgabe gefesselt zu werden, die Spiele nur lustlos beiseite werfen, um Neues ziellos zu überrennen, können auch in der Schule keine Konzentration und keine Ausdauer aufbringen. Sie haben einen Entwicklungsrückstand, ja meist eine Entwicklungsstörung. Sehr einfach lassen sich diese Fähigkeiten mit Hilfe von Baukästen nachprüfen. Es gehört einige Konzentration für ein sechsjähriges Kind dazu, nach einer Vorlage ein einfaches Modell nachzubauen; denn es gilt, ein vorgeschriebenes Arbeitsziel so lange zu verfolgen, bis es verwirklicht ist, und das trotz aller Tücken, die das Objekt bei seiner Gestaltung in sich birgt. Diese Fähigkeit, Unangenehmes, Misserfolge und Mühe zu ertragen und ein Ziel hartnäckig anzupeilen, gehört zu den Voraussetzungen zu jeder erfolgreichen Arbeit, die von dem Kind in der Schule erwartet wird.

Auch die Erinnerungsfähigkeit eines Kindes lässt sich leicht nachprüfen – etwa durch Einführung neuer Begriffe beim Ansehen eines Bilderbuches, beim Vorsprechen eines Verschens oder dem Vor- und Nachsprechen von drei bis vier Zahlen. Bei den ersten beiden Beispielen regt man etwa am nächsten Tag zum Wiederholen des Textes oder des neuen Begriffes durch nochmaliges Besehen des Buches an. Kinder haben in den seltensten Fällen ein schwaches Gedächtnis. Ihre Merkfähigkeit in dieser Altersstufe ist oft sogar besser als die der Erwachsenen, die dann daraus den – leider irrigen – Schluss ziehen, besonders kluge, besonders lernfähige Kinder zu haben. Die Leistungsfähigkeit seines Gedächtnisses hilft einem Kind aber leider dennoch nur wenig bei seinem Fortkommen in der Schule, wenn nicht weitere Fähigkeiten als Voraussetzung zur Lernfähigkeit ebenfalls genügend ausgebildet sind.

Der Pädagoge Heinrich Roth empfiehlt folgenden Fragenkatalog zur Feststellung der Schulreife:[26]

„,Liest' es schon in seinen Bilderbüchern? Fährt es der Zeile nach, wenn es ‚Lesen' spielt? Ist es stolz auf sein Zählen? Kann es für längere Zeit bei einer Sache bleiben? Stört es noch die Spiele der anderen? Kann es im Spiel verlieren, ohne zu weinen? Nimmt es sich schon selbständig Aufgaben vor? Will es schon mithelfen und sich nützlich machen? Hat es schon für irgendwelche häuslichen Dienste die Verantwortung übernommen? Kann es schon mit der Schere Figuren ausschneiden? Lernt es gern auswendig? Fragt es nach der Bedeutung von Wörtern? Führt es Angefangenes zu Ende? Kann es sich schon allein anziehen? Geht es allein zur Toilette? Bindet es die Schnürsenkel selbst? Putzt es selbständig die Nase? Weiß es Nachnamen, Alter und Straße? Beachtet es Gebote und Verbote? Trotzt es noch häufig? Hält es sich noch mehr zu den Erwachsenen als zu den Gleichaltrigen? Hat es schon Anschluss an Nachbarskinder? Ging es gern in den Kindergarten? Hilft es schon freiwillig anderen? Nimmt es schon zu Fremden von sich aus Kontakt auf? Zeigt es auch außerhalb des Hauses Unternehmungslust? Kennt es Konkurrenzgefühle mit Gleichaltrigen? Sieht es Bestrafungen ein?"

Zusammenfassung

Die Einschulung im Alter von sechs Jahren ist entwicklungspsychologisch aus folgenden Gründen angebracht:

Die Entwicklungsphasen der Kleinkinderzeit sind abgeschlossen. Da ihr ungestörter Verlauf von großer Bedeutung ist für die spätere

charakterliche Entwicklung des Menschen, sollte man hier besonders
verantwortungsbewusst künstliche Eingriffe durch Verfrühungen
vermeiden.

Das Festigen eines realistischen Weltbildes und der Abbau des magischen Weltbildes der frühen Kindheit schafft die Voraussetzung zu
einer sachbezogenen Arbeitshaltung.

Verspätete Einschulungen können die geistig-seelische Entwicklung und die Ablösung von der Mutter verzögern.

Wo die Voraussetzungen zum Einordnen in die Klassengemeinschaft und zu einem erfolgreichen Schulbesuch im Alter von sechs
Jahren nicht gegeben sind, ist nicht Zurückstellen, sondern besondere Förderung solcher Kinder dringend angezeigt.

2. Arbeiten lernen und das rechte Maß zwischen Arbeit und Spiel

Die kindlichen Erfahrungen mit dem Lernen in der Grundschule beeinflussen die Einstellung der Menschen zur Arbeit.

> Wie bereits die ersten beiden Lebensjahre für die Charakterentwick-
> lung des Menschen von entscheidender Bedeutung sind, sind es die ers-
> ten beiden Schuljahre im Hinblick auf die spätere Arbeitseinstellung
> und intellektuellen Erfolgsaussichten.

Arbeitslust zu vermitteln gehört zu den wichtigsten pädagogischen
Aufgaben im Grundschulalter; denn die Freude am Lernen ist ein
sehr viel wirksamerer Motor, um Lernschritte zu vollziehen, als der
Appell an die Einsicht oder das Wollen des Kindes. Wie sehr ein
positiver oder negativer Gefühlston ausschlaggebend ist, um ein
Tätigwerden in einer bestimmten Richtung zu fördern oder zu verhindern, ist für jeden jederzeit leicht nachprüfbar. Warum „mag" je-
mand gern stricken, gern Geschichten schreiben, Fußball spielen
oder Ski laufen, oder warum mag er es nicht und hat aus diesem
Grunde diese Tätigkeit weitgehend eingestellt, soweit er in der Lage
war, freie Entschlüsse zu fassen?

Dieses „Mögen" ist eindeutig abhängig von den Erfolgserfahrungen, die man bei den Probierversuchen in der entsprechenden Tätig-

keit hat machen können. Ein Gefühl von „Hier komme ich voran, das wird etwas, heute hab ich's schon besser geschafft als gestern" bewirkt eine Befriedigung über das Geleistete und bildet damit sogleich einen Anreiz zu neuen Versuchen, größere Fertigkeit zu gewinnen.

Der Satz „Am erfolgreichsten ist der Erfolg" ist eine der wichtigsten pädagogischen Grundregeln. Den Kindern beim Lernen Erfolgserfahrungen zu vermitteln wird damit zum Mittelpunkt pädagogischer Aufgaben in der Grundschulzeit; denn die Verstärkung des Lernantriebes durch den Erfolg ist der stärkste leistungsfördernde Anreiz, während die Schwächung des Lernantriebes durch den Misserfolg den Lernprozess belasten, die Erfolge beeinträchtigen und früher oder später die Bereitschaft zu neuen Versuchen gänzlich lähmen kann.

Erfolgserfahrungen beim Schullernen kann ein Kind haben, indem es Fortschritte im Vergleich zu seinem früheren Leistungen erlebt.

Dieser „Wettbewerb mit sich selbst" erscheint pädagogisch als ein wesentlich einwandfreieres Mittel als der Wettbewerb mit anderen, der zwar für die Leistungskräftigen einen zusätzlichen Anreiz hervorrufen kann, der aber grundsätzlich auf dem Rücken der anfänglich Leistungsschwachen ausgetragen wird. Die Erfahrung, im Wettbewerb mit Klassenkameraden zu versagen, kann fortgesetzt als Strafreiz wirken und die Leistungsfähigkeit oft weit unter das eigentlich vorhandene Leistungspotential absinken lassen. Lernbereitschaft und Lernerfolg steigen bei Anwendung von Strafen (wie ihn auch bereits ein Misserfolg darstellt) nur bis zu dem Punkt an, wo die Angst vor ähnlich negativen Erlebnissen in der Zukunft die Lernsituation als Ganzes Furcht erregend werden lässt. Mit dem Auftreten einer solchen ‚übertönenden' Spannung nehmen die Lernergebnisse rapide ab.

Leistungshemmende Misserfolgserlebnisse weitgehend auszuschalten muss ein dringliches Anliegen der Erziehenden von Kindern beim Schullernen sein. Der Wettbewerb mit den Klassenkameraden, wie er in einer Benotung der Leistungen im Klassenverband heute in den Schulen praktiziert wird, ist daher pädagogisch im höchsten Maße anfechtbar, aus folgenden Gründen:

1) Kinder in einem unausgelesenen Klassenverband haben von
   vornherein keineswegs auch nur annähernd gleiche Startbedin-
   gungen. Unabhängig von ihrer Intelligenzkapazität können die
   einen unter anregenden, günstigen Umweltbedigungen, andere
   unter einer wenig förderlichen Situation als Kleinkinder gestan-
   den haben.

2) Die Schulsituation selbst und die Methoden der Lehrer können
   für das eine Kind angemessen, für ein anderes erschwerend sein,
   um Lernprozesse zu vollziehen. (Langer oder kurzer Schulweg,
   Empfindlichkeit oder Unempfindlichkeit gegen Lärm, Geeignet-
   oder Ungeeignetsein für die eine oder andere Methode usw.)

3) Misserfolge können dazu führen, dass ein Kind von Lehrern, Angehörigen und schließlich sogar von sich selbst negativ eingeschätzt wird. Dadurch kann seine geistige Weiterentwicklung unangemessen eingeschränkt werden.

Auf dem Weg zum pädagogischen Ziel, Kindern zu Erfolgserfahrungen beim Schullernen zu verhelfen, gibt es viele konkrete Lernhilfen, die es einem Kind leichter ermöglichen, Freude am Lernen zu
haben, und das heißt für Kinder in unserem Kulturkreis: arbeiten zu
können.

Solche Lernhilfen beziehen sich auf die verschiedenen einzelnen
Lernschritte eines Kindes. Man kann unterscheiden:

Hilfen zur Motivierung des Lernens;

Hilfen zum Überwinden der ersten Lernschwierigkeiten;

Hilfen beim Finden der Lösung;

Hilfen für das Behalten und Einüben.

Anhand von Situationsschilderungen bei den Schularbeiten von Kindern sollen im Folgenden Beispiele gegeben werden, die jeweils
pädagogisch vertretbares oder pädagogisch fragwürdiges Handeln in
Bezug auf die einzelnen Lernhilfen zeigen.

Hilfen zur Motivierung des Lernens

Beispiel A

Der siebenjährige Fritz hat als Schulaufgabe mehrere Kästchen
Rechnen aus dem Rechenbuch abzuschreiben und im Heft auszu-

rechnen. Es handelt sich um das Zusammenzählen und Abziehen von Zehnern. Fritz fängt gar nicht erst an. Er mault: „Warum soll ich das überhaupt rechnen? Ich will das gar nicht lernen. Ich will nach draußen, Spielen ist viel schöner."

Die Mutter ist empört: „Das gibt's hier nicht!", ruft sie. „Zuerst setzt du dich hin, aber sofort! Wo kämen wir da hin, wenn nicht jeder seine Arbeit machte. Schau dir deine Schwester, die Karina, an, die ist brav, die hat sich gleich hingesetzt. Die wird's auch zu etwas bringen. Aber du – na, da sehe ich schwarz."

Beispiel B
Die Mutter antwortet dem maulenden Fritz: „Ach, das ist schade. Ich hatte mir gerade gedacht: Wenn der Fritz jetzt so schön rechnen lernt, dann kann er auch bald allein zum Schwimmen gehen; denn dann kann er ja auch schon allein zahlen und sich das Eintrittsgeld richtig herausgeben lassen. Wenn er das alles kann, ist er schon groß – und ich brauche nicht immer überall mitzugehen, zum Baden, zum Jahrmarkt oder in den Zoo. Dann kann er all das Schöne auch viel öfter haben, weil ich ja nicht immer Zeit dafür habe."

Diskussion
Im ersten Fall wird von der Mutter klagend angezweifelt, ob Fritz je ein vages Fernziel (dass „etwas aus ihm wird") erreichen wird. Die Schwester wird wegen ihres Fleißes gelobt, Fleiß damit also zu einer Art Vorbedingung gemacht, um von der Mutter geliebt zu werden. Die Erledigung der Schularbeiten wird barsch mit dem Hinweis auf die Pflicht gefordert.

Widerwillig und vermutlich unzureichend wird so ein Kind seine Aufgaben erledigen. Das Fernziel, „etwas zu werden", ist seinem Alter unangemessen, der Zweifel an seiner Fähigkeit durch die Mutter bewirkt auch Zweifel in dem Jungen an sich selbst. Das unerreichbare Vorbild der älteren Schwester spornt nicht an, sondern führt zu Resignation und Hass auf ihre Vorrangstellung.

Im zweiten Fall weist die Mutter auf ein Nahziel hin, für das zu arbeiten sich lohnt. Das ist dem siebenjährigen Fritz angemessen. Er liebt es, zum Schwimmen und in den Zoo zu gehen und möchte sich dort frei vom Schürzenband der Mutter bewegen können. Solch eine Motivation kann dem Siebenjährigen „einleuchten". Rechnen zu können ist seine eigene Sache geworden, für die sich einzusetzen lohnt.

Hilfen zur Überwindung der ersten Lernschwierigkeiten

Beispiel A

Beate soll als Schulaufgabe zum ersten Mal einen ihr unbekannten Text im Lesebuch zu lesen versuchen. Das gelingt ihr nicht sofort. Einzelne Buchstaben erkennt sie nicht sicher und ergänzt sie beliebig. Statt „Hase" liest sie „Haus", statt „Reise" „Riese" usw. Beate ist verzweifelt und will anfangen zu weinen.

„Schau", sagt die Mutter, „das Wort davor hast du ganz richtig gelesen. Es heißt wirklich ‚Apfel', überhaupt eine ganze Menge hast du fein gemacht, heute waren viel mehr Wörter richtig als gestern. Meinst du, die können jemanden in der Schule gebrauchen, der gleich alles lesen kann? Und bei diesem Wort hast du ganz richtig angefangen. Schau noch mal: H-a-s .." „Hase", ergänzt Beate strahlend. „Siehst du", sagt die Mutter, „du kannst es ja!"

Beispiel B

Die Mutter unterbricht Beates Lesen. „Falsch", ruft sie, als das Kind das Wort „Haus" anstatt „Hase" liest. „Das heißt Hase – der Hund holt den Korb, die Mutter holt den Apfel, der Hase holt die Rübe. Lies das sofort alles noch mal!" Beate wiederholt, sagt aber wieder „Haus". Die Mutter ist verzweifelt und schreit das Kind an: „Pass doch auf, bist du denn dumm?" und gibt Beate eine Ohrfeige.

Diskussion

Im ersten Fall half die Mutter dem Kind über sein Mutloswerden hinweg, indem sie auf seine Erfolge hinwies. Dadurch bewirkte sie, dass das Kind neuen Mut schöpfte; sie half ihm zudem einen kleinen Teilschritt weiter, so geringfügig nur, dass das Kind dennoch das Wort selbständig vollenden und ein Erlebnis des Könnens haben konnte. Damit war die Voraussetzung zu neuen Übungsschritten, zum Mut am Durchhalten und Überwinden der Anfangsschwierigkeiten gegeben.

Im zweiten Fall wurde das Kind sofort korrigiert und ihm dazu noch eine ganze Partie des Textes vorgesprochen. Das wirkte nicht im Sinne einer Hilfe, sondern im Sinne einer Herabsetzung und Überforderung. Wenn gar Ungeduld und Gekränktsein der Erzieher über den fehlenden Erfolg ihrer eigenen pädagogischen Bemühungen zu drastischen Strafmaßnahmen führen wie hier, dann muss mit einem Einschleifen weiterer Misserfolge gerechnet werden.

Hilfen beim Finden der Lösung

Viele Kinder erhoffen sich von ihren Erziehern, dass sie ihnen bei der Lösung von Aufgaben behilflich sind, bevor sie selbst eine echte geistige Anstrengung vollzogen haben. Damit ist ihnen aber nicht geholfen! Kinder, denen man es in dieser Hinsicht zu leicht macht, die am Anfang fortgesetzt die Erfahrung machen, dass ihnen alle Schwierigkeiten aus dem Weg geräumt werden, lernen nicht zu arbeiten und reagieren außerdem mit einem dumpfen Unzufriedensein auf diesen Mangel an Forderungen. Sie erwarten später immer, dass ihnen auch anderweitig „die gebratenen Tauben in den Mund fliegen". Auch beim Schullernen müssen die Kinder die Erfahrung machen, dass das zähe Mühen und Ringen um die Lösung einer Aufgabe, dass das Probieren einen guten Sinn hat, weil es umso beglückender ist, zu einer Lösung zu kommen, je mehr man um sie gekämpft und harte Schwierigkeiten überwunden hat. Hilfe beim Lösen von Aufgaben bedeutet es für ein Kind, wenn der Erziehende sich mit der Aufgabe wohl beschäftigt, an der Gedankenarbeit des Kindes Anteil nimmt, aber es auf jeden Fall vermeidet, voreilig die Lösung anzubieten. Zögerndes Mittun, kameradschaftliches Beteiligen am Problem – aber abwarten können, Freude und Erstaunen darüber, wenn das Kind die Lösung gefunden hat, ist die entscheidende pädagogische Hilfe.

Hilfe beim Tun und Ausführen

Beispiel A

Dem siebenjährigen Gerd sind als Hausaufgabe zwei Seiten „Schön-
schreiben" aufgegeben worden. In den beiden ersten Zeilen gelingt
ihm eine annähernd regelmäßige Schriftführung, aber dann erlahmt
seine Aufmerksamkeit. Die Buchstaben werden unregelmäßig, er
verschreibt sich, streicht, macht dabei einen Tintenklecks, ver-
schmiert ihn ungeschickt mit einem Löschblatt.

Die Mutter kommt hinzu, nimmt wortlos das Heft, reißt die Seite heraus und sagt: „So mein Lieber, nun noch mal, so geht das
nicht. Gib dir gefälligst mehr Mühe – und wenn du fertig bist, kannst
du für mich noch eine Seite extra schreiben."

Beispiel B

Die Mutter wartet, bis sie Gerd sinnend sein Geschmier betrachten
sieht. Sie sagt: „Da oben hast du richtig schön geschrieben – dieses
‚H' dort und das ‚G', die sind wirklich gut schon." – „Aber dann
kommt der Tintenklecks", sagt Gerd, „und die Buchstaben sind
auch nicht mehr schön." – „Hm", sagt die Mutter, „aber können
tust du's, das sieht man an den beiden ersten Reihen, und je länger
man übt, desto besser kann man es."

„Weißt du was?", sagt Gerd. „Ich fang noch mal an."

Diskussion

Im ersten Fall hat die Mutter voreilig gehandelt. Sie ließ dem Jungen keine Zeit zur Selbstkritik. Sie benahm sich autoritär wie ein
Feldwebel der alten Garde. Solche Verhaltensweisen der Erzieher
lösen ohnmächtige Wut in den Kindern aus, mit Recht fühlen sie sich
unterdrückt und gemaßregelt. Erfahrungsgemäß ist die Gefahr groß,
dass solche Kinder bald unbewusst einen intensiven Leistungswiderstand entwickeln, es leugnen, dass Schularbeiten aufgegeben wurden, flüchtig und unkonzentriert bei der Arbeit sind und in der
Schule stören, statt aufzupassen.

Im zweiten Fall wartete die Mutter zum Eingreifen den Augenblick ab, in dem dem Jungen klar wurde, dass die Arbeit unzureichend ausgefallen war. Da aber solche, den Kindern oft unbewusste

Einsichten zu einem raschen Resignieren führen können (und das sieht man dann daran, dass sie das Heft wütend in den Ranzen werfen oder hastig und ohne Sorgfalt zu Ende schreiben), griff sie jetzt nicht mit einem Tadel ein, sondern mit dem Hinweis auf sichtbarlich gelungene Buchstaben. Selbstkritik und Ermutigungen konnten deshalb zu dem Willen des Kindes führen, einen neuen Versuch zu machen. Die Wahrscheinlichkeit ist groß, dass dieser als Folge einer eigenen Willensentscheidung wesentlich besser ausfällt.

Hilfen beim Behalten und Einüben

Beispiel A

Peter und Michael, beide neun Jahre alt, ist vom Pfarrer die Ehre erteilt worden, am Tag der Glockeneinweihung Schillers „Lied von der Glocke" Strophe für Strophe abwechselnd aufzusagen. Als Peter mit dem Auftrag heimkommt, sagt seine Mutter: „Hör, Peter, bis zum Fest haben wir noch drei Wochen Zeit, lerne heute die ersten acht, morgen die nächsten acht Strophen. Wenn du sie dir jeden Tag durchliest, dann wirst du sehen, wie fest sie bis zur Einweihung sitzen." Aber obgleich der Junge Tag für Tag fleißig den Text las, stockte er doch immer wieder und konnte seinen Part auch am Festtag nicht ohne Stocken aufsagen.

Beispiel B

Michael hingegen las Abend für Abend im Bett, bevor er das Licht löschte, eine Strophe laut vor, wiederholte sie zweimal laut sprechend und schlief ein. Am nächsten Tag hatte er die Strophe fest in seinem Gedächtnis, wiederholte sie täglich ein paar Mal und war am Tag der Feier vollständig sicher, obgleich er viel weniger Zeit zum Lernen gebraucht hatte und obgleich er in der Schule im Allgemeinen keine raschere Auffassungsgabe und kein besseres Gedächtnis gezeigt hatte als Peter.

Diskussion

Michael hatte aber eine bessere Lerntechnik angewandt als Peter. Lernperioden, bei denen es um Auswendiglernen, Einpauken von

Vokabeln, dem Einmaleins usw. geht, sollten gut verteilt werden. Halbstündige Lernzeiten an jedem Tag führen zu besseren Lernerfolgen als stundenlanges Überlesen endloser Partien. Die Gefahr ist groß, dass bei einem solchen unökonomischen Lernen der Effekt schließlich gleich null ist. Denn bei Übersättigung mit Inhalten, die neu eingeprägt werden sollen, „vergisst" man plötzlich nicht nur die letzten Partien des Gelernten, sondern kann überhaupt nicht mehr reproduzieren. Andererseits gilt es als erwiesen, dass umso größere Lernerfolge eintreten, je weniger das Gehirn unmittelbar darauf mit neuen Inhalten belastet wird.

Die gleichmäßige tägliche Verteilung von Lernperioden erspart zum Beispiel auch das lernpsychologisch ungünstige lange Pauken einen Tag vor den schriftlichen Arbeiten. Bei gleichem Zeitaufwand wird man auf diese Weise wesentlich mehr erreichen. Wenn man bedenkt, dass jeder Nachtschlaf ein zusätzliches Nachreifen der Lernschritte mitbewirkt, so ist es wesentlich günstiger, einen Stoff, der beherrscht werden soll, in kleinen, aber regelmäßigen Übungen einzuprägen. „Mäßig aber regelmäßig" ist eine alte Weisheit, die einen Schlüssel zum Erfolg darstellt. Bei einer lang dauernden, einmaligen Übung besteht dagegen die Gefahr, dass der Zeitdruck als Überforderung, die Länge der Übungszeit als Überbürdung wirken und dass das Leistungsvermögen darunter zusammenbricht. Bekommt das Kind dann gar noch den Eindruck, der Aufgabe doch nicht gewachsen zu sein, so sind die Chancen, die es für die Klassenarbeit am nächsten Tag mitbringt, geringer, als wenn es gar nicht geübt hätte. Nichts ist als Voraussetzung zum Erfolg notwendiger als das Gefühl, der Leistungsforderung gewachsen zu sein. Dieses Gefühl „Ich kann das!" ist durch kleine, halbstündige tägliche Übungen wesentlich leichter zu erreichen als bei einer einmaligen unsinnigen Paukerei, die die Nacht zum Tage macht.

Um das Missverständnis zu vermeiden, man könne sich sein Wissen allein im Schlaf erwerben, soll noch einmal wiederholt werden: Übungen müssen sein, erst durch die konstante Wiederholung festigt sich der Lernstoff so, dass er jederzeit reproduziert werden kann. Freilich: Wie lange dann das Gelernte im Gedächtnis haften bleibt, das ist nicht nur angeborenerweise unterschiedlich, sondern hängt ab: vom Sinngehalt des Erlernten, von der emotional positiven Beteiligung des Lernenden am Stoff und davon, wie oft die entsprechenden Inhalte wieder in die Erinnerung zurückgerufen werden. Vorgänge wie das Schreiben und Lesen, Autofahren, Maschinenschreiben usw., die von Menschen in unserem Kulturkreis dauernd praktiziert werden, führen in eine „Automatisierung". Blinde Geläufigkeit, die durch konstantes Training hervorgerufen wird, bewirkt eine Entlastung des Großhirns von der bewussten Steuerung und setzt es für neue Denkleistungen frei.

Die positive Einstellung zu den Schularbeiten müssen Schulanfänger erst allmählich lernen. Wenn ein Kind seine Aufgaben ganz ohne Aufsicht bewältigen muss, kann es den Eindruck gewinnen, hoffnungslos überfordert zu sein. Ebenso wenig bekommt es einem Schulkind, wenn es von seinen ehrgeizigen Eltern fortwährend angetrieben wird. Den Erziehern von Schulanfängern ist zu empfehlen, sich in der Nähe der Kinder mit einer mechanischen Arbeit zu beschäftigen. Die Haltung einer äußerlich passiven, aber innerlich teilnehmenden Zuwendung ist für Kinder in dieser Anfangssituation von hohem Wert. Das Abschirmen von störenden Außenreizen, gelegentliches vorsichtiges Ermutigen, Hilfen zu kleinen Teilschritten, wenn der Erfolg trotz aller Mühe des Kindes nicht eintritt, können in den ersten beiden Schuljahren entscheidend für seine geistige Entwicklung sein. Gelingt dieses Hinführen zu einer positiven Arbeitseinstellung, so kann die konstante Gegenwart der Mutter bei den Schularbeiten im dritten und vierten Schuljahr weitgehend aufgegeben werden. Die Kinder haben dann gelernt, selbständig zu arbeiten, sie haben Freude daran, Schwierigkeiten selbst zu überwinden, und haben es nur noch selten nötig, bei Aufgaben, die ihnen unlösbar erscheinen, um Hilfe zu bitten.

In einer ähnlichen Weise verschiebt sich beim Schulkind im Laufe der Jahre das Verhältnis von Arbeits- und Spielzeiten.

Das Vermögen, bei einer sitzenden Arbeit über Stunden auszuharren, ist bei einem sechsjährigen Kind noch nicht vorhanden, da sein Bewegungsdrang noch außerordentlich groß ist. Die Schule trägt dieser entwicklungspsychologischen Gegebenheit Rechnung, indem sie die Schulzeit im ersten Schuljahr auf wenige tägliche Stunden beschränkt und abwechslungreich gestaltet. Die Menge der Hausaufgaben ist so bemessen, dass ein langsam arbeitender Schüler nicht mehr als dreißig bis fünfundvierzig Minuten zu arbeiten braucht. Mit Recht räumt die Schule den Schulanfängern an den meisten Stunden ihres Alltags die Zeit zum Spielen ein.

Über die Frage, zu welcher Tageszeit ein Schulkind seine Hausaufgaben machen sollte, sind die Fachleute unterschiedlicher Meinung. Physiologen betonen die verringerte Leistungskapazität nach dem Mittagessen und nach dem Abendessen, manche Psychologen legen Wert auf die erholende Funktion einer nachmittäglichen Ruhepause. Andere betonen mit Recht, wie entlastend es für Schulkinder ist, ihre Arbeiten am frühen Nachmittag zu erledigen. Sensible Kinder empfinden das Spiel geradezu als eine Belohnung für die vorausgegangene Pflichterfüllung. Es erscheint in der Tat bedenklich, eine Haltung einzuüben, die Schwierigkeiten zunächst einmal ausweicht und sie vor sich herschiebt. Das unmittelbare Zupacken bei Aufgaben, die mit Schwierigkeiten verbunden sind, kann auf diese Weise generell eingeschränkt werden. Die konstante Erfahrung eines Schulkindes, dass man Schwierigkeiten am leichtesten dadurch beseitigt, dass man sich ihnen stellt, kann zu seinem Heil ein entsprechendes Verhalten im späteren Leben bewirken. Es sollte aus diesem Grunde nur in Ausnahmefällen gestattet werden, Schularbeiten am Abend oder am Morgen vor der Schule zu erledigen. Denn dann steht das Kind bereits unter der negativen Gestimmtheit eines Versäumnisses, unter der Hetze des Nachholens, unter dem Aspekt, eine drohende Katastrophe (nämlich den Tadel des Lehrers) abwenden zu müssen. Spannungen solcher Art setzen die Konzentrationsfähigkeit und dadurch auch die Aufnahmefähigkeit für den Lernstoff herab.

Andererseits ist es keineswegs sinnlos, mit Grundschulkindern noch eine gemütliche Stunde nach dem Abendessen einzurichten, in der man sich im Lesen aus Bilder- oder Märchenbücher abwechselt, lustiges Wettrechnen oder Rechenspiele veranstaltet. Stehen diese Spiele unter der fröhlichen Gestimmtheit einer Gemeinschaft, so können sie Erfolgserlebnisse und Arbeitslust erheblich steigern und dem Kind wertvolle Lernhilfen sein. Besonders sicher kann man der Aufmerksamkeit des Kindes sein, wenn man diese Stunde veranstaltet, nachdem die Kinder schon im Bett liegen, so dass sie den Eindruck haben, das lästige Schlafenmüssen erfolgreich hinausgeschoben zu haben. Natürlich ist diese Praktik nur anwendbar, wenn das

Abendessen entsprechend früh eingeplant wird. Grundschulkinder sollten nicht weniger als zehn Stunden schlafen.

Besorgte Eltern erhoffen sich häufig dadurch eine Steigerung der Leistungsfähigkeit ihres Kindes, dass sie für es mit seinem Schuleintritt eine Schlafpause oder Liegezeit nach dem Mittagessen einrichten, nachdem es vorher jahrelang bereits davon entwöhnt war. Nur in seltenen Fällen besonderer körperlicher Schwäche oder chronischer Erkrankung hat eine solche Maßnahme einen entwicklungsfördernden Erfolg. In den meisten Fällen empfinden die Kinder die Ruhepause nur als lästig, ja als Strafe. Nicht selten entwickeln sie auf diese Weise Verhaltensstörungen wie Nägelkauen, Daumenlutschen oder Onanieren. Aber selbst in den Fällen, in denen die Kinder einschlafen, ist die Auswirkung im Endeffekt häufig negativ.

Ein Beispiel: Anke war seit ihrem Schuleintritt regelmäßig, trotz ihres Widerstandes, nach dem Mittagessen ins Bett gesteckt worden. Sie schlief zwei Stunden, machte danach eine Stunde Schularbeiten und hatte bis zum Abendessen nur eine sehr knapp bemessene Spielzeit, die schließlich zu einem Nichts zusammenschrumpfte, als Anke in die Oberschule kam. Trotz ihrer Ausgeruhtheit und trotz hoher Begabung – wie ein Intelligenztest gezeigt hatte – konnte Anke bald mit ihren Klassenkameradinnen nicht mehr Schritt halten. Es mangelte ihr an Wendigkeit, an ausreichender Übung und Kenntnis im Umgang mit den Dingen der Welt. Sie wirkte „verschlafen", und erst eine lange, nachholende Übung des Versäumten half Anke, diesen Entwicklungsrückstand aufzuholen.

Freilich ist der Mangel an Umweltreizen heute wesentlich seltener die Ursache für Entwicklungshemmungen als ein Übermaß an überflutenden, diffusen Reizen durch Walkman-Berieselung, Verkehrslärm, Fernsehen, Surfen und Chatten im Computer, Comics und Video.

Zusammenfassung

Arbeitsfreude und damit meist weitgehend auch Lernerfolg und Lebensfreude können von den ersten Erfahrungen mit dem Schullernen abhängen. Dafür gibt es folgende Gründe:

Ersterfahrungen prägen sich einem Menschen besonders tief ein. Ist die Erfahrung positiv, verknüpft sich die entsprechende Tätigkeit mit einem positiven Gefühlston und führt zu Wiederholungen; ist sie negativ, verknüpft sie sich mit einem negativen Gefühlston und führt dazu, dass die entsprechende Handlung nur erzwungen ausgeführt oder ganz eingestellt wird.

Positive Erfahrungen beim Schullernen bestehen in Erfolgserlebnissen, die das Kind an seinem vermehrten Können und am Lob von Lehrern und Eltern ablesen kann.

Durch Bemühen um Erfolgserlebnisse, durch vorsichtige Lernhilfen, durch Anwendung von Übungstechniken, wie sie lernpsychologischen Erkenntnissen entsprechen, durch eine altersentsprechende Verteilung und Anordnung von Arbeit, Spiel und Schlaf können im Grundschulalter Lernwille, Durchhaltefähigkeit beim Auftauchen von Widerständen, Ausdauer bei der Übung und Wiederholung des Gelernten erworben werden. Für den Menschen in unserem Kulturkreis ist es heute eine Schicksalsfrage, ob er im Grundschulalter arbeiten gelernt oder ob er es nicht gelernt hat.

3. Das Ich und die anderen

Das Alter von sechs Jahren ist nicht nur aus den eben beschriebenen Gründen der entwicklungspsychologisch richtige Einschulungstermin für normale Kinder – in diesem Alter sind sie auch in der Lage, ihre sozialen Beziehungen zu erweitern. Sie drängen zu Spielen mit anderen Kindern, die Erwachsenen werden oft geradezu beiseite geschoben. Die Kinder möchten unter sich sein. Sie suchen den Anschluss an gleichaltrige Gefährten, um mit ihnen, miteinander etwas zu tun; oft steht das gemeinsame Arbeiten an einem gemeinsamen Ziel im Mittelpunkt der Strebungen (gemeinsam eine Burg, eine Höhle, eine Eisenbahnanlage bauen usw.); oft werden in Wettkämpfen Rangstufen festgelegt (um die Wette rollern, laufen, werfen, gegeneinander kämpfen usw.). Bei Gemeinschaftsspielen steht die Lust am vollkommen gleichartigen Tun im Vordergrund, zum Beispiel bei den Ballspielen.

Freilich ist mit diesen Spielen die Sozialisation der Kinder keineswegs erreicht. Noch immer stehen sie in diesem Alter unter dem Druck ihrer egoistischen, fordernden und spontan andrängenden vitalen Triebbedürfnisse. Der Versuch, sich selbst auf Kosten der anderen durchzusetzen, führt noch lange und häufig zu Zank und Reibereien in den Gruppen. Ob und in welchem Maße es Kindern in diesem Alter gelingt, gemeinschaftsfähig zu werden, hängt einerseits davon ab, wie weit sie Gelegenheit bekommen, Erfahrungen im Umgang mit Gleichaltrigen zu sammeln und Spielregeln einhalten zu lernen – andererseits aber vor allem davon, ob sie in ihrer frühen Kindheit genug Möglichkeiten zur Vorbereitung auf ihre Sozialisation erworben haben. Die erste und fundamentalste Vorbereitung dieser Art besteht im Erleben einer positiven Mutter-Kind-Beziehung. Nur Kinder, die bereits als Säuglinge die Erfahrung machen konnten, dass sie geliebt werden, sind dann aus Liebe zu dieser Liebenden bereit, einen Wunsch aufzuschieben, ja sogar auf etwas zu verzichten. Ohne eine solche Erfahrung ist Sozialisation nicht möglich, denn ohne sie fehlt im Schulalter der Wunsch und Impuls dazu, gelegentlich eigene Interessen zurückzustellen zugunsten der anderen. Kinder, die ihre erste Lebenszeit in Heimen haben zubringen müssen, die unerwünscht, umhergeschoben und vernachlässigt worden sind, zeigen in der Regel in ihrem Verhalten, dass sie unzureichende Voraussetzungen für eine Sozialisierung mitbringen.

Ein Beispiel: Renate wird von ihrem Lehrer als schwarzes Schaf und als Störer der Klassengemeinschaft bezeichnet. Sie besäße keinerlei Anpassungsfähigkeit. In der Schulstunde bleibe sie selten auf ihrem Platz sitzen. Sie renne durch die Klasse, reiße den Mitschülerinnen Buntstifte und Hefte fort. In den Pausen dränge sie sich den Kameradinnen auf, hänge sich ihnen von hinten um den Hals oder sei plötzlich unmotiviert aggressiv; dann spucke und kratze sie.
Umfängliche Untersuchungen ergeben, dass das Kind weder eine hirnorganische Krankheit hat noch dass es schwachsinnig ist. Aber es zeigt sich, dass Renate ein ungewöhnlich schweres Frühschicksal erleiden musste. Sie wurde von ihrer Mutter getrennt, als sie drei Monate alt war, da bei dieser eine offene Lungentuberkulose festgestellt worden war. Die Mutter kam in eine Heilstätte, das bereits infizierte Kind in ein Tuberkuloseheim für Säuglinge. Hier blieb es drei Jahre. Danach kam Renate geheilt in die Familie zurück, lernte jetzt erst den Vater und die älteren Geschwister kennen und wurde von einer Tante betreut. Erst nach einem weiteren Jahr übernahm die Mutter wieder selbst den Haushalt. Renate sei aber gleich, nachdem sie sie als nun Vierjährige kennen lernte, ein störrisches, wenig liebevolles Kind gewesen, berich-

tet die Mutter, und bis heute sei es ihr nicht gelungen, eine Beziehung
zu ihr herzustellen.

Solche Kinder pflegen im Allgemeinen Außenseiter zu werden. Ihr
Mangel an Einordnungsvermögen führt dazu, dass sie zurückgestoßen und von der Gemeinschaft ausgeschlossen werden, so dass
ihre Einsamkeit, ja schließlich ihre aggressiven Impulse immer stärker werden. Renate freilich hatte das ungewöhnliche Glück, einen
Lehrer zu haben, der sie vollständig unter seinen Schutz stellte, jede
moralische Herabsetzung vermied und Versuche der Kameradinnen,
sich des Mädchens anzunehmen, prämierte. Innerhalb der vier
Grundschuljahre gelang es diesem Lehrer (aber das ist seltenste Ausnahme!), mit viel Geduld und Mühe eine Einbindung des Kindes in
die Klassengemeinschaft zu erreichen.

Es erscheint zunächst paradox, dass eine zweite wesentliche Voraussetzung zur Sozialisation von Kindern im Grundschulalter darin
besteht, dass sie das Trotzalter durchlebt und überwunden haben.
Ist in der Kleinkinderzeit ihr Versuch, sich durchzusetzen, völlig ge-
brochen worden, so sind sie im Schulalter nicht in der Lage, sich
Rangordnungs- und Rivalitätskämpfen zu stellen. Das Unvermögen,
sich verteidigen zu können, kann manchmal zu einem grausamen
Ausschluss solcher Kinder durch den Klassenverband führen.

Ein Beispiel: Ulrich, das Kind einer Witwe, war von ihr in einer überflu-
teten Mütterlichkeit verwöhnt und gegängelt worden. Eigenimpulse,
Trotz und Selbständigkeitsbestrebungen waren mit eilfertigem Eifer
von der erziehungsbemühten, ängstlichen Mutter unterbunden worden. Schon im ersten Schuljahr wurde Ulrich von seinen Kameraden
mehrmals grün und blau geprügelt, obgleich er niemanden angriff,
sondern gehemmt, schüchtern und verzagt in den Ecken von Schulhof
und Klassenzimmer hockte.

Um gemeinschaftsfähig werden zu können, braucht das Kind also
nicht nur Anpassungsfähigkeit, es muss sich gleichzeitig durchsetzen
können. Erst ein gesundes Maß zwischen diesen beiden Extremen
gewährleistet Gruppenfähigkeit.

Eine weitere wichtige Voraussetzung zur Sozialisation von Kindern besteht darin, dass sich am Ende der frühen Kindheit, aus den

elterlichen Vorbildern hervorgehend, eine innere Kontrollinstanz, das so genannte Über-Ich (Freud) entwickelt. Es bildet den Schutz, die Abwehr gegen die spontane Kraft der vitalen Triebe, die zum Handeln drängen. Bei positiven Eltern-Kind-Beziehungen wird daher am Beginn der Schulzeit der gleichgeschlechtliche Elternteil eine Zeit lang geradezu „vergottet". Im Gebet des sechsjährigen Leo kommt dieser Sachverhalt zum Ausdruck: Er sieht ehrfürchtig den Vater an und betet: „Bei allem, was ich denk und tu, sieht mir Gott, mein Vati, zu." Innerhalb des Grundschulalters hört die Gleichsetzung der Eltern mit dem Über-Ich allmählich auf. Das Über-Ich wird nach innen gewendet (introjiziert), wird gewissermaßen zu einer abstrakten Kontrollinstanz, welche die triebhaften Impulse des Kindes einschränkt und steuert. Mit wachsender Sozialisation wehrt sich das Kind zunehmend mehr gegen seine undifferenzierten Triebanteile, und zwar zunächst oft mit Hilfe einer krassen Schwarzweißmoral. Es unterscheidet in diesem Alter meist hart und kompromisslos zwischen Gut und Böse, Richtig und Falsch. In den Spielen der Grundschulzeit (Batman, Sheriff und Gangster, Raumschiff Enterprise) wird das Dunkle, Böse gefangen, gestraft und getötet, das Gute belohnt und erhöht. Auch im Kasperlespiel greifen Kinder in dieser Zeit mit hoher Wahrscheinlichkeit zum Polizisten als Symbol des Über-Ichs, wenn sie vorher „Wildes", „Dunkles" ihrer Seele herausgelassen haben. Dazu werden dann häufig die wilden Tiere, Teufel oder Räuber verwendet.

Erst die Distanzierung von seiner eigenen ungesteuerten Triebhaftigkeit, die Identifikation des Kindes mit der Kontrollinstanz, ist im Grundschulalter eine entscheidende Voraussetzung zu seiner Sozialisation. Die siebenjährige Bettina hat diesen Sachverhalt unübertrefflich „richtig" in einer Zeichnung dargestellt: Als ein soziales Wesen, eingereiht in eine Schar von Gleichaltrigen, erscheint das Kind jetzt als *Betrachterin* von Engeln und Teufeln, Krokodilen, Elefanten, Kamelen, Giraffen, Löwen und anderen tierischen Wesen (s. S. 149).

Das Kind im Grundschulalter empfindet die Welt der Gemeinschaft, in der es lebt, als seine wirkliche Welt und trennt sie unterscheidend ab von der Innenwelt, in der Tiere, Dämonen und Engel zu Hause sind.

So unumgänglich es nun allerdings ist, dass die Kinder mit dem Eintritt in die Schule in die Leistungsgesellschaft involviert werden, die gewiss nicht nur aus wohlwollenden Klassenkameraden, sondern aus vielfältig miteinander konkurrierenden Gleichaltrigen besteht, so unverzichtbar ist deshalb gerade heute die intensivierte Pflege der Familiengemeinschaft. So ist es leider nicht mehr selbstverständlich, dass sich die Familie zur täglichen Tischgemeinschaft zusammenfindet.

„Fastfood" aus dem Kühlschrank, im Stehen verschlungen, Schnellgerichte aus der Mikrowelle sind hier verführerische neue Gepflogenheiten. Das hat aber einen den Familienzusammenhalt mindernden Einfluss. Die tägliche Tischgemeinschaft in der Familie nicht aufzugeben ist deshalb dringend anzuraten. Wir finden uns schließlich nicht nur zum Essen bei Tisch zusammen, sondern auch, um einander etwas mitzuteilen. Diese Teilhabe und Teilnahme ist ein unaufgebbares Erziehungsmittel, eine Möglichkeit (vor allem auch im Jugendalter), um Einfluss zu nehmen, um Erfahrungen und Beurteilungen von Lebenszusammenhängen auszusprechen, die den Kindern dienlich sein und sie zum Nachdenken und Diskutieren anregen können.

Vor allem aber gibt die Gemeinschaft bei Tisch den Kindern einen Ort der Verbindung und damit die Geborgenheit, auf die gerade in unserer Zeit selbst die Heranwachsenden nicht verzichten sollten. Die Gefahr der Orientierungslosigkeit kann durch Bemühungen dieser Art sehr abgemildert werden.

Die „Welt der Gemeinschaft" mit seiner Schulklasse ist für das Kind nun keineswegs vom ersten Schultag an einfach da. Eine Anfängerklasse ist zunächst eine Zwangsgemeinschaft, ist lediglich eine so genannte „Raumgruppe". Die Kinder finden sich erst allmählich zusammen; zunächst ist jedes Kind für sich lediglich auf den Lehrer gerichtet. Deshalb kommt es in Anfängerklassen viel häufiger zum „Verpetzen" der Mitschüler, als das in späteren Jahren der Fall ist. Erst im Laufe der beiden nächsten Grundschuljahre bildet sich innerhalb einer Klasse ein Gruppengefüge aus. Dieses Gruppengefüge ist hierarchisch geordnet, und die einzelnen Kinder haben hier unausgesprochen ihren bestimmten Platz. Wer in so einer Grundschulgruppe zum ungekrönten „Führer" avanciert, hängt in den seltensten Fällen von den Schulleistungen und der Beurteilung durch

Bild eines siebenjährigen Mädchens: Es stellt sich selbst dar, eingereiht in eine Schar von gleichaltrigen Kindern, als distanzierte Betrachterin von Engel, Teufel und Tieren.

den Klassenlehrer ab. Hier gelten andere Bewertungen, die denen der Naturvölker ähneln. Bei den Jungen sind Selbstbewusstsein und Selbstsicherheit, Aktivität, Durchsetzungsvermögen, körperliche Gewandtheit und Mut die höchsten Werte, bei den Mädchen spielen außer Selbstbewusstsein das Aussehen, die Kleidung und eventuell das Ansehen beim Lehrer eine bestimmende Rolle. Eine umfängliche Forschung hat in den letzten Jahrzehnten eingesetzt, um die Struktur und Dynamik von Gruppen zu erkennten. [27]

Die so genannte Soziometrie misst zum Beispiel mit Hilfe von gezielten Schülerbefragungen die Beliebtheit der einzelnen Schüler und ihr Verhältnis untereinander. In einem „Soziogramm" lässt sich dann aufgrund solcher Fragen eine graphische Darstellung über Rangfolgen in einer Gruppe machen. Fragen dieser Art lauten:

Mit wem willst du zusammensitzen?

Wen möchtest du zum Geburtstag einladen?

Wer soll die Lehrerin unter euch vertreten?

Neben wem möchtest du nicht sitzen?

Mit wem möchtest du nie mehr in der Pause zusammentreffen?

Solche und ähnliche Fragen führen zur Ermittlung der hierarchischen Struktur der Gruppe.[28] Folgende Rollen können in ihr eingenommen werden:

Die Kernfigur: Diese ist meist lediglich ein mittelmäßiger Schüler, aber er ist (im günstigen Fall) besonders vital, sicher, geschickt, anständig und phantasiebegabt.

Im ungünstigsten Fall hat die Kernfigur folgende Charakterzüge: betriebsam, geltungssüchtig, oft sogar verwahrlost, aggressiv. Unter diesen Bedingungen kommt es gelegentlich zu Bandenbildungen mit gemeinschaftlicher Kriminalität mit einem Teil der Klassenkameraden außerhalb der Schulzeit. Charakteristisch für einen „Bandenchef" ist seine seelische Undurchsichtigkeit, die Zittern und Faszination auslöst. Gerade darin besteht die besondere Wirksamkeit solcher „Führertypen".

In vielen Gruppen gibt es neben der Kernfigur den so genannten Anreger oder *Organisator.* Er ist häufig der Einfallsreichste unter den Kindern, ohne dass er die Macht und den Einfluss der Kernfigur hat.

Die *Anhänger oder Mitläufer* leben in der Identifikation mit dem Anführer. Ihre Dynamik lebt sich aus in der Zuwendung zur Kernfigur, in der Ächtung der abseits Stehenden oder im Kampf gegen eine vom Anführer zum „Feind" erklärten Gruppe. *Der oder die Gegner* stellen sich gegen die Kernfigur. Eine Klasse kann in mehrere Gruppen zerfallen mit mehreren Kernfiguren, die sich gegenseitig befehden. Aber auch einzelne Kinder können sich aktiv gegen die Kernfigur der Gruppe wenden. Es gibt auch Klassen mit zwei unterschiedlichen Gruppensystemen. Um die einen Anführer sammeln sich die Schmeichler und Geschenkemacher – oder auch die Aggressiv-Verwahrlosten, um den anderen die mit positivem Gemeinschaftsgeist.

In höheren Klassen bekommt häufig *der Fachmann* ein zunehmend stärkeres Gewicht im Gruppenverband. Er ist der anerkannte, neutrale Sachkenner, der durch Leistung imponiert (nicht immer und keineswegs allein durch Schulleistungen). Es gibt Fußballexperten, Bastelexperten, Autoexperten usw. Der Fachmann wird im Allgemeinen allerseits respektiert. Er ist meist weniger von Rivalitätskämpfen angefochten.

Als *Mauerblümchen* bezeichnet man in der Soziometrie diejenigen Kinder, die abseits von der Gruppe stehen, unabhängig davon, ob sie sich um die Teilnahme am Gruppenleben bemühen und von ihr zurückgestoßen werden oder ob sie sich selbst isolieren. Nicht selten werden Mauerblümchen zum Prügelknaben, wie das Beispiel des Kindes Ulrich zeigt (s. S. 146). In den meisten Fällen haben solche Kinder Züge, die von der Gruppe als fremdartig empfunden werden. Körperliche Entstellungen, Missbildungen und Besonderheiten, ungewöhnliche oder unmodische Kleidung oder Fehlverhaltensweisen im Sinne der Beispiele Renate und Leo können einzelne Kinder in solche Außenseiterrollen drängen, die oft zu einer erheblichen Vertiefung ihrer Unsicherheiten oder seelischen Störungen führen.

An der graphischen Darstellung eines Soziogramms soll der Wert der Soziometrie verdeutlicht werden (vgl. hierzu die Zeichnung S. 152).

Nehmen wir als Beispiel eine Mischklasse von Sonderschülern, bei denen sich die Frage stellte, wer nun in die Klassengemeinschaft gut hineingewachsen wäre und wer vielleicht besser in eine andere Gruppe versetzt werden sollte.

Wir haben unter den zwölf Schülern eine Kernfigur, die einstimmig als Führer gewählt wird. Es handelt sich bei dieser Nr. 7 um einen 12,11 Jahre alten Buben, der nach seinem Intelligenzgrad etwa in der Mitte des Klassenniveaus steht. Wir sehen aus dem Soziogramm, dass eine Rivalität zur Nr. 2, einem 9,10 Jahre alten Buben mit einem etwas höheren Intelligenzgrad, besteht: Die Kernfigur wird zwar als Führer anerkannt, sonst aber abgelehnt. Sie ist also eher ein beherrschendes als ein wirklich positives, führendes Gruppenelement. Es ist daher angezeigt, Nr. 7 aus der Klasse herauszunehmen, der er altersmäßig bereits entwachsen ist.

Nehmen wir als Gegenstück die zwei Außenseiterfiguren Nr. 6 und 9. Nr. 6 steht in zwiespältiger Beziehung zu Nr. 5, der ihn ablehnt. Er versucht Anschluss an die Kernfigur zu finden, bleibt aber ziemlich isoliert. Es handelt sich um einen groben, etwas gewalttätigen, 10,2 Jahre alten Buben, der gerne Schwächere plagt. Die Gemeinschaft nimmt ihn nicht recht an, ebenso wenig wie Nr. 9, ein körperlich bereits stark entwickeltes, 12,5 Jahre altes Mädchen, das an einem Folgezustand einer Halbseitenlähmung leidet und in Bezug auf seine geistigen Möglichkeiten weit unter dem Klassendurchschnitt steht.

Auffallend ist Nr. 8, der in positiver und negativer Weise zugleich gewählt wird und selbst in dieser Weise zwiespältig wählt. Hier handelt es sich um einen 10,1 Jahre alten Buben, der zwar zu Hause sehr gedrillt wird, eigentlich aber noch ganz und gar nicht schulreif ist. Nr. 8, 9 und 6 gehören ebenfalls nicht in diese Gruppe hinein.

Interessant ist dann noch, dass zwischen Buben (△) und Mädchen (□)
weniger Kontakte bestehen als zwischen den Buben unter sich und den
Mädchen unter sich, eine bei Gemeinschaftserziehung in diesem Alter
typisch in Erscheinung tretender Geschlechterunterschied.

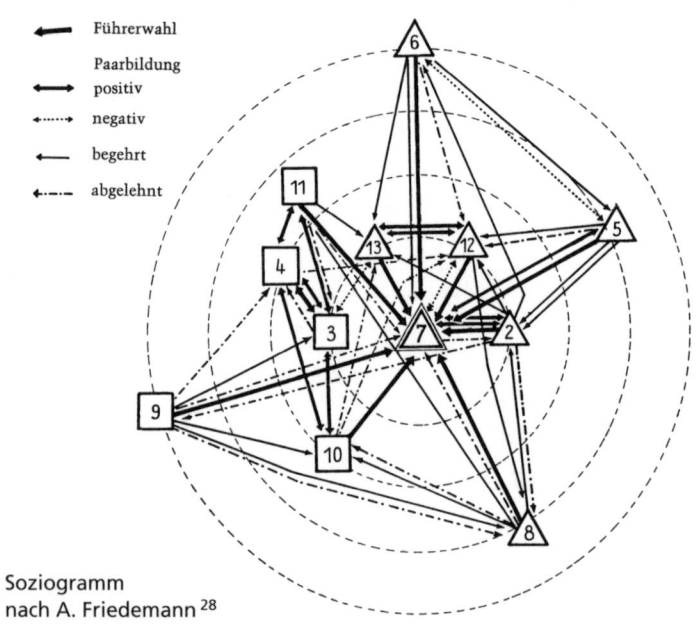

Soziogramm
nach A. Friedemann [28]

Das emotionale Klima kann in verschiedenen Gruppen sehr unterschiedlich sein. Bestenfalls herrscht eine gelöste Einigkeit vor, die bewirkt, dass Gruppenmitglieder sich füreinander einsetzen, miteinander hilfreich sind und sich gegenseitig verteidigen. In solchem Fall
spricht man von einem *fruchtbaren Miteinander*.

Gelegentlich (meist in Mädchenklassen) gibt es noch heute das *ge-
fühlsüberhitzte Miteinander*. In solchen Fällen ist der Geist der Gruppe schwärmerisch auf eine Lehrerpersönlichkeit gerichtet, die auf die
Kinder mit faszinierender Kraft wirkt.

Es gibt aber auch Gruppen (meist jene mit zwei Kernfiguren), die
ihr Gepräge durch ein *aggressives Gegeneinander* erhalten. Gelegentlich drücken sich derartige Aversionen in entschiedenen Pro- und

Kontraeinstellungen gegen den Lehrer aus. Der Lehrer kann solche Parteibildungen chronifizieren, wenn er sich nicht neutral verhält. Nicht mehr als Gruppe im Sinne einer Gemeinschaft, die sich zusammengehörig fühlt, sind jene Klassen zu bezeichnen, in denen ein Klima eines *nicht gestörten Nebeneinanders* herrscht. Da viele Kinder die Voraussetzungen zur Sozialisation nicht mehr in die Schule mitbringen, kommt es heute zunehmend mehr dazu, dass die eigentliche Gemeinschaftsbildung in einer Schulklasse ausbleibt und dass sie den Anfangsstatus eines losen Zweckverbandes behält.

Im günstigsten Fall des „fruchtbaren Miteinanders" bildet sich in einer gleich bleibenden Klassengemeinschaft ein so genannter Gruppengeist. Es entsteht ein Verhaltenskodex von ungeschriebenen Gesetzen für Handlungen, die als ehrenhaft oder unehrenhaft gelten. Unabhängig davon, ob die Kernfigur positiv oder negativ akzentuiert ist, entfaltet sich ein „Wir-Bewusstsein". Die einzelnen Kinder beginnen sich als Teile ihres Gruppenganzen zu verstehen, für das sie sich verantwortlich fühlen. Sie identifizieren sich mit der Gruppe und den gemeinschaftlichen Zielen. Auf diese Weise wird es ihnen möglich, egoistische Impulse zurückzustellen. Das Verantwortungsgefühl der einzelnen Kinder für die Gruppe und ihre Mitglieder ist kennzeichnend dafür, dass eine Gemeinschaftsbildung zustande gekommen ist, und zeigt an, dass das Kind gemeinschaftsfähig geworden ist.

4. Taschengeld

Fast jeder Erzieher ist überzeugt davon, dass es für Kinder wichtig ist, den Umgang mit Geld zu lernen. Die erziehenden Versuche, die Eltern auf diesem Gebiet mit ihren Kindern machen, sind erfahrungsgemäß mannigfaltig. Unterschiedliche Vorstellungen bestehen bei den Eltern über das Alter, in dem mit Taschengeld begonnen werden sollte, über die Höhe der Summe, über ihre Dosierung und das Maß der Freiheit oder Kontrolle bei kindlichen Geldausgaben. Die häufigsten Praktiken sollen anhand von Beispielen beschrieben werden. Es werden einige typische Antworten von Eltern dargestellt, wie sie auf die Frage des Erziehungsberaters nach dem Taschengeld ihrer Kinder gegeben werden.

Beispielgruppe I:

Frage: Von welchem Alter ab sollte Ihrer Meinung nach ein Kind Taschengeld bekommen?

Frau S.: Ich finde es unsinnig, dass Kinder im Grundschulalter bereits Taschengeld bekommen. Sie vernaschen es ohnehin sofort. Außerdem bekommen sie sowieso dauernd Groschen von den Verwandten geschenkt. Meine Kinder sollen erst Taschengeld haben, wenn sie vierzehn Jahre alt sind.

Frau Z.: Ich habe meinem Jungen, seit er fünf Jahre alt war, wie seinen älteren Geschwistern Taschengeld gegeben, weil er immer neidisch war, wenn die anderen etwas bekamen. Freilich hatte er zuerst noch keinen rechten Sinn dafür und ließ es einfach irgendwo liegen; aber jedenfalls hatte er doch das Gefühl, gerecht behandelt zu werden.

Frau K.: Ich habe bei meinen Kindern mit Taschengeld angefangen, wenn sie in der Schule das Addieren und Subtrahieren von Zehnern gelernt hatten. Das war gegen Ende des ersten oder manchmal erst am Anfang des zweiten Schuljahres der Fall. Ich habe die Erfahrung gemacht, dass es Kindern Freude macht, das in der Schule Gelernte in „bare Lebenserfahrung" umzusetzen.

Diskussion
Es ist leicht einsichtig, dass Frau K. einen Standpunkt hat, der pädagogisch vertretbar ist. Sie richtet sich beim Beginn der Taschengeldgabe nach dem Entwicklungsstand des Kindes. Für den Umgang mit Taschengeld sollte der Zeitpunkt maßgeblich sein, an dem das Kind eindeutig eine Größenvorstellung im Zahlenraum von 1 bis 10 besitzt. Das kann bei aufgeweckten Kindern heute durchaus bereits vor Beginn der Schulzeit einmal der Fall sein. Niemals aber sollte einem Fünfjährigen lediglich aus Gründen der „Gerechtigkeit" Geld in die Hand gegeben werden. Dass alle Geschwister auch erst dann Geld bekommen haben, als sie zu rechnen gelernt hatten, ist gegen den maulenden Anspruch des Jüngsten ein sehr viel „gerechteres" Gegenargument.

Bekommen Kinder kein Taschengeld, so entgeht ihnen die Erfahrung, altersgerecht mit Geld umzugehen. Solche Kinder geraten häufig auch im Vergleich mit den Klassenkameraden in eine Habenichtshaltung, die Diebstahlsneigungen begünstigen kann. Das Argument der Frau S., dass Grundschulkinder ihr Taschengeld ohnehin nur vernaschen, ist nicht stichhaltig. Ist das Taschengeld fest begrenzt und nicht überreichlich, kann das Kind auch beim Vernaschen die pädagogisch positive Erfahrung machen, dass lange Durststrecken entstehen, wenn man sein Hab und Gut verprasst. Die Erfahrung kann freilich nur im positiven Sinn wirkungsvoll sein, wenn die Mutter das Betteln um mehr Geld für Näschereien über das Taschengeld hinaus ablehnt mit dem freundlichen Hinweis darauf, dass es am nächsten Montag ja wieder Taschengeld gäbe. In einer solchen Situation kann es auch sinnvoll sein, dem Kind zu erklären, dass man mehr Freude an seinem Taschengeld habe, wenn man den Einkauf von Näschereien ein wenig verteile. Im Übrigen ist es erfahrungsgemäß keineswegs so, dass gesunde Kinder ihr gesamtes Taschengeld über Jahre vernaschen. Wenn das der Fall ist, deutet die Sucht nach Süßigkeiten darauf hin, dass das Naschen die Funktion einer Ersatzbefriedigung für fehlende seelische „Süße", fehlende Zuwendung und Zärtlichkeit bekommen hat.

Bei gesunden Kindern im Grundschulalter pflegt hingegen bald ein Impuls zum Einteilen, zum Planen mit dem Taschengeld aufzutauchen. Freilich kann sich der Wunsch, hauszuhalten und vorzuplanen, nur ausbilden, wenn nicht jeder Spielzeugwunsch von den Eltern sofort befriedigt wird. Solche Verwöhnungen machen Kinder am Ende keineswegs glücklich, weil ihnen auf diese Weise der Mut und die Freude an eigener Anstrengung beim Erwerben von Besitz vorenthalten wird. Ein Kind, das sich nach vier oder sechs Wochen, in denen es viele spontan aufgetauchte Wünsche zurückstellte und Taschengeld sammelte, das Auto oder das erwünschte Detail zur Puppenstube kaufen kann, hat an seinem Erwerb größere Freude, kann das Spielzeug mehr lieben und es auch mit größerer Sorgfalt bewahren.

Beispielgruppe II:

Frage: Wie viel Taschengeld bekommen Ihre Kinder und in welchem zeitlichen Abstand?

Frau L.: Meine Kinder, acht, zehn und fünfzehn Jahre alt, bekommen jedes am Monatsersten 20 € ausgezahlt. Dann hat die liebe Seele Ruh, und es waltet Gerechtigkeit.

Frau P.: Wir haben eine Hauskasse. Daraus dürfen sich auch die Kinder ungefragt Geld nehmen. Mein Mann ist großzügig. Wenn wir nicht auskommen, legt er auch vor Monatsende noch mal ein paar Hunderter dazu.

Frau G.: Meine Kinder, acht und elf Jahre alt, bekommen wöchentlich ihr Taschengeld, an jedem Samstag. Die Höhe richtet sich nach ihrem Lebensalter. Von ihrem siebten Geburtstag ab bekommen sie 1 €, von den folgenden Geburtstagen ab jeweils 1 € dazu. Die Älteste bekommt heute €, der Junge 2 €. Ab vierzehn Jahren wollen wir unseren Kindern 20 € pro Woche geben. Ab sechzehn Jahren sollen sie dann pro Monat eine größere Summe bekommen, wenn unsere finanziellen Verhältnisse so bleiben, wie sie heute sind, und solange unsere Kinder dann noch in die Schule gehen und zu Hause wohnen.

Frau W.: Meine Kinder bekommen Geld für gute Zensuren, für eine Eins 5 €, für eine Zwei 1 €, für eine Drei nichts, für eine Vier auch nichts, für eine Fünf müssen sie 1 €, für eine Sechs 5 € zahlen. Mit diesem Geld müssen sie haushalten. Manchmal sind sie auch pleite und haben Schulden, wenn sie mehrere schlechte Arbeiten geschrieben haben. Aber wir schenken dann auch noch Geld zu Weihnachten oder zu Geburtstagen, oder sie können sich durch Geschirrabtrocknen und Schuheputzen etwas hinzuverdienen.

Diskussion

Frau L. hat eine unlogische Vorstellung von Gerechtigkeit, wenn sie meint, mit einer vollständig gleichen Taschengeldgabe an alle drei Kinder das Problem befriedigend gelöst zu haben. Die Kinder jedenfalls empfinden es in den seltensten Fällen als Gerechtigkeit. Die fünfzehnjährige Tochter der Frau L. klagte: „Wie soll ich denn mit meinem Taschengeld je auskommen können? Mal möchte ich mir auch eine Kleinigkeit an Kosmetik oder Modeschmuck kaufen, wofür meine Mutter kein Geld übrig hat – und schließlich will ich mir auch nicht jede Cola von meinem Freund bezahlen lassen. Meine

Schwester Barbara ist erst acht Jahre alt und bekommt genauso viel Taschengeld wie ich. Damit kann sie überhaupt noch nichts Richtiges anfangen. Und außerdem: Als ich acht Jahre alt war, gab's überhaupt noch kein Taschengeld. Damit hat Mutti erst angefangen, als ich elf Jahre alt war. Da sieht man's, wie Barbara verzogen wird."

Dieses Mädchen hat gewiss Recht in Bezug auf die Taschengeldhandhabung bei ihrer kleinen Schwester. Achtjährige Kinder haben noch keine Einteilungsmöglichkeit über einen mehr als achttägigen Zeitraum. Mit einer größeren Geldsumme über einen längeren Zeitraum zu planen stellt in diesem Alter eine Überforderung dar. Deshalb ist das Einteilungsprinzip der Frau G. wesentlich besser und dem Entwicklungsstand der Kinder angemessen. Wöchentliche Zahlungen sind für Kinder vor der Pubertät überschaubarer, Planungen leichter ausführbar. Ebenso ist es sinnvoll, in Jugendliche bewusst das Vertrauen zu setzen, dass sie eine vernünftige Einteilung selbst übernehmen können. Durch die Erhöhung des Taschengeldes mit dem Lebensalter können am wirksamsten Neidreaktionen und das Empfinden von Ungerechtigkeit unter den Geschwistern vermieden werden.

In höchstem Maße pädagogisch bedenklich ist die Verknüpfung des Taschengeldes mit Schulleistungen und häuslichen Handreichungen. Es ist sicher, dass die Kinder auf diese Weise nicht zur Verbesserung ihrer Schulleistungen gebracht werden. Im Gegenteil: Die Angst vor schlechten Leistungen kann sich durch die Bestrafung mit Geldabgaben vermehren. Sind mehrere Geschwister vorhanden, so tritt meistens die Situation ein, dass die jüngeren sich bald als Krösus gebärden, während die älteren mit ihren Durchschnittszensuren leer ausgehen. Außerdem führt eine solche Haltung der Eltern zu einem Zweckdenken der Kinder, das ihr Leben später freudlos werden lassen kann. Die Haltung, dass es sich nur lohnt, sich anzustrengen, wenn man damit etwas verdient, fördert eine materialistische Einstellung. Dass es Freude macht, erfolgreich zu sein, weil die Eltern darüber glücklich sind und sich mitfreuen, kann Arbeitslust wesentlich nachhaltiger wecken als ein Hinlenken auf eine merkantile Denkweise.

Unkontrolliert über große Summen Geld zu verfügen, wie es durch die unerschöpfliche Hauskasse der Frau P. möglich ist, bedeutet für Grundschulkinder eine Verwöhnungssituation, die ihnen

erfahrungsgemäß nicht bekommt. Im Schlaraffenland seelisch gesund zu bleiben erfordert eine Reife, die das Grundschulkind noch
nicht haben kann. Ohne Anstrengung alles zu bekommen schafft
keine Befriedigungserlebnisse und erweckt zudem in den Kindern
die Illusion, dass sofortige Wunschbefriedigung zum „normalen"
Lebensrecht des Menschen gehört. Solche Überflusserfahrungen im
Schulalter führen also in eine Fehleinschätzung der Realität. Dass auf
diese Weise das Maßhalten zwischen Sparen und Ausgeben nicht erlernt werden kann, steht außer Frage. Außerdem kann das Protzen
der Kinder vor ihren Kameraden damit, dass sie schrankenlos über
Geld verfügen, diese neidisch machen und dazu führen, dass sie sich
von dem „Reichen" distanzieren, etwa mit der Begründung: „Der
gibt ja bloß an!"

Beispielgruppe III:

Frage: Kontrollieren und steuern Sie den Umgang Ihres Kindes mit
seinem Geld, wenn ja, in welcher Weise?
Frau N.: Unsere Kinder, neun und zwölf Jahre alt, bekommen ihr
Taschengeld an jedem Monatsersten – und zwar 50 €. Davon müssen sie aber alle Anschaffungen für die Schule bestreiten, Hefte,
Bücher, Bleistifte und auch den Kakao in der Frühstückspause bezahlen. Sie müssen genau Buch führen und dem Vater am Monatsersten die Bilanz vorführen. Wer gut gewirtschaftet hat, bekommt die
Summe, die er übrig hat, für seine Spardose. Wer etwas ausgefressen
hat, dem wird das Taschengeld entzogen; er bekommt in der nächsten Zeit nichts außer dem abgezählten Geld für Schulanschaffungen.
Frau D.: Unsere Kinder sparen ihr Taschengeld. Sie haben alle vier
eine Sparbüchse. Wenn Vater wöchentlich an alle 5 € auszahlt, werden sogleich die Dosen geholt, und das Geld wird eingeworfen.
Nach jedem Quartal geht es dann auf die Sparkasse, und die Kinder
nehmen daran teil, weil ihr Guthaben wächst. Als Erwachsene dürfen sie sich das Geld dann auszahlen lassen.
Frau E.: Nein, ich kontrolliere nicht, was meine Kinder mit ihrem
Taschengeld machen. Die unter vierzehn bekommen wöchentlich
10 €, die über vierzehn wöchentlich 20 €. Damit können sie machen,

was sie wollen. Aber zum Beispiel Kinogeld gibt es nicht extra, das muss vom Taschengeld bezahlt werden. Kakao und Schulsachen bezahle ich. Die Kinder kommen dann und bitten um das Geld für den jeweiligen Zweck. Bei diesen Einzelausgaben rechnen wir sorgfältig miteinander ab.

Diskussion

Frau N. führt uns hier ein Ideal vor, das in den seltensten Fällen über längere Zeit realisierbar ist. Es ist für acht- bis zwölfjährige Kinder eine Überforderung, täglich über ihre Geldausgaben Buch zu führen, umso mehr, als das Taschengeld monatlich ausgezahlt wird. In den meisten Fällen führt dieses System binnen kurzem zu peinlichen Szenen zwischen dem Vater und seinen Kindern, die je nach dessen Temperament mit mehr oder weniger heftiger Verärgerung aller Beteiligten enden. Setzt der Vater seine Buchführungsforderung mit Macht durch (was in den seltensten Fällen geschieht), so ist es darüber hinaus bedenklich, Kinder in diesem Alter unter einen so pedantisch-bürokratischen Forderungsdruck zu setzen. Kleinlichkeit und Geiz sind keine Charaktereigenschaften, die geeignet sind, das Leben eines Menschen zu erfüllen und ihn glücklich zu machen. Außerdem erleben Kinder bei dieser Handhabung des Taschengeldes fortgesetzt, dass die Ausgaben, die notgedrungen für schulische Anschaffungen gemacht werden müssen, den Etat praktisch vollständig verschlingen. In solchen Fällen lernen die Kinder nicht, dass Planung sinnvoll ist und Freiheit schafft, sondern ihre Erfahrung besteht in dem Dauerzustand, in Geldnot zu sein. Sie stellen resigniert fest, dass ihr Taschengeld eitel Schein ist und nicht dazu führt, dass sie sich etwas leisten können. Viele Eltern sind stolz auf eine Handhabung dieser Art, ohne zu erkennen, dass es nicht der Sinn eines Taschengeldes sein kann, die Erfahrung zu machen, dass alles Schöne nur für die anderen da ist. Viele Kinder empfinden solch ein System auch als Lieblosigkeit ihrer Eltern und können in eine verbitterte Distanzierung zu den Eltern getrieben werden, wenn derartige Praktiken über längere Zeit hinweg geübt werden.

Außerdem stellt das Strafen mit Entzug des Taschengeldes, wie Frau N. es praktizierte, ein fragwürdiges Erziehungsmittel dar. Die

Willkür, ja Grausamkeit der Erwachsenen in dieser Hinsicht ist oft erstaunlich groß. Es kommt heute durchaus vor, dass Kinder drei Monate lang kein Taschengeld bekommen, weil sie einmal nicht ihre Schuhe am Abtreter gesäubert haben. In solchen Fällen werden Kinder nicht zum Umgang mit Geld erzogen, sondern sie geraten in eine verbitterte Abneigung gegen ihre Erzieher.

Der Zwang zum Sparen, wie ihn Frau D. mit ihren Kindern durchführt, verfehlt ebenfalls den Zweck, Umgang mit Geld zu lernen. Das Fernziel, „später etwas zu haben", ist dem Denken eines Grundschulkindes unangemessen. Außerdem trägt dieses Verfahren im Grunde grausame Züge. Es hat ein wenig Ähnlichkeit mit dem Sadismus des „Tierfreundes", der seinem Hund einen duftenden Braten vor die Nase hält und ihn dann unbarmherzig verschwinden lässt. Kinder, die auf diese Weise zum Sparen und Entbehren erzogen werden, sind als Erwachsene erfahrungsgemäß selten sparsam, sondern im Gegenteil häufig sogar verschwenderisch, weil jede Form von „Haushalten" für sie mit einem negativen Gefühlston belegt ist. Das dadurch hervorgerufene entgegengesetzte Verhalten kann gerade die Lebensschwierigkeiten, denen man erziehend vorbeugen wollte, begünstigen.

Die Kinder der Frau E. haben mehr Aussicht, dass der Umgang mit Taschengeld für sie einen erziehenden Wert hat. Die Summe ist fest umgrenzt, die Zeitspanne (einmal in der Woche) nicht zu lang für diese Altersstufe. Der freie Umgang mit einer begrenzten Summe, mit der man rechnen kann, bietet für ein Kind Möglichkeiten, Erfahrungen zu sammeln, die es ihm auch später erleichtern, mit einer begrenzten Summe auszukommen. Die Begrenztheit seiner Möglichkeiten zu erleben, ebenso wie die Chance, durch Aufschub und Verzögerung Lebensfreude zu steigern und ein Stück Freiheit zu gewinnen, das Bemühen um eine Planung und das Festlegen von Zielvorstellungen als Mittel zu solcher Freude machen bei einem Kind den Wert des Umgangs mit seinem Taschengeld aus.

Zusammenfassung

Eltern begehen bei der Bemessung des Taschengeldes für ihre Kinder häufig folgende grundsätzliche Fehler:

Sie geben den Kindern gedankenlos meist zu große Summen Geld. Das verzieht zu Unordnung und Willkür und verwöhnt das Kind. Viele Erwachsene „kaufen" sich gewissermaßen unbewusst von dem Anspruch des Kindes auf ihre Zuwendung frei. Die Unzufriedenheit solcher, mit Geld abgefundener Kinder zeigt sich als ihr bitterböser Protest gegen die Eltern spätestens in der Pubertät.

Das Taschengeld wird als Druckmittel verwendet. Das ist nicht angebracht, weil es damit seinen positiven erzieherischen Sinn verliert.

Die Erwachsenen unterlassen es, mit ihren Kindern über eine bestimmte wohl begründete Beschränkung des Taschengeldes zu sprechen. Die Schüler erzählen sich gegenseitig, wie viel Taschengeld sie bekommen. Kinder, die wöchentlich eine angemessene Summe erhalten, können sich auf diese Weise im Vergleich mit den verwöhnten „Reichen" als vernachlässigt empfinden. Solche Fehleinstellungen von Kindern sind leicht aus der Welt zu schaffen, indem man ihnen erzählt, dass man „von zu viel Geld unglücklich werden kann". Man kann diese alte Weisheit unterstützen mit Märchen, zum Beispiel vom „Fischer und seiner Frau" und dem „Armen und dem Reichen". Es ist nötig, Kindern verständlich zu machen, dass man sie lieb hat und auf ihr Glück bedacht ist – selbst dann, und gerade dann, wenn man das Taschengeld in einer angemessenen Weise begrenzt.

5. Die Gestaltung von Festen und Feiern

Kinder haben großes Vergnügen an Festen, wenn sie von den Erwachsenen feierlich gestaltet werden. Die wochenlange Vorfreude, die sich steigernde gespannte Erwartung und das Glück beim Fest selbst sind genug Beweis dafür. Ähnlich wie beim Verständnis der Märchen handelt es sich hier darum, dass die Kinder noch ein unmittelbares Gefühl für den Sinn von Feiern haben, während dem Erwachsenen heute die Zugänge dazu häufig versperrt und zugeschüttet sind.

Feste können die heute in unserer nüchtern-technisierten Zeit so dringend notwendig werdende Gefühlsentwicklung der Kinder fördern. Die Feierlichkeit eines Festes kann zu Stimmungen von Freu-

Sich zu verkleiden ist
eine besondere Freude
für Kinder – besonders
auf Geburtstagsfeiern.

de, Dankbarkeit und Ehrfurcht führen; sie machen aufgeschlossen
für die Geheimnisse des Lebens, auf das Beschenktsein des Menschen mit Gaben und Aufgaben. Dies wird in vielfältig variierten
symbolhaften Sitten sichtbar. Am Beispiel des *Weihnachtsfestes* soll
das deutlich gemacht werden.

Schon das kleine Kind erlebt das Weihnachtsfest, wenn es im traditionellen Sinne gestaltet wird, als etwas Wunderbares. Die ange-
zündeten Kerzen, der Tannenbaum, die Weihnachtslieder, die Geschenke tragen dazu bei. Ohne dass es den Kindern bewusst wird
(Bewusstsein von diesen Zusammenhängen ist im Kindesalter
unnötig, ja sogar falsch), empfinden sie den Sinn des Festes: den Sieg
des Hellen über das Dunkle, des Lebens über den Tod, das Wunder
des Anfangs, der Erneuerung, der Hoffnung und der Liebe. In der
Geschichte des armen, in der Nacht und Fremde geborenen Christ-
kindes kommt diese Symbolik ebenso zum Ausdruck wie im Mythos
vom Weihnachtsmann, der mit Geschenken segnet, mit der Rute be-

straft. Der Weihnachtsmann ist eine dem magischen Denken des Kleinkindes entsprechende Symbolisierung eines göttlichen Boten. Am Beginn des Schulalters, wenn das Kind die Stufe des „naiven Realismus" erreicht hat und Außenwelt und Phantasiewelt zu unterscheiden beginnt, ist es sinnvoll, die Vorstellungen vom Weihnachtsmann aufzugeben. Diese Entzauberung gehört zu den notwendigen Durchgangsstadien in der kindlichen Entwicklung. Sie ist eine Bedingung für ein bewusstes Verständnis für den eigentlichen christlichen Sinn des Weihnachtsfestes: die Geburt des Mensch gewordenen Gottes – des Erlösers – und das Bedürfnis, die Dankbarkeit darüber in Schenkbereitschaft umzusetzen.

Diesem Verständnis kann allerdings die Überreizung durch zu viele Geschenke (vor allem von technisiertem Spielzeug), durch eine Dauerberieselung mit Weihnachtsliedern vom CD-Player hinderlich sein.

Pädagogisch besonders wertvolle Möglichkeiten haben Eltern bei der Gestaltung der *Geburtstagsfeiern* ihrer Kinder. Mit Hilfe der Bescherung, dem Anzünden des Lebenslichtes, der Gratulation wird belohnte Liebe, Freude und Dankbarkeit über die erreichte Lebensstufe ausgedrückt. Beim Feiern mit den Klassenkameraden erlebt sich das Geburtstagskind erstmalig als Träger eines Festes unter Gleichaltrigen. Seine Zugehörigkeit zu einer Gemeinschaft gibt dem Kind besonders an seinem Ehrentag die Möglichkeit, sich bestätigt und angenommen zu wissen. Ob diese Empfindung bei einem Kindergeburtstag erlebt werden kann, hängt im Grundschulalter freilich von der sorgfältigen Planung durch die Eltern ab. Wenn eine wilde Horde achtjähriger Jungen unbeaufsichtigt zum Beispiel auf das Fahrrad losgelassen wird, das dem Kind von seinen Eltern geschenkt wurde, so dass es am Abend zerbeult und zerschunden ist, wird vermutlich für das Geburtstagskind weinend und die Eltern verärgert – der Tag zu Ende gehen. Die Ausgaben und die Arbeit um den Geburtstagskaffee haben sich in solchem Fall nicht gelohnt. – Ebenso sinnlos ist es, die Kinder auf die Straße, ins Kino, ins Schwimmbad zu schicken oder vor den Fernsehapparat zu setzen.

Die Mutter kann ihre Kinder für das Gelingen des Festes mitverantwortlich machen und sie vorher zu seiner Gestaltung anregen, etwa durch das Einüben einer Vorführung: eines Kindertheaters, einer Modenschau, einer Zirkusvorstellung, eines Kasperle- oder Marionettentheaters, mit der Darstellung von Märchen, Scharaden oder Pantomimen, mit Basteleien und Zusammenstellen von Gewinnen und dem Ausdenken von Wettspielen. Die Mühe der oft wochenlangen Vorbereitungen erhöht nicht nur die Vorfreude der Kinder auf ihr Fest – auf diese Weise kann Einfallsreichtum, Übung zu darstellerischem Können und Verantwortungsgefühl für die Gemeinschaft gebahnt werden.

Der *Sonntag* ist in vielen Familien der einzige Tag in der Woche, an dem die Kinder längere Zeit mit ihrem Vater zusammensein können. Darum muss gerade dieser Tag dazu dienen, die Bindung der Kinder an den Vater zu fördern. Mit den Eltern Rad fahren, angeln, baden, auf den Sportplatz gehen, nach dem festlichen Nachmittagskaffee an den Winterabenden Gesellschaftsspiele im Familienkreis spielen, das gibt dem Sonntag einen festlichen Glanz, der das Kind seelisch kräftigt und seine Lebensfreude steigert.

In ähnlichem Sinne lohnend ist es, die *Ferien* mit Schulkindern in der Familie zu verbringen. Zwar ist die Gestaltung solcher Familienferien immer auch mühsam für die Erwachsenen und für sie nicht unbedingt eine Entspannung, und doch zahlt es sich aus, Grundschulkinder in den Ferien nicht lieblos in ein Heim zu schicken, um seine Ruhe zu haben. Grundschulkinder bekommen in Ferienheimen häufig noch heftiges Heimweh, so dass sie sich in keiner Weise erholen und dort keine Entwicklungsfortschritte machen. Zeltlager, Gemeinschaftsreisen oder schließlich gar Reisen mit einem Kameraden sollte man auf die Zeit der Vorpubertät und Pubertät hinausschieben.

Ferienreisen mit Kindern sind umso sinnvoller, je mehr Möglichkeiten der Ferienort zum kindgemäßen Spielen in der Natur bietet. Familienferien auf einem Bauernhof in der Nähe eines Schwimmbades können für ein Großstadtkind fördernder sein als ein überfülltes mondänes Bad an der Riviera. Bei der Feriengestaltung der Kinder heute sollte immer mitbedacht werden, wie notwendig es ist, wenigstens eine Zeit lang für sie die Reizüberflutung durch den Großstadtlärm auszuschalten. Molche in einem Wiesenteich fangen, im Morgendämmern eine Bergwanderung beginnen, Waldtiere beobachten, eine Baumwohnung bauen, zelten und bauen im Sand oder im Lehm sind kindgemäße Freuden und fördern die Fähigkeit zur Beobachtung und zum Erlebnis, regen die schöpferische Phantasie der Kinder an. Dagegen bereitet das tagelange Hocken im Fond eines durch das Land jagenden Autos lediglich stumpfe Passivität vor.

Um mit Kindern Feste und Ferien zu gestalten, ist es keineswegs nötig und zwingend, viel Geld auszugeben – im Gegenteil: Gerade die Tatsache, dass die meisten Menschen heute in einer wirtschaftlichen Lage sind, in der sie sich „etwas erlauben" können, kann einer kindgemäßen Gestaltung solcher festlichen Höhepunkte entgegenstehen. Entscheidend wichtig ist vielmehr, dass die Eltern sich etwas einfallen lassen und die Aktivität, die Gestaltungslust und forschende Neugier ihrer Kinder anregen. Das kann in den Ferien auch zu Hause möglich sein; wenn Kinder zum Beispiel auf dem Dachboden einen Basar, im Keller ein Theater errichten dürfen, wenn man mit ihnen Ton aus einer Tonkuhle holt, um damit zu modellieren, oder zum Malen und Geschichtenschreiben anregt. Große Ferienerlebnisse bedeuten für Kinder zum Beispiel auch das Lagerfeuer mit selbst gebrutzeltem Nachtmahl am Sommerabend, eine Nacht im selbst errichteten Zelt, Paddeln und Zoobesuche.

6. Das Problem des Fernsehens, Computerfragen

In den folgenden vier Beispielgeschichten sind typische Schwierigkeiten im Zusammenhang mit dem Fernsehen aufgezeigt.

a) Eine Familie sitzt beim Abendessen. Der Fernsehapparat läuft. Eine modisch-raffinierte Variation des Kinderspiels von „Räuber und Prinzessin" wird gesendet – gerade will der Unhold auf dem Bildschirm die unschuldige, durch hinterhältige Fallen in seinen Besitz geratene Schöne einer Folterung unterziehen, da schlägt die Faust des Familienoberhauptes auf den Tisch; der Vater wettert: „Hier wird gegessen und nicht ferngesehen!" Mit einem Ruck wenden die Kinder die Köpfe vom Fernsehapparat weg und essen stumm die Suppe. Nur der Vater schielt über seinen Löffel hinweg auf den Bildschirm und folgt ergriffen der Qual, Todesnot und Befreiung der „Prinzessin".

b) „Mutti, wir können nicht einschlafen!", rufen die achtjährigen Zwillinge Lea und Linda und stürmen ins Wohnzimmer. Die Eltern sehen gerade einen Dokumentarfilm über die Gräueltaten des Hitlerreiches. „Wenn ihr schön brav seid, könnt ihr noch eine Weile mit zugucken", sagt die Mutter.

c) „Um acht Uhr kommt ein toller Krimi", sagt Jan. „Mutter, ich bin jetzt neun Jahre alt, den muss ich einfach sehen. Alle anderen in meiner Klasse sehen so was, und ich steh dann da wie doof." Die Eltern sagen aber energisch nein. Als der Film anläuft, hat sich der Junge abermals ins Zimmer gemogelt. „Du gehst jetzt sofort ins Bett!", donnert der Vater. Der Junge schreit: „Ihr seid Idioten!", knallt die Tür zu, hämmert vor Zorn mit geballten Fäusten auf seinen Arbeitstisch und tritt mit den Füßen gegen den Schrank.

d) Die Eltern wollen am Abend ausgehen. „Ihr dürft noch ein wenig lesen", sagen sie zu ihren Kindern (zehn, acht und fünf Jahre alt), „aber fernsehen ist streng verboten. Können wir uns darauf verlassen?" – „Ja, Mami, ja, Papi!", rufen fröhlich die drei. Sie warten – endlos lange – fünf Minuten, nachdem die Tür ins Schloss gefallen ist. Dann stellen sie den Apparat an und sehen zu, wie's die Gangster treiben, um an den Inhalt eines Geldschrankes zu kommen. Die Kinder sind so gebannt, dass sie die Rückkehr der Eltern überhören. Das Strafgericht naht – schweigend dreht die Mutter den Apparat ab, Vater schimpft laut, er ruft: „Jede Zuverlässigkeit fehlt euch; ihr seid ja selbst schon Gangster!" Als der Älteste maulende Widerworte hat, wird er mit einigen kräftigen Ohrfeigen bedacht und ins Bett geschickt. Der Familienfrieden ist dahin.

Diese vier kleinen Beispiele aus der täglichen Fülle der Fernsehprobleme in den Familien zeigen: Der Fernsehapparat wird zu einem Reizpunkt, zu einem Störfaktor erster Ordnung. Chronisch ist der Familienfrieden gefährdet; der Kampf um das Fernsehen schafft heute in Familien mit Grundschulkindern tägliche Zerwürfnisse und daraus hervorgehend dauerhafte Klüfte zwischen Eltern und Kindern, obgleich diese Zeit – psychologisch gesehen – die Zeit der größten Harmonie in der Entwicklung darstellt.

Freilich, Probleme der oben geschilderten Art haben nur jene Eltern, die sich Gedanken darüber machen, ob das Fernsehen ihren Kindern schaden könne, und die sich mit mehr oder weniger angemessenen Methoden darum bemühen, den Fernsehkonsum ihrer Kinder einzuschränken.

Es gibt aber auch Eltern, die ihre Kinder fernsehen lassen, was und wie lange sie immer wollen – die einen aus Gleichgültigkeit, die anderen aus Zeitmangel.

Es ist aber pädagogisch nicht vertretbar, dass Kinder wahllos und uneingeschränkt fernsehen, aus folgenden Gründen:

1) Sie verlieren kostbare Zeit, die sie für entwicklungsfördernde Beschäftigung dringend brauchen, Zeit für Spiel und Bewegung im Freien, Zeit für die täglichen häuslichen Pflichten, für das gründliche Erledigen der Schulaufgaben. Eine Umfrage hat ergeben, dass Sonderschüler viel mehr fernsehen als Oberschüler. Fernsehkonsum im Übermaß kann die geistige Entwicklung hemmen und verlangsamen.

2) Die tischfertige Stoffvermittlung, der Konsum vorgeformter Inhalte macht das Kind nicht nur motorisch passiv, sondern er kann auch die Eigenaktivität seiner Phantasie einschränken, und zwar umso mehr, als das ständig wechselnde Bild zu einer nur unvollkommenen, oberflächlichen Betrachtungsweise führt. Eine Verarbeitung der raschen Bildfolgen bleibt aus, geistige Trägheit nimmt zu.[29]

3) Viele Sendungen, die darauf angelegt sind, einen erregenden Effekt zu erzielen, stellen für Kinder eine erlebnismäßige Überforderung dar, und zwar umso mehr und umso fragwürdiger, je weniger das Kind das magische Weltbild überwunden und ein realistisches Weltbild aufgebaut hat. Die imaginäre Welt, die dem Kind auf dem Bildschirm vorgegaukelt wird, erschwert ihm den Reifeschritt in die reale Welt. Außerdem können Fernsehstücke auf Kinder eine geradezu schockartige Wirkung haben, die unter Umständen zu Einschlafstörungen und nächtlichem Aufschreien führen. Treten solche Schockeffekte häufig ein, so entsteht eine reaktive Reizabschirmung. Sie hat eine Verdrängung der Erlebnisfähigkeit und damit eine Abstumpfung des Gefühls zur Folge. Kinder, die eine (oft noch nicht direkt in Erscheinung getretene) Antriebsstörung haben, bei der räuberische oder aggressive Bedürfnisspannungen bestehen (s. Kapitel VI), können durch Kriminalfilme stimuliert werden. Nicht alle Kinder, aber die gefährdeten, können durch die Vorführung räuberischer oder brutaler Inhalte zur Nachahmung angeregt werden.

Das Fernsehen ist, wie alle Technik, wertneutral. Es kann – richtig angewandt – auch ein wertvolles Lernmittel sein. Gar nicht fernzusehen, hat mit großer Wahrscheinlichkeit für die meisten Menschen den Effekt, dass sie das Denken und die Probleme der Gegenwart nicht gut verfolgen können, so dass Anpassung und Auseinandersetzung mit der Welt erschwert werden. Freilich ist es die dringliche Aufgabe der Eltern, in Bezug auf das Fernsehen unumstößliche Spielregeln festzulegen.

Die vier Beispiele am Anfang dieses Abschnittes zeigten pädagogisch bedenkliche Handhabungen.

Im Fall a) fordert der Vater autoritär von den Kindern, ihre Aufmerksamkeit auf das Essen zu richten, ohne selbst den Verzicht leisten zu können, den Apparat abzustellen. Eine solche Haltung lässt bereits Kinder im Grundschulalter erkennen, dass der Vater kein Vorbild ist. Verbote solcher Väter beschwören Ungehorsam dagegen geradezu herauf.

Im Fall b) handelten die Eltern inkonsequent. Wenn das Fernsehen nach zwanzig Uhr für die Zwillinge nicht erlaubt ist, sollte man es ihnen aus Bequemlichkeit nicht plötzlich gestatten, abgesehen davon, dass ein KZ-Bericht für Achtjährige nicht angemessen ist und leicht einen „Schockeffekt" hervorrufen kann. Zudem machen sie die Erfahrung, dass ihr Wille, das Einschlafen hinauszuzögern, den sie an den Eltern erproben, viel stärker ist als der Wille der „Großen".

Im Fall c) fehlt die Erklärung der Eltern, warum sie ihren Sohn den Krimi nicht sehen lassen wollen. Selbst wenn er dann auch wütend und ausfallend geworden wäre, hätte Jan im Inneren gespürt, dass seine Eltern es gut mit ihm meinen.

Im Fall d) fordern die Eltern durch die Strenge des Verbotes geradezu seine Übertretung heraus.

Hilfen bei der Lösung des Fernsehproblems könnten folgende Handhabungen sein: Das Fernsehgerät sollte nicht im Aufenthaltsraum der Familie aufgestellt werden. Wenn man dem gemeinsamen Fernsehen keinen zentralen Platz im Familienleben einräumen möchte, gebührt ihm auch nicht der zentrale Ort.

Es ist sinnvoll, und zwar auch für die Eltern, nicht wahllos und „versuchsweise" fernzusehen, sondern mit Hilfe wöchentlicher Planung nach den Programmhinweisen. Kinder können sich auf eine geplante Sendung freuen, und das seltene Fernsehen kann die Erlebnisbereitschaft erhöhen.

Kindern unter vierzehn Jahren sollte das Fernsehen nach zwanzig Uhr grundsätzlich verboten sein – ältere sollen nur selten, zu bestimmten vorher ausgewählten Sendungen zugelassen werden. Vor allem ist es wichtig, dass die Kinder nicht allein vor den Fernsehapparat gesetzt werden. Ihnen fehlen dann das Gespräch, die Auseinandersetzung, die Hilfen zum Verstehen durch den Erwachsenen.

Gehen die Eltern fort, sollten sie das Fernsehen nicht ausdrücklich verbieten. Besser ist es in solchem Fall, interessanten Lesestoff oder dergleichen anzubieten und damit vom Fernsehapparat weg, nicht aber mit dem Reiz des Verbotenen direkt auf ihn hinzuweisen. Da nach der Verkabelung sich das Niveau der Fernsehsendungen erheblich gesenkt hat, da Gewaltdarstellungen und unmoralische Inhalte zugenommen, da sexuelle Schamlosigkeit und Pornographie möglich geworden sind, ist es unumgänglich geworden, Kindern die alleinige Benutzung des Fernsehapparates im Nachtprogramm unzugänglich zu machen.[29]

Diese Maßnahme ist auch deshalb unumgänglich, weil in den letzten Jahren immer mehr Kinder – häufig sogar gemeinsam mit ihren Eltern – bis tief in die Nacht hinein vor dem Bildschirm sitzen. Es hat sich deshalb herausgestellt, dass fünfundachtzig Prozent der Grundschulkinder häufig unter starken Kopfschmerzen leiden – eine Folge ihres Schlafdefizits. Überlweise werden diese dann häufig auch noch mit Medikamenten bekämpft, die letztlich doch der Gesundheit schaden.

Ab zwanzig Uhr sollte deshalb in Familien mit Grundschulkindern unbedingt die „Elternzeit" beginnen, während die Kinder – am besten mit einer Gutenachtgeschichte und mit einem Gebet versehen – in ihren Betten verschwunden sind. Auf diesen Ordnungspunkt mit Nachdruck Wert zu legen kann die Gesundheit und Konzentrationsfähigkeit der Kinder in der Schule stärken.

Computerfragen

Wie gehen wir im Computerzeitalter in der Familie mit dem neuen Medium um? Das ist eine zum großen Teil noch unausgegorene Frage. Da der Computer als Lernmittel bereits Eingang in die Schule gefunden hat, ist es sicher angebracht, dass jedem Schüler vom achten Lebensjahr ab zu einem einfachen Computer Zugang vermittelt wird. Allerdings bedarf es dabei sowohl einer sehr gut kontrollierten Auswahl der Computerprogramme und Computerspiele wie auch einer Begrenzung der Zeit, die das Kind vor dem Computer verbringt.

Hier ist eine neue Gefahr für die Kinder unserer Zeit entstanden: Durch das tägliche stundenlange Beschäftigen mit dem PC. Dabei sind die 12-13-jährigen Jungen durch die Killerspiele am meisten gefährdet, in eine Sucht zu geraten.

Der Amoklauf des 17-jährigen Schülers aus Winnenden hat gezeigt, welche grauenhaften Auswüchse das langjährige digitale Einüben im Töten von Menschen heraufbeschwören kann, wenn gleichzeitig eine depressive Disposition aus der frühen Kindheit und Erfolglosigkeit in der Schule hinzutreten. Der Rückzug des Jugendlichen in die virtuelle Welt sollte deshalb ein Alarmsignal sein.

Das trifft in einer vermehrten Weise im Bezug auf die Pornosucht zu. Der Umgang mit solchen Inhalten im Internet steigert sich bei den männlichen Jugendlichen sogar, je älter sie werden. Der leichte Zugang zur Pornographie durch den PC hat bereits die Gefahr verstärkt, dass die Jugendlichen in eine süchtige Abhängigkeit geraten.

Bei den Mädchen sind Suchtpotentiale dieser Art geringer. Bei ihnen ist das Chatten sehr viel mehr beliebt und gefährdet sie stattdessen eher, sich durch zu viel Vertrauensseligkeit „digitale Freunde" zu erwerben, deren redlichen Absichten sie keineswegs immer sicher sein können.

Der PC-Suchtforscher Jörg Kabierske berichtet von einer Sechstklässlerin aus Fürth, die 400 Freunde an der eigenen Schule und weitere 800 Freunde bundesweit verzeichnet. Und allen 1200 Personen hat sie vollen Zugriff auf ihre persönlichen Daten zuerkannt. Dass bei solchen Zahlen kaum Zeit zum Schularbeiten machen und anderen Beschäftigungen bleibt, lässt ich denken.

Da sich solche Gefahren in der letzten Zeit von Jahr zu Jahr gesteigert haben, ist es für Eltern dringend angezeigt, rechtzeitig vorzubeugen; denn auch hier ist wie bei jeder anderen Sucht die Therapie langwierig und von unsicherem Erfolg. Am wichtigsten ist es deshalb, die Kinder rechtzeitig – wie vorab dargestellt – im Grundschulalter an Freizeitbeschäftigungen heranzuführen, die ihr Interesse in einem erheblichen Maße ausfüllen: Sport in Vereinen, Musikausübung, Malschulen, Theatergruppen, Pfadfinderschaft und andere soziale Betätigungen sollten angesichts dieser so erheblich neuen Gefahr mit Intensität gesucht und die Grundschulkinder dazu angeregt werden.

Die Benutzung des PC und die Faszination der Kinder von dem neuen Medium lässt sich in der modernen Welt wohl leider nicht verhindern. Für das Grundschulalter sollte gelten, dass die Kinder lediglich an einem Tag in der Woche etwa ein bis zwei Stunden surfen dürfen. Aber selbst in einem solchen eingeschränkten Spielraum bedarf es der Beobachtung und der Kontrolle. Die Eltern sollten sich anschauen, welchen Charakter ein PC-Spiel hat. Sie sollten die technischen Möglichkeiten zum Kinder- und Jugendschutz nutzen, und lediglich eine gesonderte Filtersoftware zulassen und Internetseiten mit ungeeigneten Inhalten sperren. Brauchbare Anregungen geben auf diesem Feld der „Sicherheits-Trainer" Jörg Kabierske (www.klicksalat.de) und das Weiße Kreuz (www.weisses-kreuz.de).

Eltern können sich angesichts dieser eminenten neuen Suchtgefahren nicht der Täuschung hingeben, ihre Kinder immerhin daheim vor dem PC in einem ungefährlichen Bereich zu wähnen.

IV.

Erziehung im Jugendalter

1. Der leibseelische Wandel in der Reifezeit und die puberale Krisensituation der Jugend heute

Als Reifezeit oder Pubertät bezeichnen wir die Zeit in der Entwicklung des Menschen, in der er sich anschickt, erwachsen zu werden; auf leiblichem Gebiet durch den Eintritt der Geschlechtsreife, auf seelischem Gebiet durch die Ablösung aus den kindlichen Bindungen und aus der Bevormundung durch die Erwachsenen, auf geistigem Gebiet durch ein Hineinwachsen in ein sittliches Verantwortungsbewusstsein. Während die so genannte „Latenzzeit" ein relativ ausgewogenes Entwicklungsstadium zu sein pflegt, ist die Pubertät Krisenzeit, die oft erhebliche Anforderungen an das Geschick und die pädagogische und menschliche Kraft der Erzieher stellt.

Der leibseelische Wandel innerhalb der Reifezeit wird nach allgemeiner Übereinkunft in drei Stadien eingeteilt; sie sind in der folgenden Übersicht tabellarisch dargestellt (s. Seite 170).

Der leibseelische Wandel der Reifezeit geht heute in viel dramatischerer Form vor sich als früher. Ablehnung und Aufsässigkeit treten allgemeiner und stärker in den Vordergrund, der körperliche Gestaltwandel verfrüht sich (Akzeleration), die Harmonisierungstendenzen verspäten sich oder bleiben ganz aus.

Worin sind die Gründe für die Verstärkung der Krisenzeit „Pubertät" heute zu sehen? Häufig zeigt die psychologische Untersuchung, dass die Ursache für eine Verstärkung der normalen Ablösungsnöte in der frühen Kindheit ihre Wurzeln hat, dass in der Krisenzeit der Pubertät das Lebensfundament sich als nicht fest genug erweist, so dass es zu Verhaltensstörungen kommt, die lediglich ein Manifestwerden alter seelischer Leiden sind (s. Kapitel VI). Eine Verstärkung der Pubertätsnöte heute ist vermutlich aber auch auf die Veränderung unserer Lebensformen zurückzuführen, und zwar

1. auf die Bemühung um „demokratische Erziehung",
2. auf die Bemühung um Leistungssteigerung mit Hilfe verlänger-
   ter Berufsausbildungen,
3. auf die veränderte Lebens- und Ernährungsweise der Menschen.

Auf diese veränderte Situation soll näher eingegangen werden.

Zu 1.: Das Bemühen, Demokratie in den Erziehungsvorgang zu integrieren, hat der heutigen Pädagogik ein neues Gesicht gegeben. Früher war man in Familie und Schule vor allem darum bemüht, Kinder und Jugendliche zu gehorsamen Untertanen zu erziehen.

Diese Einstellung ist mit dem „Dritten Reich" zusammengebrochen. Der gedankenlose Gehorsam wird seitdem mit Recht sowohl als pädagogisches Ziel wie auch als Maxime im politischen Verhalten abgelehnt. Heute arbeitet man darauf hin, den Menschen zu einem selbständig denkenden, seiner Rechte bewussten Erwachsenen zu erziehen. Bereits in der Kleinkindererziehung beachtet man stärker als bisher die Eigenwilligkeit des Zöglings. Auch in der Schule wurde das Gewicht verlagert auf die Entwicklung der Selbständigkeit, der schöpferischen Phantasie, der freien Meinungsäußerung und der eigenständigen Entscheidungsfähigkeit. Das hat nun wiederum zur Folge, dass die Jugend heute keine Autoritätsgläubigkeit mehr kennt, dass sie unter vermindertem Druck ungebremste Eigenwilligkeit zeigt, dass sie sich anschickt, eigene Wege zu gehen und eigene Impulse durchzusetzen. Die Jugendlichen heute sind durch die veränderte Gesamtlage eine geradezu emanzipierte Gruppe, die sich oft betont in Gegensatz stellt zu den üblichen Verhaltensnormen und traditionellen Spielregeln der Gruppen, in denen sie leben. Damit wird gerade die Reifezeit eine sehr viel problematischere Phase als früher. Denn da sie vor allem ihrem Sinn nach ein Ablösungsvorgang ist, trägt sie ohnehin schon einen aggressiven Akzent. Die Protesthaltung der Pubertierenden dehnt sich auf alles fest Bestehende und Althergebrachte aus. In Verbindung mit dem größeren Handlungsspielraum heute, mit der größeren Sicherheit im Umgang mit Dingen und Techniken der Außenwelt können selbstzerstörerische Krisen heraufbeschworen werden.

Zu 2.: Eine zweite neu auftretende Schwierigkeit liegt in der Verlängerung der Ausbildungszeiten, die wegen der erhöhten Bildungsanforderungen an den Menschen nötig werden. Die Jugendlichen werden – trotz ihrer größeren äußeren Möglichkeiten, den selbstsicheren Umgang mit der Außenwelt zu lernen – viel später als früher materiell unabhängig. Die Möglichkeit, auf der Grundlage eines ausreichenden Verdienstes zu heiraten, wird damit ebenfalls immer weiter hinausgeschoben.

Zu 3.: Die Geschlechtsreife tritt heute im Durchschnitt um ein bis eineinhalb Jahre früher ein als noch vor fünfzig Jahren. Das ist insofern beachtenswert, als bereits vor dem Eintreten der Geschlechtsreife eine hormonale Umstellung einsetzt, die Spannungen hervorruft und beträchtliche Triebimpulse mobilisiert.

Wie kommt es zu dieser Verfrühung der geschlechtlichen Reife? Man nimmt an, dass folgende Gegebenheiten daran beteiligt sind:

a) Die bessere Ernährungsweise. Fortschritte in der Ernährungswissenschaft und die Tatsache des allgemeinen wirtschaftlichen Aufschwungs machen es den meisten Menschen möglich, Kinder auf eine gesunde Weise zu ernähren.

b) Die größere Selbständigkeit. In der psychotherapeutischen Praxis kann man immer wieder feststellen: Kinder, die früh dazu genötigt sind, selbständig zu werden, werden auch früher geschlechtsreif, während bei denen, die eine umfängliche Behütung durch die Eltern erfahren, sich die geschlechtliche Reife manchmal sogar verzögert.

c) Die stärkere Reiz- und Lichtfülle. Auch höhere Tiere zeigen ein größeres Längenwachstum und eine verfrühte Reife, wenn man sie während ihrer Kindheit verstärkten Reizeinwirkungen aussetzt.

Diese beiden Faktoren, die Akzeleration einerseits und die Verlängerung der Ausbildungszeiten andererseits, bewirken eine künstliche Überdehnung der Jugendzeit, die eine Ursache ist für Spannungen und Probleme, die die Menschen in diesem Altersabschnitt heute zeigen. Denn sie sind zu einer längeren Zeit der Abhängigkeit, des Unbehaustseins auch in sexueller Hinsicht gezwungen, als sie früher im Allgemeinen üblich war. In Kapitel V sollen im Abschnitt über altersentsprechende geschlechtliche Erziehung diese Probleme ausführlich diskutiert werden.

Benennung	Alter	Körperliche Veränderung	Seelisch-geistige Veränderung
Vorpubertät	ca. 10.–14. Lebensjahr	Wachstum der Beine, Entwicklung der sog. sekundären Geschlechtsmerkmale; bei Mädchen: Verbreiterung des Beckens, Entwicklung der Brüste, Achsel- und Schambehaarung; bei Jungen: Bart-, Achsel- und sonstige Körperbehaarung, Vergrößerung des Kehlkopfes	Starke Eigenmächtigkeitsimpulse, Auflehnung und Protest gegen die Eltern (Rüpelalter oder 2. Trotzalter), Vorliebe für Idole Bei Mädchen: Ablehnung der Jungen (wegen ihres „Benehmens" und ihrer „Angeberei") Negative Phase, erhöhte Reizbarkeit Bei Jungen: Verachtung der Mädchen als zickig, übersteigerte Ideale kraftvoller Lebensgestaltung
Pubertät	13.–17. Lebensjahr und früher	Eintritt der Geschlechtsreife Bei Mädchen: Menarche = Einsetzen der 1. Monatsblutung (Menstruation) Bei Jungen: Unwillkürliche Samenergüsse im Schlaf (Pollutionen), Stimmbruch	Zunahme der inneren Zwiespältigkeit, Wendung nach innen, Selbstreflexionen, Selbstkritik – oft übersteigert. In-Frage-Stellen von Idealen und Ordnungen, kritische Distanzierung von den Eltern, Isolierungsbestrebungen, erotische Zuneigung zum Gegengeschlecht, Ichfindung
Adoleszenz (Jünglingsalter)	17.–21. Lebensjahr	Harmonisierung der Körpergestalt (meist durch Gewichtszunahme)	Zuwendung zu oft geradezu utopischen Idealen, Suche nach eigenständigen Standpunkten und Ordnungsgesichtspunkten, Bedürfnis nach Originalität, Suche nach zuverlässigen, gefühlstiefen Freundschaften, Wunsch nach Liebeserlebnissen und Sexualität, Wertfindung

2. Erzieherische Hilfen bei der Selbstfindung, Berufsfindung und Wertfindung

Die Eigenmächtigkeitsimpulse, die Auflehnung und Proteste, die mit dem „zweiten Trotzalter" sichtbar werden, stehen im Dienst der Selbstfindung der Jugendlichen. Das ist ein schmerzhafter Prozess, den man mit Recht als „zweite Geburt" bezeichnet. Die Verhaltensweisen und Lebensformen der Eltern werden jetzt oft nicht mehr einfach toleriert, sondern kritisiert. Manchmal werden ihre Fehler sogar mit unbarmherziger Schärfe gesehen. Oft sinkt ihr Wert in den Augen der Jugendlichen unter den Nullpunkt. Ansichten der Eltern werden für überholt gehalten und als „blöd" gebrandmarkt, ihre Handlungen abgewertet.

Die Eltern bekommen in diesem Stadium gelegentlich den Eindruck einer völligen Erfolglosigkeit ihrer Erziehung; Disharmonien und Streitereien im häuslichen Umkreis nehmen zu. Aber auch die Jugendlichen selbst geraten umso mehr in eine Gestimmtheit gereizter Vereinsamung und hilflosen Verlassenseins, je radikaler sie die Schiffe hinter sich verbrennen. In der Tat sind sie ähnlich wie bei einer Geburt selbst Ausgelieferte an einen entwicklungspsychologisch notwendigen Werdeprozess. In vielen Riten der Naturvölker kommt dieses Geschehen als „Tötung des Kindes" zum Ausdruck. Diese symbolische Handlung stellt den Prozess des Erwachsenwerdens dar.

Schwidder schreibt: „Die Pubertätsriten, das heißt die Gebräuche vieler Naturvölker bei Eintreten der Geschlechtsreife, stellen die Ablösung von den Eltern meist als Wiedergeburt dar. Unter oft grausamen Szenen wird in symbolischer Weise der junge Mensch getötet, der dann als selbständiger Mann oder als selbständige Frau wieder zum Leben erwacht. Von diesem Zeitpunkt an haben sie volle Triebfreiheit. (Daher der Name ‚Initiation' = Neuanfang). Verschiedentlich schreiben die Bräuche vor, dass den jungen Leuten in ihrem heimatlichen Dorf alles nicht mehr bekannt sein darf; sie haben die Eltern zu vergessen, dürfen deren Namen nicht mehr kennen, nichts mehr über die elterliche Hütte wissen und müssen über alle vertrauten Dinge neue Belehrungen bekommen. Die Gebräuche und Grausamkeiten bei der ‚Tötung des Kindes' sind bei den einzelnen Stämmen sehr verschiedenartig. Bei manchen Völkern wird bei den jungen Männern ein Zahn ausgezogen. Dann tötet sie ein Geist, beschneidet sie und erweckt sie wieder zum

Leben. Bei anderen Stämmen werden die Pubertierenden in Hütten eingesperrt und einem Geist ausgeliefert, der sie verschlingt und beschneidet. Manchmal werden Speere durch die Hütte gebohrt oder den Herangereiften symbolisch der Kopf abgeschnitten. Die Männer sagen dann, dass die Kinder umgekommen seien, die Frauen und Mütter weinen. Wenn die Kinder von dem Ritus zurückkommen, erkennen sie niemanden aus der Familie mehr, die Jungen widersetzen sich den Befehlen der Männer. Manchmal wird nach der Beschneidung von den Männern ein Spalier gebildet, und die hindurchgehenden Pubertierenden erhalten kräftige Hiebe. Dies entspricht etwa der Zeremonie des Ritterschlags mit der Aufforderung, jeden künftigen Schlag zu rächen.

Fragt man nach dem Sinn dieser Riten und Gebräuche, so ist leicht zu erkennen, dass hier in einer Handlung symbolisiert wird, was in unserer Kultur ein Entwicklungsprozess mehrerer Jahre ist. Die Kindheit geht zugrunde; ein erwachsener Mensch wird geboren. Gleichzeitig stellen die Naturvölker in symbolischer Form das Familiendrama dar, das sich verborgener und verhüllter auch in vielen unserer Familien abspielt. Nehmen wir den Jungen als Beispiel. Die Mütter müssen sich weinend von ihm trennen und ihn in die Selbständigkeit entlassen. Die Väter sorgen für die Tötung des heranwachsenden Rivalen, für seine Beschneidung, nehmen ihn dann als einen ihrer Gewalt entzogenen neuen und fremden Mann in ihre Gemeinschaft auf. Diese symbolische Darstellung der Gefühlsbeziehungen zwischen den Pubertierenden und ihren Eltern ist der Wirklichkeit in unserem Kulturkreis gar nicht so fern."[30]

Auch die Kinder unserer Kultur stehen am Beginn der Pubertät als Schiffbrüchige am Ufer eines neuen Landes, das sie nicht kennen und das zu erobern ihnen aufgegeben ist. Sie sind allein und fühlen sich keineswegs mächtig. Denn am Anfang dieser neuen Lebensstufe, des Erwachsenenalters, steht die Aufgabe der Selbstfindung. Sie ergibt sich geradezu zwangsläufig aus der Ablösung von den kindlichen Bindungen. Auf sich selbst zurückgeworfen, fragt der Jugendliche: Wer bin ich? Warum bin ich? Was soll ich hier in dieser Welt?

Ein vierzehnjähriges Mädchen schreibt in sein Tagebuch: „Heute gab es wieder großen Krach. Ich kann dieses Geschlürfe von Papa beim Suppeessen einfach nicht aushalten, und als ich ihm das sagte, schrie er mich an. Was blieb mir anderes übrig, als den ganzen Fraß stehen zu lassen und nach oben zu gehen. Ach, es ist alles so scheußlich. Und dann diese widerwärtige Ergebenheit von Mutter, die vor Vaters schlechter Laune noch drei Knickse macht. Und diese alberne Bravheit von Carola, womit sie sich nur einen weißen Fuß machen will; nichts als

Feigheit. Am liebsten würde ich noch heute die Tür hinter mir zuknallen von diesem so genannten Elternhaus. Aber ich weiß ja noch nicht einmal, was ich eigentlich werden will. Außerdem gibt es einfach niemanden, der mich versteht. Was soll das alles? Wer bin ich überhaupt? Ein Mädchen – was ist das? Im Grunde lässt sich damit doch gar nichts anfangen. Aber vielleicht kann ich ja trotzdem so etwas machen wie zum Beispiel Forschen in fremden Ländern oder Erfinden oder an Expeditionen teilnehmen. Aber wie schaffe ich das? Alle schaffen etwas – aber ich, ich bin eine Niete."

Zerwürfnisse mit den Eltern, Fragen um die Ich-Identität, irreale Wunschphantasien und Minderwertigkeitskomplexe kennzeichnen die Situation dieser Jugendlichen. Besonders die Klage „Mich versteht ja doch niemand" zeigt ihre Vereinsamung und fordert die Frage heraus: Gibt es erzieherische Hilfen bei der Selbstfindung Jugendlicher?

Folgende Überlegungen zu diesem Thema sind wichtig:

1) Die Vereinsamung und aggressive Hilflosigkeit der Jugendlichen muss als Notwendigkeit verstanden werden.

   Es ist daher wesentlich, solche Ablösungsschritte nicht zu verhindern, etwa indem man möglichst alle Reibereien vermeidet oder mit äußerster Strenge Trotzhandlungen unterbindet. Beides wird zwar manchmal dazu verhelfen, dass das Familienleben äußerlich harmonisch bleibt, das Kind kann dann aber seine infantile Abhängigkeit nicht aufgeben und wird später Schwierigkeiten haben, sich ein selbständiges Leben aufzubauen.

2) Erzieherische Hilfe sollte jetzt weniger in direkten verbalen „Ratschlägen" bestehen. Jugendliche können nicht die Lebensmodelle ihrer Eltern einfach übernehmen. Dann verfehlen sie den Ablösungsprozess.

3) Eltern müssen einerseits warten können, bis ihre Zeit zu konstruktiven Hilfen gekommen ist. Andererseits bedürfen gerade die Jugendlichen heute begründeter Anordnungen durch die Eltern. Festigkeit und Bemühung um Kontakt hat langfristig mehr Erfolgschancen im Hinblick auf eine gute Beziehung zwischen Eltern und erwachsenen Kindern.

4) Hilfen zur Ichfindung in der Pubertät müssen aber in einem Respektieren der Isolierungstendenzen und in einem Ernstnehmen

der Jugendlichen bestehen. Es ist in dieser Zeit sinnvoll, nach Möglichkeit den Jugendlichen ein eigenes Zimmer zur Verfügung zu stellen, das sie nach ihrem eigenen Geschmack einrichten dürfen. Das Bedürfnis, einen Intimbereich zu haben, sollte mit großem Ernst akzeptiert werden. Das Briefgeheimnis muss respektiert werden; die Eltern dürfen ihre Kinder nicht drängen, alle Erlebnisse mit dem Freundeskreis zu erzählen; die Jugendlichen müssen die Möglichkeit haben, allein zu telefonieren. Wenn die Eltern genügend Distanz halten, kann der Kontakt zwischen ihnen und ihren Kindern gewahrt bleiben. Auf diese Weise ist es möglich, dass die Kinder ihren Eltern als Menschen achten lernen. Dass Erwachsene die Kinder ernst nehmen, kann dadurch sichtbar werden, dass sie sich ihre Meinungen anhören, sie ausreden lassen und nicht mit beißender Ironie und abwertender Kritik dazwischenfahren. Bemerkungen wie: „Ihr Lausebengel seid ja noch gar nicht trocken hinter den Ohren. Schwätz nicht so dumm daher, du unordentlicher Schlawiner kannst noch gar nicht mitreden" verstärken den Minderwertigkeitskomplex dieses Lebensalters und können den Weg in eine realitätsgerechte Selbsteinschätzung blockieren.

5) Eltern sollten ihre pubertierenden Kinder auf Bildungsmöglichkeiten außerhalb von Familie und Schule hinweisen, auf Jugendorganisationen, Sportvereine, Tanzkurse, Jugendreisen mit einem qualifizierten Leiter. Die Teilnahme an derartigen Gruppen kann die Selbstfindung beschleunigen, die Isolierung der Pubertierenden lösen. Jugendliche brauchen in diesem Alter Vorbilder, an denen sie sich orientieren können; aber es entspricht nicht der Aufgabe dieser Altersstufe, sie nur in den Eltern zu suchen. Die Eltern müssen den Mut, die Einsicht und die Liebesfähigkeit besitzen, ihre Kinder „verlieren" zu können. Ein solches Verhalten birgt die Möglichkeit in sich, dass sie nach dieser Durchgangsphase mit einer neu gewonnenen inneren Freiheit zu den Eltern zurückkehren können.

6) Kommen Jugendliche in der Adoleszenz mit Fragen um eine geistige Auseinandersetzung zu den Eltern, so ist es wichtig, dass diese zwar ihren Standpunkt haben, ihn aber nicht als den allein richtigen verkünden. Eltern müssen zwar ihre Meinung beken-

nen und begründen – immer aber, mehr oder weniger ausgesprochen, mit dem Zusatz: „Dies oder das war für mich so richtig bzw. falsch. So und so habe ich mir diesen Standpunkt erworben. Ob er auch für dich gelten kann, musst du durchdenken und erproben." Jugendliche können Festigkeit und Toleranz nur lernen, wenn sie Festigkeit und Toleranz an ihren Erziehern erfahren und erleben.

Bei der Berufsfindung hilft man Jugendlichen nicht, wenn man versucht, ihnen die eigenen Wünsche aufzuzwingen. Die Voraussetzungen zu vernünftigen Hilfen bestehen darin, dass man sorgfältig die besonderen Begabungen und Neigungen der Jugendlichen beobachtet und sie eventuell in außerschulischen Kursen fördert. Jugendliche können als Ferienhilfen in Werkstätten arbeiten, in Kindergärten aushelfen, Lehrgänge zur Förderung von Fremdsprachen und musischen Begabungen (Volkshochschule) absolvieren und daran ihre Neigungen ausbauen, beurteilen und prüfen lernen. Auf diese Weise ist es meist auch möglich, fachliche Berater zur Beurteilung der einzelnen Fähigkeiten heranzuziehen. Auf jeden Fall ist es angezeigt, den Jugendlichen zwei oder drei Jahre vor der beruflichen Entscheidung außerschulische Probierversuche zu erlauben und aktiv zu fördern. Auch Berufsberater und psychologische Testuntersuchungen durch die Arbeitsämter stellen oft wirksame Hilfen dar, die Jugendlichen ihre schweren Entscheidungen erleichtern können. Im Zuge solcher Beratungsgespräche ist es gelegentlich nötig, Jugendlichen zu der Einsicht zu verhelfen, dass es kurzsichtig ist, den Beruf lediglich als eine Gelegenheit anzusehen, so schnell und so bequem wie möglich viel Geld zu verdienen.

Mädchen müssen einsehen lernen, dass sie mit einer Ausbildung eher den Aufgaben gewachsen sind, die auf sie zukommen werden.

Besonders in der Adoleszenz brauchen die jungen Menschen Hilfen bei der Wertfindung. Es ist fragwürdig, bestimmte Haltungen zu fordern, etwa an den Gemeinschaftssinn, die Barmherzigkeit, die Hilfsbereitschaft von Jugendlichen zu appellieren, bevor in ihnen nicht ein bewusstes Fragen nach Neuorientierung eingesetzt hat. Wer Kindern am Beginn der Pubertät einen Tugendkatalog aufzwingt, erreicht mit hoher Wahrscheinlichkeit lediglich, dass gerade diese Werte jahrelang abgelehnt werden. Erst muss der Jugendliche in einer hinreichend gefestigten Weise zur Selbstfindung gekommen sein, ehe ihm der Blick über den Zaun seiner eigenen Problematik möglich werden kann. Nüchterne Selbstkritik ist die Voraussetzung dafür, „den Nächsten lieben zu lernen wie sich selbst". Selbstfindung, eigene Standfestigkeit, ist auch der einzige Schutz davor, unkritisch in den Sog einer Ideologie zu geraten – in eine illusionäre, kollektive Wunschvorstellung, die im Grunde kleinkindhaftem Denken aus der Phase des magischen Weltbildes entspricht.

Hilfen zur Wertfindung müssen daher zunächst Hilfen zur Selbstfindung sein. Erst wenn der Pubertierende sich selbst lange genug in einer egozentrischen Weise wichtig genommen hat, kann er aus einer sicheren und realen Entscheidung heraus dazu übergehen, sich nicht mehr so wichtig zu nehmen und stattdessen mehr die Aufgaben in den Mittelpunkt seiner Weltsicht zu stellen. Das Erleben eines Wertfühlens, das Bemühen, sein Leben in den Dienst „einer guten Sache" zu stellen, kann sich in diesem Alter entfalten. Der Besuch von Theatern, Konzerten, Vorträgen und Diskussionsabenden kann das Wertsuchen der Jugendlichen stützen. Sie dazu anzuregen mag eine wirksame Hilfe zur Wertfindung darstellen.

Dennoch befinden sich bemühte Eltern in dieser Hinsicht heute in einer wesentlich schwierigeren Situation als früher. Wenden sich die Kinder in der Vorpubertät vom Elternhaus ab – auf der Suche nach Neuem und Besserem –, stoßen sie auf die Subkultur einer Jugendszene, in der der Protest gegen die traditionellen Ordnungen ein Stilmittel ersten Ranges ist. Konstruktive Möglichkeiten einer Neugestaltung können nur in der Einsamkeit auf dem Boden der Selbstfindung entstehen. Es ist für das Erwachsenwerden unumgänglich, dass der junge Mensch nicht in der Beteiligung an derartigen Gruppen verharrt; denn ohne das Wissen um die eigene Schwäche, die eigenen Fehler und Vergeblichkeiten, ohne Einsicht in die Grenzen, die gesetzt sind, ist dem Jugendlichen eine realitätsgerechte Erneuerung nicht möglich. Bleibt dem Jugendlichen die hilflose Frage „Wer bin ich?" durch seine unkritische Identifikation mit der Clique aus, so bleibt er geistig in der Vorpubertät stehen. Die Ichfindung der Pubertät, die Wertfindung in der Adoleszenz werden blockiert und können sich nicht entfalten.

Der konstruktive Entfaltungsprozess des Jugendalters wird heute oft durch negative Einflüsse von außen in Frage gestellt. Übersteigerte Dezibel aus der Röhre oder in den Diskotheken schaden nachweislich irreversibel der Hörfähigkeit; aber nicht nur ihr allein. Auch die Rhythmen des Hardrock auf den Technopartys bedeuten – so haben Hirnforscher festgestellt – eine Überreizung des Gehirns, die Abstumpfung des Gefühls zur Folge haben können. Außerdem wird in den Diskotheken den Jugendlichen häufig – trotz aller Verbote – Rauschgift zugänglich gemacht.

Im Allgemeinen wird es in unserer Gesellschaft viel zu wenig bekannt gemacht, dass auch die als eher harmlos eingeschätzten Stimulanzien Gifte sind, die dem Körper langfristig irreparablen Schaden zufügen. Ecstasy erzeugt – so hat die Forschung herausgefunden – mit jeder einzelnen Pille Bleibeschäden im Stirnhirn; Marihuana, meist als Hasch konsumiert, kann bei langfristigem Konsum sogar Psychosen auslösen; bei Nikotinabusus vom Jugendalter ab lauert der tödliche kleinzellige Lungenkrebs schon in der Mitte des Lebens; Alkoholismus vom Jugendalter ab verursacht Hirn- und Leberschäden.

Die meist unterschätzte Gefahr besteht aber vor allem darin, dass alle Stimulantien dieser Art (erst recht natürlich Heroin, Kokain, LSD und Crack) über die Gewöhnung Abhängigkeit und schließlich Sucht zur Folge haben, und das heißt nicht zu mehr Freiheit und dauerhaftem Glück, sondern zu Einengung, Krankheit und elenden körperlichen, geistigen und seelischen Schäden führt. Alle diese Süchte sind schleichender Selbstmord. Deshalb können die Jugendlichen gar nicht intensiv genug gewarnt werden, sich nicht erst darauf einzulassen. Das ist zwar nicht immer ganz einfach, weil es viele Verführungsversuche durch die Wortführer in manchen Cliquen gibt; aber es ist besser, sich auslachen zu lassen, als der Fehlvorstellung zu erliegen, dass das, was so viele tun, doch wohl auch richtig sein müsse, bzw. um der Anpassung an die anderen willen seinen Widerstand aufzugeben. Der Preis einer schwer dezimierten Gesundheit im Jugendalter ist viel zu hoch.

Mündige Kritikfähigkeit zu entwickeln bei gleichzeitiger Einsicht und Anpassungsbereitschaft an die Realität, das gelingt vor allem jenen Jugendlichen, die ein sehr stabiles Fundament aus ihrer Kleinkinderzeit mitbringen. Das sind erfahrungsgemäß jene, die im Kleinkinderalter an ihren Eltern lieben lernen durften. Denn sie haben die Fähigkeit erworben, sich zurückzunehmen, die Grenzen einzuhalten um der Liebe willen. Das heißt: Das ungehemmte Durchsetzen eigener Triebwünsche wird gebremst durch das stärkere Bedürfnis, den anderen zu schonen. Aus dieser Form von Liebe erwächst im Jugendlichen generell das Gefühl für Verantwortung. Den Kompass auf diesem Weg bildet das oft nur dumpfe Empfinden, dass im Zerstören aller Ordnungen der Wert des Lebens nicht bestehen kann. Wenn an dieser Stelle in der Entwicklung eines Jugendlichen sein Bedürfnis nach Wertfindung einsetzt, bedarf er dringend einer Unterstützung seines Strebens mit Hilfe von überpersönlichen Institutionen. Hier sollte die jugendpflegerische Verantwortung der Gesellschaft einsetzen und den Adoleszenten stützen.

3. Die jugendpflegerische Verantwortung der Gesellschaft

Ob die Jugendzeit eines Menschen gesund verläuft, ist daran erkennbar, ob auf die Phase der Verneinung und der Isolation eine Phase der Bejahung folgt, in der der Jugendliche eine neue Tatkraft entwickelt. In dieser Phase möchte er seine neuen Möglichkeiten erproben und seine Kräfte planvoll in den Dienst der Lebensforderungen stellen. Jetzt wird es dem jungen Menschen bewusst, dass das Leben nicht in einem Anstreben und Durchsetzen von eigenen Wünschen und Rechten allein bestehen kann, sondern dass jeder Mensch über sein Einzel-Ich hinaus in überindividuelle Sinnzusammenhänge einbezogen ist. Solche Erkenntnisse erfahren Jugendliche in diesem Alter nicht als Folge intellektueller Denkprozesse, sondern als ein Werterlebnis, das den jungen Menschen im besten Fall in seiner Totalität erfasst. An überpersönlichen Aufgaben mitzuwirken wird dann zu einem Bedürfnis.

Dieses Bedürfnis aufzugreifen und ihm entgegenzukommen ist eine dringliche jugendpflegerische Aufgabe unserer Gesellschaft, der in den letzten Jahrzehnten viel zu wenig Gewicht beigemessen worden ist. Dieses Versäumnis hat seine tragische Vorgeschichte in der Tatsache, dass während des Hitlerreiches das Werterleben der Jugend in einer schändlichen und verräterischen Weise missbraucht worden war. Die Entfaltung des Individuums in Freiheit wurde infolgedessen in der Nachkriegszeit zu einer Tendenz in die Gegenrichtung. Freiheit ohne Inhalt trägt aber nicht auf die Dauer. Allzu nah lauert die Gefahr, dass Freiheit dann als Schrankenlosigkeit, als lediglich ein In-Anspruch-Nehmen von Rechten missverstanden wird.

Diese liberalistische Tendenz im Umgang mit der Jugend wurde in den letzten vierzig Jahren zusätzlich nachhaltig durch einen revolutionären Akzent unterstützt, der mit Hilfe einer gezielten linken Unterwanderung die so genannte kapitalistische Gesellschaft zugunsten einer sozialistischen aus den Angeln zu heben versuchte. Die Jugend für diesen Umsturz zu begeistern wurde von der „Studentenrevolte" ab mit Hilfe der „emanzipatorischen Pädagogik" zum Etappenziel ernannt.

Die Anregung zum Praktizieren einer „polymorph-perversen Sexualität" spätestens vom Jugendalter ab wurde seitdem zum Programm. In ungezählten Sendungen der elektronischen Medien, in Heften der Jugendzeitung „Bravo" und sogar in Aufklärungsbroschüren der Regierung wurde den Jugendlichen Material vermittelt, das von den Eltern oft allzu früh entfremdet und sie in einem noch unreifen Status an ihnen unbekömmliche sexuelle Praktiken ausliefert.

Es muss den Jugendlichen von wachen, verantwortungsbewussten Eltern übermittelt werden, dass es sich hier um Versuche zu ihrer Verführung handelt, die es nicht im Mindesten auf das persönliche Glück der Jugendlichen abgesehen haben. Halbwahrheiten und Falschaussagen sind in der Lage, diese destruktiven Absichten zu belegen. So wird zum Beispiel damit agiert, dass Homosexualität eine normale angeborene Spielart gesunder Sexualität sei und dass ein junger Mensch, der in der Pubertät für eine gleichgeschlechtliche Person schwärme, vermutlich angeboren homosexuell sei. Das ist eine gefährliche Unterstellung; denn Verliebtheiten dieser Art gehören meist zur so genannten homoerotischen Durchgangsphase in der Pubertät. Aber auch die leichtfertige Beliebigkeit im Umgang mit der Sexualität, die hier angepriesen wird (nach dem Motto: „Macht, was euch Spaß macht – es gibt keine gefährlichen Freunde!"), ist angesichts der erheblichen Zunahme der Geschlechtskrankheiten einschließlich Aids und Hepatitis C eine unverantwortliche Beschönigung der derzeitigen Situation.

Freiheit lässt sich nicht dadurch erreichen, dass man Ordnungs-
gefüge beseitigt, sondern allein durch eine innere Befreiung von
einem Ausgeliefertsein an die eigene Triebhaftigkeit, an die Moden
und Klischees der Außenwelt. Das ist allerdings eine Erkenntnis, die
innerhalb der Jugendzeit häufig noch nicht bewusst vollzogen werden kann. Bis dieser Entwicklungsstand erreicht ist, muss die Gesellschaft jugendpflegerisch aktiv werden. Einige Ansätze dazu sind
schon vorhanden in den Jugendverbänden, in den von Kirchen und
Gemeinden getragenen Jugendfreizeitstätten, im Engagement für
den Umweltschutz.

Aktivitäten dieser Art bieten Gelegenheit zu Gruppen- und
Freundschaftserlebnissen, tragen durch Sportmöglichkeiten zum
Nacherleben von gestauten Antriebsbedürfnissen bei, geben häufig
auch die Möglichkeit zu Gesprächen mit Erwachsenen, die das Vertrauen junger Menschen gewonnen haben.

Aber das Bedürfnis der Jugendlichen, sich für überpersönliche
Werte einzusetzen, wird noch nicht genügend befriedigt. An dem
Kampf gegen den Hunger und gegen den Krieg in der Welt könnten Jugendliche aktiv und konstruktiv beteiligt werden. Wenn Jugendlichen zum Beispiel dazu verholfen wird, zu internationalen
Treffen zu fahren, eine Patenschaft für einen Not leidenden Menschen zu übernehmen, einen regelmäßigen Briefwechsel zu führen
oder an eine bestimmte Familie für eine konkrete Situation Pakete
zusammenzustellen und abzuschicken, dann erfahren sie den Wert
der Mitmenschlichkeit und das Glück der Friedensarbeit.

Ein solches Bejahen überpersönlicher Verantwortung kann den
Jugendlichen reif werden lassen zum Erwachsensein, das sich folgendermaßen kennzeichnen lässt: Mit zunehmender Urteilsfähigkeit
für die Licht- und Schattenseiten der Welt und in jedem Einzelnen
von uns und in der Einsicht der Notwendigkeit dieser Gegenpole
kann ein positives Verhältnis zum Leben in dieser Welt erarbeitet
und aufgebaut werden, das nicht mehr blind ist. Es beruht auf der
zunehmenden Erkenntnis über das Bestehen geistiger Ordnungen,
die in uns als geistbegabte Wesen eingelassen sind. Wenn der Her-
anwachsende zu der Einsicht hinfindet, dass er nur in Anerkennung
und Anpassung an geistige Ordnungen seine Freiheit gewinnen
kann, lernt er echte Autorität von Scheinautorität unterscheiden, die

sich nicht auf geistige Ordnungen, sondern auf Macht und Gewalt gründet. Er wird schließlich selbst Autorität. Er kann seine Begabungen und Interessen überprüfen und findet den Bereich, zu dem er sich berufen fühlt, um an dieser Welt mitzuarbeiten und mitzugestalten. Diesem hohen Ziel wird heute in der Schule in Jugendveranstaltungen der Kirche und der Gesellschaft im Allgemeinen zu wenig Raum gegeben.

Hardrockfestivals und Loveparadementalität blockieren die Jugendlichen geradezu. Sie verführen zu Drogenkonsum und verschütten durch den Mangel an Spielraum für eigene Kreativität wertvolle geistige Bedürfnisse. Oberflächlichkeit ist die Folge.

4. Probleme der Partnerfindung

In den vergangenen Jahren, vor allem seit der gesetzlichen Vorverlegung der Mündigkeit auf das Alter von achtzehn Jahren, haben manche Paare, die noch zur Schule gehen oder noch in der Ausbildung stehen, den Versuch gemacht, das Zusammenpassen in einer Ehe ohne Trauschein zu erproben.

Als Patentlösung für Probleme des noch nicht auf eigenen Füßen stehenden jungen Erwachsenen hat sie sich aber leider nicht erwiesen. Folgende Schwierigkeiten treten gehäuft auf:

1. Die Bequemlichkeit der Lebensform nimmt manchen jungen Männern den Antriebsüberschuss, der nötig ist, um eine die Kräfte stark anspannende Ausbildung abzuschließen, und verzögert so die Möglichkeit zur Familienbildung.

2. Manche junge Mädchen erleben sich auf Dauer als überlastet und antworten mit einer auf die Partner gerichteten Reizbarkeit, die die Verbindung nicht selten bald wieder zerbrechen lässt. Das Kennenlernen, das heißt die Entfaltung von Partnerschaft und gegenseitiger Ergänzung wird dadurch eher gemindert als gefördert.

3. Die emotionale Enttäuschung aneinander mindert generell die Zukunftshoffnung und das Bedürfnis nach Eheschließung und Familiengründung.

4. Bei Paaren, die über viele Jahre zusammenbleiben und bei denen die Frau für den Unterhalt sorgt, wird manchmal auch die Zeit

zur Familiengründung verpasst. Ihr Beruf ist eingebahnt und das Bedürfnis, Familienmutter zu werden, geschrumpft.

5. Der rasante Geburtenschwund seit 1970 ist teilweise eine Folge dieser veränderten Lebensformen junger Menschen. Zurzeit werden in der Bundesrepublik weniger Menschen geboren, als zur Erhaltung der Bevölkerung oder auch nur zur angemessenen Altersversorgung der heute Jungen und einst Alten notwendig wären. Eine Generation junger Erwachsener, die nicht verantwortungsbewusst an die Zukunft aller denkt und bereit ist, sich für sie einzusetzen, wird selber den Preis einer solchen kurzsichtigen Einstellung zu zahlen haben.

6. Generell hat sich die rasche Inanspruchnahme jeglicher möglichen Triebbefriedigung häufig doch als ein nur kurzes Glück erwiesen. Die hart erkämpfte und geduldig erwartete Erfüllung von Teilzielen vermag den Menschen meist zu einer beständigeren Sinngebung seines Lebens zu führen.

Zusammenfassung

1. Das Jugendalter ist eine Krisenzeit im Entfaltungsprozess des Menschen.

2. Seine Aufgabe heißt: Ablösung von den kindlichen Bindungen und Aufbau eines eigenständigen Selbst.

3. Selbstfindung, Wert-, Berufs- und Partnerfindung sind heute mehr denn je erschwert, weil oberflächliche Klischees des Zeitgeistes eine dominierende Rolle spielen.

4. Die jugendpflegerische Aufgabe der Gesellschaft sollte in der Hilfe zu ethischer Orientierung bestehen.

5. Das Zusammenziehen jugendlicher Paare hat sich als ein Weg zu mehr Glück, Zusammenhalt und Sinnerfüllung nicht erwiesen.

V.

Wege zu seelischer und geistiger Mündigkeit

1. Altersentsprechende geschlechtliche Erziehung

Zur Frage, wie gesunde geschlechtliche Erziehung aussehen sollte, haben wir keine Tradition und damit nur wenig Möglichkeiten, uns an der Erfahrung zu orientieren und zu kontrollieren. Dass sie in der zivilisierten Welt mit ihrer Überdehnung der Ausbildungszeiten notwendig ist, wissen wir, seitdem Sigmund Freud mit seinen Studien über Hysterie nachwies, dass Prüderie und Verdrängung der Sexualität zu seelischen Erkrankungen führen können, ja, dass die Mehrzahl jener Störungen auf Erlebnisse in der frühen Kindheit zurückgeht. Seitdem experimentieren wir. Richtige Handhabungen bei der geschlechtlichen Erziehung können vor allem an ihren Fehlern gelernt werden. Die Störungen, die sich einstellen, wenn hier schwerwiegend falsch erzogen wurde, müssen den Gradmesser darstellen. Deswegen ist es legitim, dass Direktiven, die aus dem Feld psychotherapeutischer Erfahrung erwachsen, besonders ernst genommen werden. (Über seelische Nöte solcher Art soll ausführlich in Kapitel VI, 3 berichtet werden.) Die aus solchen Erfahrungen gewonnenen Einsichten für eine altersentsprechende geschlechtliche Erziehung sollen im Folgenden dargestellt werden.

Zunächst jedoch noch eine Vorbemerkung: Geschlechtliche Erziehung ist nicht dasselbe wie Aufklärung. Das Ziel der geschlechtlichen Erziehung kann unmöglich allein darin bestehen, Kenntnisse über die biologischen und physiologischen Vorgänge um das Fortpflanzungsgeschehen zu erwerben. Eine solche, rein auf biologische Information gerichtete Aufklärung kann – zum falschen Zeitpunkt und mit falschen Mitteln vorgenommen – geradezu schaden, weil sie Sexualität unter Umständen blockieren oder auch stimulieren kann. Das Ziel der geschlechtlichen Erziehung muss darin bestehen, dass der Mensch ein positives Leibverständnis erwirbt und so aufwachsen kann, dass er am Ende der Jugendzeit seine Männlichkeit oder Weiblichkeit verantwortungsbewusst bejahen und tragen kann. Geschlechtserziehung ist ohne Vermittlung einer Sexualethik nicht nur fragwürdig, sondern des Menschen einfach unwürdig. Information über die Sexualität wäre unnötig, wenn sie lediglich zur Vermittlung sexueller Techniken führen sollte. Sexualität ist, wie bei den Tieren, ein Triebgeschehen, zu dessen Funktionieren es absolut keiner Aufklärung bedarf. Die Sonderrolle des Menschen besteht vielmehr darin, dass er nicht Triebwesen allein ist, sondern darüber hinaus auch Geistwesen und dass ihm die schwere Aufgabe zufällt, seine Leiblichkeit mit seiner Geistigkeit zu verbinden. Wir wissen heute, mehr als hundert Jahre nach den Entdeckungen Freuds, dass nicht nur die Verleugnung der Sexualität, sondern auch die Verleugnung dieser „Geistträgerschaft" zugunsten der Sexualität den Menschen seelisch krank machen kann. Geschlechtserziehung heißt, die Leiblichkeit und Geistigkeit des Menschen nicht wie zwei feindliche Brüder behandeln zu lernen, sondern die ursprüngliche Harmonie zwischen Natur und Geist herzustellen und ihnen zu einer gesunden Einheit im Menschen zu verhelfen. Dass es in den ersten Lebensjahren dabei zunächst dringend erforderlich ist, der natürlichen Neugier des Kindes zu einer Entspannung zu verhelfen, hat lediglich den Sinn, zu verhindern, dass der sexuelle Antrieb verfrüht in ein übersteigertes Suchverhalten gerät, da das eine harmonische Gesamtentwicklung stört und behindert. Wichtiger als alle Belehrungen ist das Verhalten der Erzieher. Kinder können umso gesünder in ihr Frau- oder Mannsein hineinwachsen, je mehr sie Vorbilder haben, die mit überlegener Gelassenheit reife Erwachsene sind. Jede übertriebene Betonung, Zurschaustellung und thematische Fixierung an Gesprächsinhalte mit sexuellen Nuancierungen kennzeichnen gerade nicht den reifen Erwachsenen, sondern deuten auf sexuellen Infantilismus hin. Kinder, die in einer sexualisierten Elternhausatmosphäre aufwachsen müssen, gelingt eine Harmonisierung später schwerer. Manche werden mit negativen Eindrücken von Sexuellem überflutet – andere zu suchtartigen Abartigkeiten stimuliert, die ein ganzes Leben färben und vergiften können. Aber ebenso ist die gelebte Leibfeindlichkeit einer Familie ein Nährboden schwerer Neurosen. Zu einer Fülle von Übertreibungen und Verführungen in die Gegenrichtung ist es dadurch gekommen, dass die 68er die „Befreiung zur Sexualität" zu einem Vehikel linker neoliberaler Gesellschaftsveränderung machten, die den Zeitgeist noch heute bestimmt. Das führte besonders auf diesem Sektor in den Familien – und dadurch auch im erzieherischen Klima – zu unangemessenen Übersteigerungen, ja, zu Verwirrungen die die Schamgrenzen in der Erziehung vernachlässigen.

Deshalb soll ausdrücklich festgehalten werden: Zu einem vorbildlichen Familienklima gehören im Zusammenhang mit der Geschlechtserziehung eine pflegliche Anerkennung des Leiblichen (erkennbar an der Freude an Körperhygiene, Sport, Pflege einer Esskultur) und die Abgrenzung der Intimität der Erwachsenen (das Schlafen in getrennten Räumen von Eltern und Kindern, die älter als drei Jahre sind; die Sitte, Badezimmer und Elternschlafzimmer gelegentlich zu verschließen und es zu vermeiden, den nackten Körper des Erwachsenen vor älteren Kindern demonstrativ zu zeigen).

Im Folgenden soll beschrieben werden, welche Art von Belehrungen in diese Geschlechtserziehung einbezogen werden müssen und in welcher Weise hier den Reifungsschritten des Kindes Rechnung zu tragen ist. Sie lassen sich tabellarisch darstellen (vgl. folgende Seite).

Das Kind ist kein geschlechtsloses Wesen. Wenn auch die Geschlechtsreife erst mit der Pubertät eintritt, so kennen doch bereits Kleinkinder Körpersensationen und Lustgefühle im Genitalbereich. Darüber hinaus trägt jedes Kind eine geschlechtliche Identität – als Junge oder Mädchen –, die es anzunehmen und zu erfüllen gilt. Außerdem beginnt jedes normal interessierte Kind Grundfragen nach seiner Existenz zu stellen, wenn es den entsprechenden Reifegrad erreicht hat.

Die ersten Anfragen dieser Art beziehen sich meistens auf die Geschlechtsrolle und werden – etwa im Alter von drei bis vier Jahren – von den Kindern eher wortlos vorgetragen, und zwar durch ein Zeigen ihrer Genitalien, das mit besonderem Vergnügen untermischt ist. Oft kommen sie nach dem Zubettgehen plötzlich noch einmal unbekleidet angesprungen, oder sie heben den Schlafrock mit einem deutlich demonstrativen Akzent. An dieser Stelle ist es wichtig, weder mit Ablehnung („Pfui, so etwas tut man nicht!") noch mit amüsiertem Gelächter zu reagieren. Der Erzieher, der weiß, dass hinter einer solchen Demonstration ein Fragen des Kindes verborgen ist, beantwortet es, indem er etwas sagt: „Ja, du bist ein Junge. Alle Jungen sehen gleich aus. Sie haben alle ein Zipfelchen (oder wie sonst ein Kind sein Glied zu benennen gelernt hat) und dahinter ein Säckchen. Alle Jungen werden einmal Männer. Die Mädchen sehen anders aus. Sie haben einen Spalt und innen drin eine Tasche. Sie sind gleich anders geboren. Mädchen werden später Frauen und Muttis." Diese Erklärungen über die Geschlechtsunterschiede sind nötig, weil Kinder, deren Fragen unbeantwortet bleiben, häufig Fehlvorstellungen über die Entstehung der Geschlechter entwickeln, die – mit Schuldgefühlen untermischt – eine Quelle von Ängsten

Alter	Inhalt der Belehrung	Ziel der Belehrung
4. bis 5. Lebensjahr	Geschlechtsunterschiede	Vermeidung von Fehlvorstellungen über die eigene geschlechtliche Identität
5. bis 6. Lebensjahr	Schwangerschaft und Geburt	Unterstützung des Hineinwachsens in ein realistisches Weltbild
7. bis 11. Lebensjahr	Zeugung	Abschirmung vor „Aufklärung" auf der Straße, Vertiefung realistischer Weltbezüge
11. bis 13. Lebensjahr	Menstruation, Pollution, detaillierte Information über Zeugung, Schwangerschaft und Geburt	Vorbereitung auf die Geschlechtsreife, Wecken der leiblichen Verantwortlichkeit
14. bis 18. Lebensjahr	Verschiedenheit im Liebesstreben bei Jungen und Mädchen,	Weckung gegenseitigen Verstehens,
	das Lieben als seelischer Lernprozess,	Appell an Fühlfähigkeit,
	Diskussion des vorehelichen Geschlechtsverkehrs,	Bemühen um Sexualethik,
	Verhütungsmittel und -methoden,	Erziehung zur Verantwortung,
	Probleme der Selbstbefriedigung	Sublimation und Entängstigung

werden können. Die Jungen können – besonders im Alter von fünf Jahren – die Furcht entwickeln, man könne ihnen das Glied abschneiden und sie damit zu einem Mädchen „degradieren". Mädchen können die Vorstellung entwickeln, sie seien „nur" kastrierte Knaben. Solche Phantasien können die Ursache für Ängste und Minderwertigkeitskomplexe bilden, selbst noch bei erwachsenen Frauen, ohne dass ihnen die Ursache dieser Abwertung in Erinnerung wäre.

Ein Fünfjähriger verkündete nach der Geburt seiner Schwester: „Und den Schwanz hat der Onkel Doktor gleich mit abgeschnitten, nun ist es ein Mädchen." Und als er belehrt wurde, sagte er empört: „Sieht man doch, ist ja noch ganz kaputt da unten!" Ein anderer, ein Einzelkind, sitzt mit seiner gleichaltrigen Kusine in der Badewanne, deutet auf die Genitalien und fragt: „Abgeschnitten?" Und sie antwortet: „Nee – kommt noch!" Der fünfjährige Steffen teilt der Mutter unverhüllt seine Befürchtungen mit: „Ich denke immer, einer könnte mir das Pillermännchen abschneiden." Und als die Mutter ihn mit dem Hinweis auf den Vater trösten will, meint er: „Nu, da hat er eben Glück gehabt!"

Die spezifisch geschlechtsbezogene Problematik kommt bei Fünf- bis Sechsjährigen auch in Spielen und Fragen der Kinder zum Ausdruck, wenn man ihnen als stiller Beobachter zuschaut und sie das Vertrauen zum Fragen noch nicht verloren haben. Jungen pflegen gelegentlich die Puppen ihrer Schwestern aufzuschneiden und zu untersuchen. Lässt man Jungen dieser Altersstufe mit dem Gartenschlauch hantieren, so versuchen sie nach kurzer Zeit durch das Türschlüsselloch zu spritzen oder den Schlauch in die Erde zu bohren. Viele Kinder dieser Altersstufe lieben es, „Onkel Doktor" zu spielen, wobei sie auch Interesse für die Genitalien – besonders des anderen Geschlechts – zeigen. Das Hochzeitspielen der Kinder wird in diesem Alter oft täglich wiederholt. Mit großer Vorliebe zündeln die Jungen in diesem Alter.

Eine drängende Neugier macht das Kind jetzt besonders aktiv, denn nun steht es erstmalig mit wachen Augen für die Realität in der Welt. Werden in dieser Altersstufe den Kindern nicht die Fragen nach ihrer Herkunft beantwortet, werden sie mit einem empörten „Das verstehst du noch nicht" abgewiesen, so fragen viele von ihnen dergleichen nie wieder und begeben sich auf das Feld unerwünschter Eigenforschung.

Auf die Frage der Kinder „Wo kommen die Babys eigentlich her?" fällt es heute den meisten Eltern nicht mehr schwer, ihren Fünf- bis Sechsjährigen zu antworten: „Die Kinder werden von der Mutter geboren. Sie wachsen im Leib der Mutter, und du warst auch da drin." Die Frage nach Geburt und Schwangerschaft sollte mit den Kindern besprochen sein, bevor sie in die Schule kommen, damit sie sich nicht zurückgesetzt fühlen, wenn Mitschüler mit ihrem Wissen „angeben", um die Unwissenden zu schockieren. Nachdenkliche Kinder wollen es dann häufig noch genauer wissen und stellen die Frage: „Wo kommt es denn heraus?" Die Antwort muss lauten: „Die Tasche, in der das Kind wächst, hat einen Ausgang. Er ist nur für die Babys und liegt in der Spalte. Dort kommen die Babys heraus." Diese Erklärung kann verhindern, dass die Kinder die Vorstellung entwickeln, das Neugeborene komme aus dem Nabel oder aus der Brust. Solche Phantasien können besonders kleine Mädchen belasten.

Informationen über den Geburtsvorgang sollten in diesem Alter nur auf ausdrückliches Fragen gegeben werden. Alle Einzelheiten sollten besser zu einem späteren Zeitpunkt gebracht werden, um keine Schocks auszulösen. Buben registrieren in diesem Alter auch bereits Gliedversteifungen und fragen, oft erstaunt, was das sei. Im Vorschulalter genügt es dann zu sagen: „Ja, das ist bei allen Buben so, das ist natürlich." Erklärungen über die Funktion des Gliedes sind noch unangebracht, weil derartige Zusammenhänge für Kinder dieses Alters meist noch uninteressant sind. Fünf- bis sechsjährige Kinder fragen noch nicht nach Zeugungsvorgängen. Solche Fragen pflegen im achten bis elften Lebensjahr an die Eltern herangetragen zu werden. Dann werden sie meist mit der Frage konfrontiert: „Aber wie kommen denn die Kinder in den Bauch hinein?" Es ist in diesem Alter noch verfrüht, mit genauen anatomischen Erklärungen zu antworten oder mit umständlichen Vergleichen aus dem Tierreich zu beginnen, die zumindest Großstadtkindern genauso fremd sind wie die Fortpflanzungsvorgänge bei Menschen. Kurze, kindgemäße Erklärungen sind im Grundschulalter etwa mit folgendem Wortlaut angebracht: „Alle Frauen haben in der Tasche, die sie in ihrem Bauch haben, winzige Eier. Die warten darauf, dass der Mann und die Frau sich ein Kind wünschen. Aber sie können nicht einfach allein anfangen zu wachsen. Es muss erst ein Samen vom Mann dazukommen.

Der muss das Ei befruchten – so nennt man das. Diesen Samen hat der Mann in dem Säckchen hinter dem Glied. Aber wie soll der Samen aus dem Säckchen nun zu dem Ei in die Tasche der Frau kommen? Damit das geht, werden alle Buben mit einem Glied geboren, und deshalb kann das auch manchmal steif werden. Damit kann der Mann nämlich der Frau den Samen geben. Er schiebt das Glied in das Löchlein und lässt ihn dort heraus. Der Samen befruchtet das Ei, und dann fängt langsam, langsam das Kind an zu wachsen. Erst ist es noch winzig, aber es ist von Anfang an ein Mensch und wird allmählich auch immer ähnlicher aussehen. Wenn es neun Monate lang gewachsen ist, wird es geboren." Wichtig ist es außerdem hinzuzufügen: „Jungen und Mädchen können noch keine Kinder bekommen. Samen und Eier werden erst reif, wenn die Menschen groß sind. Sie müssen erst ganz erwachsen sein: ein Mann werden, der einen Beruf hat und Geld verdient, damit er das Baby auch versorgen kann. Und das Mädchen muss erst eine Frau werden, die so stark ist, dass sie das Kind in ihrem Leib, der allmählich schwerer und schwerer wird, auch tragen kann." Durch den obligatorischen Sexualkundeunterricht auch bereits in der Grundschule sind – leider vom Elternhaus weg – diese Aufklärungsaufgaben der Schule übertragen worden. Und da die Ideologisierung auf diesem Feld auch die Lehrerbildung erfasste, wurde hier für manche Kinder Verfrühung und Unangemessenheit im Sexualkundeunterricht bewirkt. Manche Sexualneurosen im Erwachsenenalter sind in Schulen hervorgeufen worden!

Im Grundschulalter fangen die meisten Kinder spontan damit an, sich nicht mehr nackt zeigen zu wollen, allenfalls noch vor der Mutter. Das Schamgefühl der Kinder bildet sich aus. Es sollte respektiert werden! In der Phase des naiven Realismus beobachtet das Kind sich und seine Umwelt stärker, es empfindet in dieser Zeit den nackten erwachsenen Körper häufig als abstoßend. Eine Achtjährige erklärte: „Ich kann Mamis Brust gar nicht anschauen, wenn sie so nackig herumläuft. Dann wird mir ganz schlecht – und dabei hab ich doch mal daraus genuckelt!" Darüber hinaus streben Kinder in dieser Phase im Zuge des zweiten Ablösungsschrittes (nämlich dem vom gegengeschlechtlichen Elternteil) eine stärkere Distanzierung an. Das Bedürfnis, sich zu verhüllen, ist ein wichtiger Entwicklungsvorgang auf dem Wege zur Entfaltung der Persönlichkeit. Nur wer sich abtrennt, kann *ich* werden. Außerdem hat das Schamgefühl anscheinend noch eine äußerst bedeutsame Funktion: die Unterscheidungsfähigkeit des Menschen zwischen oberflächlichen und tief greifenden Bindungen zu unterstützen und damit die Möglichkeit zu fördern, später eine lebenslängliche Partnerbindung eingehen und durchhalten zu können.

Der uneinfühlsame Mangel an Rücksicht auf die Verletzlichkeit der Kinderseele im Hinblick auf die Sexualität ist eine außerordentlich bedenkliche Zeiterscheinung. Die Nichtbeachtung der Latenzzeit in der Entwicklungsphase des Grundschulkindes durch den liberalistischen Zeitgeist der sich ihm unterwerfenden Schule bedeutet eine Behinderung der sensiblen Ausgestaltung der kindlichen Seele; denn erst in der Vorpubertät pflegen gesunde, natürlich aufgewachsene Kinder gewöhnlich ein Interesse für detailliertes Wissen um geschlechtliche Vorgänge aufzuweisen. In diesem Alter wird es unumgänglich, die Heranwachsenden auf die Geschlechtsreife vorzubereiten. Es ist ratsam, jetzt Skizzen der Geschlechtsorgane zu Hilfe zu nehmen, wie sie heute in den Aufklärungsbüchern für den Schulunterricht zu finden sind. Fotografien, die die äußeren Genitalien oder die nackte Menschengestalt sehr naturgetreu wiedergeben, sind als Anschauungsmaterial bei der geschlechtlichen Erziehung allerdings nicht geeignet; denn der Geschlechtstrieb gehört zum Instinktverhalten des Menschen. Bei Aufklärungsgesprächen kann der Anblick von drastisch und pornographisch dargestellten Geschlechtsorganen leicht geschlechtliche Erregung hervorrufen, da solche Details eine auslösende Wirkung haben können. Es kann aber auch bei Kindern in der Vorpubertät nicht der Sinn einer geschlechtlichen Erziehung sein, sie sexuell zu stimulieren. Der Sinn der Aufklärung in diesem Alter besteht lediglich darin, zu bewirken, dass Kinder den Eintritt der Geschlechtsreife als einen natürlichen Vorgang erleben können, um zu vermeiden, dass sie beunruhigt und gespannt in eine Unsicherheit darüber geraten, ob sie „normal" sind. Sie sollen auch davor bewahrt werden, dass ihr Interesse daran fixiert wird, so dass sie danach zu suchen beginnen, sich aus anderen Quellen weitere Informationen über die Körpervorgänge zu verschaffen. Das durch „googeln" unter XXX (= sex) zu versuchen, ist der Weiterentwicklung einer gesunden Sexualität aber abträglich; denn hier ist die Gefahr, dass eine Pornosucht entsteht, durch eine häufige Nutzung dieser Seiten, gegeben. In diesem Alter muss auch mit den Mädchen über die Menstruation und ihre Funktion, mit den Jungen über die zu erwartenden unwillkürlichen Samenergüsse im Schlaf gesprochen werden. Die anatomisch richtigen Bezeichnungen für die einzelnen Geschlechtsorgane sollten in diesem Alter gebracht und erklärt werden. An dieser Stelle sollte noch einmal im Zusammenhang mit dem Monatszyklus über die Zeugung gesprochen werden. Mädchen müssen auf die spezielle Körperpflege während der Menstruation, Jungen auf die Notwendigkeit hingewiesen werden, das Glied von Ausscheidungen zu säubern, um Entzündungen zu vermeiden.

Die schwierigste und wichtigste Phase der geschlechtlichen Erziehung muss heute schon in der Altersstufe der Vierzehn- bis Siebzehnjährigkeit stattfinden. In dieser Zeit muss versucht werden, mit dem heranwachsenden Jugendlichen über die Fragen von Liebe und Sexualität im Jugendalter zu sprechen, obgleich die Pubertät dafür denkbar ungeeignet ist. Das Bedürfnis nach Isolation, nach Abgrenzung eines Intimbereiches steht solchen Gesprächen entgegen – besonders zwischen Eltern und Kindern, und selbst dann, wenn das Vertrauensverhältnis erhalten werden konnte. Dennoch sind Gespräche mit dem Ziel, dem Jugendlichen Handhaben zu eigener Nachdenklichkeit zu geben, heute unumgänglich geworden, da sonst die Gefahr besteht, dass er oder sie bedenkenlos dem kollektiven Sog des „Rechts auf freie Liebe" verfällt. Gespräche solcher Art können oft besser in Gruppen, in Jugendfreizeiten der Kirche, in Jugendverbänden oder auch (bei verständigen Lehrern) in weiterbildenden Schulen geführt werden. Aber auch Eltern müssen sich heute im Aids-Zeitalter solchen Gesprächen stellen. Ansteckungsgefahr durch wahllosen Geschlechtsverkehr darf nicht durch eine Scheinsicherheit durch Kondomempfehlung bagatellisiert werden.

Die Jugendlichen müssen ausführliche Informationen über die unterschiedliche Art zu lieben bei Jungen und Mädchen erhalten. Sie müssen lernen, dass ihre Erwartungen in Bezug auf eine gegengeschlechtliche Freundschaft unterschiedlich sind. Die Mädchen suchen in der Pubertät häufig noch den schönen oder angesehenen

Jungen als eine Art „Statussymbol". Ihn vorzuzeigen, mit ihm „zu gehen" ist häufig zunächst noch ihr Hauptanliegen. Später sehnen sie sich mehr nach dem Gesprächspartner, der zuhören kann, der sie durch sein Verstehen vor den Auseinandersetzungen in der Familie beschützt. Sie suchen nach Zärtlichkeit, während der sexuelle Triebdruck noch nicht im Vordergrund steht.

Das ist bei Jungen in diesem Alter meist anders. Der sexuelle Triebdruck setzt oft mit Macht ein, kann den Jugendlichen ängstigen, bannen und ihn unsicher darüber machen, ob das „normal" sei. Neunzig Prozent aller Jungen onanieren in diesem Alter – meistens allerdings auch heute noch mit Schuldgefühlen. Manche geraten in ein süchtiges Unmaß und beginnen dann einen meist fruchtlosen Kampf gegen das „Laster" zu führen, dem sie dennoch immer wieder erliegen, so dass sie deshalb zusätzlich an sich zu zweifeln beginnen.

Diese Gegebenheiten sind geeignet, den Jugendlichen die Macht der Natur in uns zu verdeutlichen, die gewissermaßen über unsere Köpfe hinweg ihre Ziele verfolgt und uns unsere Ohnmacht bewusst werden lässt. Man kann nur lernen, mit der Natur umzugehen, indem man ihr mit Ehrfrucht begegnet, indem man sich nicht anmaßt, sie beherrschen und vergewaltigen zu können. Aber sexuelle Triebenergie lässt sich umwandeln, man kann sie nutzen für Leistungen sportlicher und geistiger Art. Selbstbefriedigung wird unwichtig, ja, der Druck mindert sich, wenn man die sexuelle Spannung in eine Handlung geistiger oder sportlicher Art umwandelt. Das ist eine Leistung. In diesem Zusammenhang darf nicht versäumt werden, zu erklären, dass die Selbstbefriedigung an sich unschädlich ist. Es muss auch darauf hingewiesen werden, dass es ein Ammenmärchen ist zu glauben, die Substanz würde verbraucht, so dass man in späteren Jahren zeugungsunfähig oder geisteskrank würde. Es muss erklärt werden, dass wissenschaftlich nachgewiesen ist, dass nichts dergleichen zutrifft. Mit Hilfe des Gedankens an das Überschussprinzip in der Natur sollten Ängste dieser Art bei Jugendlichen ausgeräumt werden, die oft zu lebenslänglicher Not und zu falschen Vorstellungen führen können. Andererseits ist es wichtig, darauf hinzuweisen, dass jeder Missbrauch, gleich welcher Art, das körperliche und seelische Gleichgewicht nachhaltig stören kann. Wenn man von einem unüberwindlichen Zwang getrieben wird, mehrere Male am Tage zu onanieren, sollte man sich um Rat an einen Psychotherapeuten oder Psychologen wenden. Ein solcher Zwang deutet selten auf sexuelle Abartigkeit hin, meist ist man vielmehr auf dem Boden von Einsamkeit in das süchtige Verhalten geraten, so dass man Hilfe braucht.

Das umstrittenste Problem, dem sich die Erzieher heute auf gar keinen Fall entziehen dürfen, ist die Frage nach dem vorehelichen Geschlechtsverkehr. Es ist heute nicht mehr schwierig, im Gespräch mit Jugendgruppen die Vorteile und Nachteile dieses Verhaltens durch Meinungsäußerungen gegeneinander abzuwägen. Die Jugendlichen benehmen sich dabei unbefangener als mancher Erwachsene und scheuen sich nicht, hierüber Diskussionen durchzuführen. In einer Diskussion wurden folgende Ansichten vorgetragen:

Bejahend

1. Ein junger Mann: Man muss sich in sexueller Hinsicht kennen lernen, ehe man heiratet. Ich will keine Katze im Sack kaufen.
2. Ein anderer junger Mann: Man muss das „Lieben" lernen. Das braucht seine Zeit – und es ist doch besser, diese „Lehrzeit" vor der Ehe zu haben.
3. Ein Junge: Wenn man mit zwölf oder vierzehn Jahren geschlechtsreif ist, ist es doch eine Zumutung, noch sechs bis zehn Jahre oder gar noch länger warten zu sollen, bis man sich verheiraten kann. Jeder Mensch hat doch ein Recht auf Geschlechtsleben, und die Empfehlung zur Selbstbefriedigung scheint auch kein annehmbarer Ausweg. Man muss eben nur Verhütungsmittel anwenden, damit man nicht in eine unerwünschte Bindung hineingerät.
4. Ein Mädchen: Aber wenn der Freund nun unbedingt will, und man ihn gern hat? Muss man es ihm zuliebe dann nicht tun?
5. Ein anderes Mädchen: Genau das ist es. Erst war ich auch immer dagegen und habe mich geweigert. Aber als mir der zweite Freund weggelaufen war, habe ich mir gesagt: Das soll dir nicht

noch einmal passieren. Nachher sitzt man da als Mauerblümchen und bekommt überhaupt keinen Mann.

Verneinend

6. Ein junger Mann: Manche jungen Leute schlittern heute immer noch in eine Mussehe hinein. Sie denken: „Einmal ist keinmal", und nachher sitzen sie da und müssen heiraten, obgleich sie das Mädchen gar nicht lieben.

7. Ein Mädchen: Ich möchte kein uneheliches Kind haben und erst recht keinen Mann, der mich hat heiraten müssen. Ich will mir doch nicht mit siebzehn mein ganzes Leben verpatzen; da bleibe ich lieber konsequent.

8. Ein anderes Mädchen: Man kann doch nicht so einfach drauflosleben, als sei der intime Umgang so etwas wie essen und trinken. Der Mann, zu dem ich ja sage, dem will ich mein ganzes Leben lang gehören. Ich finde es nicht gut, jahrelang die „Pille" oder andere Verhütungsmittel anwenden zu müssen, bevor man sich ein Kind „gestatten" kann. Deshalb sage ich nein zur Sexualität vor der Ehe.

9. Eine andere: Warum soll man nicht warten, bis man sich verheiratet hat, selbst wenn man sich im Augenblick klar darüber ist, dass man sich liebt? Das kann sich ja eventuell als Täuschung erweisen. Und dann bereut man es, alle Karten aufgedeckt zu haben. Man kann sich auf die Hochzeit mehr freuen, wenn man warten konnte.

10. Ein junger Mann: Ich glaube, dass ich auf alle Männer eifersüchtig wäre, die vor mir die intimen Freunde meiner Frau gewesen wären. Ich möchte eine Frau haben, die nur mir gehört. Und weil ich es unfair finde, Männer und Frauen mit verschiedenem Maß zu messen, fordere ich es auch von mir, so lange zu warten, bis ich die eine Richtige gefunden habe.

11. Ein junger Mann: Seit jeder so mit jedem Mädchen schlafen kann, gibt es ein Ansteigen der Geschlechts- und Frauenkrankheiten. Und die können sich doch – wie ich gehört habe – auch auf die Fortpflanzungsfähigkeit auswirken.

12. Ein Mädchen: Das ganze Problem ist doch erst diskutabel, wenn man Verhütungsmittel benutzt. Gibt es denn aber ein Verhütungsmittel, das garantiert hundertprozentig wirksam ist und dabei mit ebensolcher hundertprozentiger Sicherheit unschädlich? Weiß man von der Antibabypille und der Spirale sicher genug, dass sie für junge Mädchen und die Kinder, die sie später haben wollen, unschädlich sind?

13. Ein anderes Mädchen (im persönlichen Gespräch): Einmal ist nicht keinmal. Es war scheußlich, und mein Freund sagte hinterher auch noch, ich sei ein totaler Versager. Und ich sollte immer alle möglichen tollen Gefühle haben, dabei tat es weh, und ich hatte Angst. Und dann kam auch die Menstruation nicht zum erwarteten Termin. Mehrere Tage habe ich mit Selbstmordgedanken gespielt, bis sich alle Angst als unbegründet erwies. Was hätte ich mit einem Kind anfangen sollen – jetzt, am Beginn meiner Ausbildung? Mit meinem Freund bin ich jetzt ohnehin fertig.

14. Ein Mädchen: Muss man nicht doch älter sein, muss man nicht auch für die Liebe reif sein, oder ist man das automatisch, wenn man vierzehn Jahre alt ist? Ich jedenfalls möchte einfach älter sein, bevor ich mich so fest binde. Ich möchte mehr Erfahrung darin haben, welcher Junge etwas taugt und welcher nicht. Ich möchte mich einem, der mir nett erscheint, nicht gleich so sehr ausliefern.

15. Ein anderes Mädchen: Aids ist doch nun mal eine unheilbare Geschlechtskrankheit. Die will ich nicht haben! Für mich gilt: Erst verloben, dann Aidstest, dann Einehe für immer!

Diskussion

In Gesprächen dieser Art wird oft sichtbar, dass die Mehrzahl der Jungen zu einer Bejahung der geschlechtlichen Beziehungen von Jugendlichen neigt. Die Mädchen sind zwiespältig. Sie bringen die meisten stichhaltigen Argumente dagegen vor; aber viele Mädchen sind heute schon der Ansicht, nicht mehr up to date zu sein, wenn sie sich ablehnend verhalten. Sie fürchten, auf diese Weise ihre Anziehungskraft auf das andere Geschlecht einzubüßen. Ihre Zustimmung kommt meist aus solchen „praktischen" Erwägungen.

Die einzelnen Argumente sollen jetzt der Reihe nach diskutiert werden:

Zu 1. (Keine Katze im Sack kaufen):

Es ist interessant, dass dieses Argument regelmäßig von Männern vorgetragen wird, obgleich es objektiv mehr berechtigt wäre, wenn Frauen so fragten. Ihre sexuellen Funktionen sind jedenfalls keineswegs in dem Maße störanfällig wie die des Mannes. Ob eine Frau geschlechtskalt, prüde oder sexuell aktiv ist – dafür gibt es sehr allgemeine Kriterien in der Aufgeschlossenheit, dem Temperament, der Fähigkeit oder Unfähigkeit, Zärtlichkeit zu schenken. Ausschlaggebend für die Liebesfähigkeit einer Frau ist ihre Möglichkeit, seelisch offen zu sein, sich hingeben zu können. An dem Vermögen eines Mädchens, zuzuhören, zu beschenken, hilfsbereit zu sein, lässt sich diese Qualität prüfen; denn sie bezieht sich auf eine Eigenschaft, die sich nicht auf die Geschlechtlichkeit beschränkt. Diese Fähigkeit schließt die Gesamtperson ein. Die allermeisten sexuellen Funktionsstörungen haben seelische Ursachen, sind Störungen in der Kontaktfähigkeit des Menschen. Sich so gut zu kennen, dass man weiß, ob der Partner kontaktfähig ist oder nicht – das ist freilich eine Voraussetzung dafür, „dass man zusammenpasst".

Zu 2. (Lieben lernen):

Es ist richtig, dass sich „sexuelle Technik" durch Übung verfeinern lässt. Aber sexuelle Technik ist nicht gleich der Fähigkeit zu lieben! Im Gegenteil: Die Verfeinerung der sexuellen Technik zielt lediglich auf ein egozentrisches Ziel ab: Lust zu gewinnen. Sich gegenseitig mit Lust zu beschenken, mag ein wesentliches Teilziel des Liebens sein, kann es aber unmöglich vollständig ausmachen. Denn lieben zu lernen heißt, sich zu üben: in der Achtung voreinander, in der Fürsorge füreinander, in der Mühsal, sich zu verzeihen, in der Bereitschaft, für den anderen einzustehen. Solche Übungen erst vermitteln eine Bindung, die die Abgetrenntheit des Einzelnen auflöst – und erst im Erleben solcher Liebe wird Sexualität zu einer Krönung dieses Bundes. Alle noch so verfeinerte Sexualität – abgelöst aus diesem Zusammenhang – lässt den nach Liebe hungernden Menschen allein und ohne Trost. Deshalb genügt es dem Liebesbedürfnis des Menschen niemals auf Dauer, „nur" sexuelle Befriedigung zu erleben. Die Reifezeit der Adoleszenz bringt aber eine größere Gefühlstiefe für den Jugendlichen. Sie ermöglicht eine einfühlsame Aufmerksamkeit für andere Menschen. Diese neue Möglichkeit sollte genutzt werden, damit sich die Persönlichkeit zu voller Erlebnistiefe entfaltet.

Zu 3. (Recht auf Sexualität):

Gewiss hat jeder Mensch „das Recht auf ein gesundes Geschlechtsleben", auch der geschlechtsreife Jugendliche. Es fragt sich nur, ob er sich mit dem In-Anspruch-Nehmen dieses „Rechts" nicht selbst etwas vorenthält; die Lebensaufgaben der Menschen gehen – im Gegensatz zu denen der Tiere – weiter als lediglich bis zu Zielen, die mit Hilfe der vitalen Triebe allein erreicht werden können. Zum Liebenlernen gehört es zum Beispiel, gegen einen spontanen Drang wegen der Verantwortung oder der Hinneigung zu dem anderen auf etwas verzichten zu können. Das hohe Glück solcher menschlichen Leistung wird heute im Zeitalter der „Rechte" nicht mehr genug beachtet. Wie unter anderem auch aus dem hier wiedergegebenen Gespräch hervorgeht, haben die Mädchen meist doch (mit Recht) Angst vor dem zu frühen geschlechtlichen Umgang. Der Traum einer Achtzehnjährigen kann dies verdeutlichen:

> „Ich bin als Serviererin bei einer Hochzeit engagiert. Als ich mit einer kostbaren, verschlossenen Schüssel an die Tafel trete, wird sie mir plötzlich unter den Händen zu heiß, und ich lasse die Schüssel fallen. Heraus rollen viele Erbsen, die merkwürdigerweise alle angebrannt sind. Als ich aufblicke, sehe ich, dass an der Tafel in einer langen Reihe alte Frauen sitzen, die mich stumm und vorwurfsvoll anstarren."

Obgleich diesem Mädchen von einer „modernen" Mutter die Antibabypille regelmäßig in die Hand gegeben wurde, weist der Traum sehr eindeutig darauf hin, dass das Mädchen in seinem Unbewussten Schuldgefühle wegen seiner sexuellen Freizügigkeit hat. Denn die Einfälle zu seinem Traum zeigten, dass „das Gefäß" den Uterus, die Erbsen die Ovarien symbolisierten. Der stumme Vorwurf der Alten, dem sich die Träumerin ausgesetzt fand, macht sichtbar, dass dieses Mädchen, das sich übrigens in seinem Tagesbewusstsein keineswegs traditionsgebunden fühlte, in der Tiefe seiner Seele eine Verantwortlichkeit gegenüber seinem Leib und seiner Fortpflanzungsfähigkeit verspürte, die sich mit seiner Lebensart als nicht vereinbar zeigte. Das Mädchen fürchtete, durch die Art des Umgangs mit seiner Geschlechtlichkeit der Fortpflanzungsfähigkeit beraubt zu werden.

Zu 4. und 5. (Den Freund halten):

Dieses Argument enthält die am häufigsten gegebene Begründung der Mädchen, eine intime Beziehung im Jugendalter zu bejahen. Sie fürchten, die Achtung der jungen Männer zu verlieren, wenn sie sich verweigern. Es trifft auch zu, dass einige junge Männer sich dann eine weniger „trübe Tasse" aussuchen. Ob sie das unbedenklich einwilligende Mädchen dann mehr achten, bleibt freilich dahingestellt. Selbst wenn der Mann mit seinem Bewusstsein lediglich die Triebbefriedigung sucht, genügt sie ihm allein auf Dauer in den seltensten Fällen. Auch der Mann sucht nicht nur Sexualität, sondern warme Fürsorglichkeit, Zärtlichkeit und Verstehen. Können Mädchen dergleichen ausstrahlen und außerdem den jungen Männern ihren Standpunkt, warten zu wollen, begründen, so werden gerade die Männer mit einer höheren Menschlichkeit Verständnis haben können, und das Paar wird in seinem Lieben an dieser Entscheidung wachsen können.

Zu 6. und 7. (Ablehnung der Mussehe):

Die Fragwürdigkeit der Mussehen ist bereits in Kapitel II hinreichend besprochen worden. Die Verhütungsmittel, die zur Verfügung stehen, werden manchmal immer noch unzuverlässig angewandt. Wenn der Mann sich weigert, das Mädchen zu heiraten, bleibt die Situation weiterhin schwierig. Es fehlt der Verdiener, der es Mutter und Kind gewährleistet, zunächst beisammenzubleiben. Für ein Mädchen mit einem Kind ist zudem die Partnerwahl häufig eingeschränkt. Sich mutwillig ein uneheliches Kind „anzuschaffen" ist daher keine Heldentat, sondern Verantwortungslosigkeit gegenüber dem Kind.

Zu 8., 9. und 14. (Warten können):

Die drei Mädchen haben den Eindruck, für sie sei es jetzt noch nicht an der Zeit, intimen Umgang mit jungen Männern zu haben. Sie fühlen sich zu diesem Entschluss noch nicht reif – aus zwei Gründen: Sie trauen ihrer Menschenkenntnis noch nicht recht und vielleicht auch nicht ihrem eigenen Stehvermögen. Jetzt liebe ich ihn – aber wer weiß, wie lange das hält? Der Schluss heißt bei allen dreien offenbar: Ich liebe ihn – aber nicht „in Ewigkeit". Ich vertraue uns beiden nicht ganz. Das sind sehr berechtigte Gedanken. Sie gehören unbedingt zu dem Weg, die Liebe zu lernen. Denn das ist inzwischen wohl deutlich geworden, Liebe erschöpft sich nicht im Gefühlsrausch, sondern sie äußert sich darin, dass man seine Aufmerksamkeit, seinen Verstand, seine Nüchternheit, seine Fürsorge wach sein lässt in der Zuwendung zum anderen Menschen. Das heißt, dass Liebe beim Warten auf das totale Zusammensein wachsen kann – und damit die Freude darauf, sich gegenseitig ganz auszuliefern, sich voreinander nicht mehr schämen zu müssen (um die Formulierung „alle Karten aufdecken" einmal zu übersetzen).

Zum Erwachsenwerden (und auch zum Erwachsensein) gehört die Einsicht, dass man bestimmte Dinge, Handlungen, Konsequenzen noch nicht übersehen und noch nicht bestehen kann; dass man eine Zeit der Entwicklung (von Gedanken, Gefühlen) braucht, um zu Entschlüssen zu kommen.

Zu 10. (Eifersucht):

Der junge Mann hat insofern Recht mit seinem Einwand, als er das intime Zusammensein mit einem Mädchen in seinem Charakter einer totalen, Leib und Geist und Seele beanspruchenden Zuwendung versteht. Und damit hat dieses Geschehen auch eine Ausschließlichkeit. Nichts und niemand anderes kann dann eine Bedeutung haben. Aber da es zur Geschichte eines Menschen gehört, dass er durch verschiedene Erlebnisse und Beanspruchungen geprägt wird, dass er in verschiedenen Beziehungen lebt und gefragt und gefordert wird, so sollten einer neu entstehenden Liebe nicht frühere Begegnungen, Irrtümer oder glückliche Beziehungen im Wege stehen. Eifersüchtig kann man keinen Menschen lieben, weil er dann in seinen sämtlichen Lebensbezügen abgeschnitten wird.

Und mit Eifersucht wird man keine Beziehung tragfähig aufbauen können.

Zu 11. und 14. (Geschlechtskrankheiten):

Nicht nur Frauen- und Geschlechtskrankheiten, sondern auch die Impotenz, die Sexualdelikte und die Sexualsüchte haben seit dem Beginn der Sexwelle ab 1965 ständig zugenommen. Das ist eine sehr negative Bilanz. Bei der Frage nach dem Glück sollte man solche negativen Erfahrungen mit der Sexualität im Jugendalter nicht übersehen!

Neue Statistiken zeigen auch ein stark erhöhtes Auftreten von Gebärmutterhalskrebs, wenn der Geschlechtsverkehr bereits zwischen dem 15. und 17. Lebensjahr begonnen wurde.[36]

Zu 12. (Verhütungsmittel):

Alle Verhütungsmittel haben in irgendeiner Weise Nachteile. Das Kondom schützt mit letzter Sicherheit weder vor Schwangerschaft noch vor Ansteckung mit Aids. Bei der Antibabypille lassen sich schädigende Wirkungen nicht mehr ausschließen. Laut einer Pressemitteilung des Bundesgesundheitsamtes Berlin 57/92 hat es sich veranlasst gesehen, Pharmakonzerne und Ärzte auf die Bedenken der Forschung bei der Verordnung oraler Kontrazeptiva hinzuweisen. Wörtlich heißt es: „Die Gebrauchs- und Fachinformationen der betroffenen Arzneimittel müssen spätestens ab dem 15.2.1993 in den Abschnitten ‚Nebenwirkungen' und ‚Gegenanzeigen' erweiterte Informationen für Frau und Arzt zum thromboembolischen Risiko und zur Brustkrebsentstehung enthalten."[37] 1995 wurde diese Maßnahme dadurch verstärkt, dass eine Reihe von oralen Kontrazeptiva für Frauen unter dreißig Jahren verboten wurde. Ab 2005 verzeichnet sogar die WHO (Weltgesundheitsorganisation) bei Langzeiteinnahme der Antibabypille ein erhöhtes Brustkrebsrisiko.

Die Nachteile und eventuellen Gefahren durch Verhütungsmittel müssen bedacht werden. Die Jugendlichen sollten darüber informiert sein. Allerdings ist verantwortungsloser vorehelicher Geschlechtsverkehr, der eventuell zu einer Abtreibung führt, bei der ein Mensch getötet wird, die Fruchtbarkeit der Frau gefährdet und so die Zukunft bedenkenlos verspielt wird, moralisch das größte Übel.

Zu 13. (Es war scheußlich):

Die Äußerung zeigt, dass viele Jugendliche ein zusammengelese-
nes Detailwissen, aber keine ausreichende Vorstellung haben über
die Verschiedenheit ihrer Reaktionen. Ein Paar sollte darauf vorbereitet sein, dass der erste Verkehr bei manchen Mädchen noch nicht
mehr sein kann als ein Opfergang aus Liebe, da die Zerstörung
des Jungfernhäutchens unter Umständen Schmerzen bereiten kann.
Unkenntnis in dieser Hinsicht kann dazu führen, dass das Mädchen
ein negatives Primärerlebnis hat, das hartnäckig haften und ihm später ein glückliches Eheleben erschweren, ja blockieren kann.

2. Erziehung zu Wahrhaftigkeit und Ordnungsliebe

Kinder zur Wahrhaftigkeit zu erziehen – was verstehen wir darunter?
Wollen wir dann erreichen, dass sie „die Wahrheit sagen", dass sie
uns nichts verheimlichen? Bedeutet es, dass wir die Kinderlüge mit
Hilfe von Strafen „ausmerzen", wo wir sie entdecken?

Über die Frage, wie Kinder zur Wahrhaftigkeit erzogen werden
können, kann man erst sprechen, wenn man sich darüber klar geworden ist, was unter Wahrhaftigkeit zu verstehen ist. Wahrhaftig sein bedeutet in unserem Zusammenhang: den Mut und die Möglichkeit zu
haben, sich selbst und die Vorgänge, die Sachverhalte seiner Umwelt
so zu sehen, wie sie sind. Friedrich Bollnow definiert das so:

„Wahrhaftigkeit bedeutet die innere Durchsichtigkeit und das
freie Eingestehen des Menschen für sich selbst. Eine ehrliche Lüge
ist etwas anderes als eine Unwahrhaftigkeit. Eine ehrliche Lüge, das
bedeutet, dass der Mensch sich nichts darüber vormacht, dass er
lügt, dass er weiß, dass er damit etwas Unrechtes tut und trotzdem
die Verantwortung für diese Lüge auf sich nimmt. Die Unwahrhaftigkeit aber setzt da ein, wo der Mensch sich selbst etwas vormacht,
wo er auch sich selbst gegenüber nicht zugibt, dass er lügt, wo er sich
die Verhältnisse vielmehr so zurecht legt, dass er auch sich selbst gegenüber den Schein der Ehrlichkeit wahrt. Nicht, dass der Mensch
diese oder jene besondere Schuld auf sich geladen hat, ist das Gefährliche, sondern dass er auch beim kleinsten Verrat an der Wahrhaftigkeit von der Substanz seines Selbstseins verliert ... Daher ist die

Erziehung zur Wahrhaftigkeit der entscheidende Ansatzpunkt, um Menschen zum freien Selbstsein zu führen."[38]

Wie muss eine solche Erziehung zur Wahrhaftigkeit aussehen? Sicher ist: Sie fordert vom Erzieher zunächst weniger ein Handeln als ein Sein, nämlich Selbsterkenntnis, das heißt ein Sehen und Annehmen der positiven und negativen Züge des eigenen Charakters, das Bemühen, sich selbst zu erziehen, und Menschlichkeit allein von den anderen, auch von den Kindern, mehr zu fordern als von sich selbst. In diesem Zusammenhang wird auch klar, dass die innere Wahrhaftigkeit sich im Entfaltungsprozess eines Menschen erst verhältnismäßig spät ausbilden kann, denn sie setzt Realitätskontrolle, Unterscheidungsvermögen und Selbstkritik voraus. Die Erziehung zur Wahrhaftigkeit enthält, phasenspezifisch verstanden, drei verschiedene Aufgabenbereiche:

1) Im Kleinkindalter muss vom Erzieher gesehen werden, dass das Kind noch keine Realitätskontrolle hat. Phantasielügen und Projektionen in diesem Alter sind keine Unwahrhaftigkeit. Von Kindern in diesem Alter die „Wahrheit" zu fordern stellt eine Überforderung dar, die leicht zu chronischer Verlogenheit, nämlich zu einem Einschleifen von Angstlügen führen kann.

2) Im Grundschulalter muss die oft noch unsichere Realitätskontrolle der Kinder unterstützt werden. Die Fähigkeit, zwischen Wirklichkeit und Phantasie zu unterscheiden, muss in liebevollem Verstehen mit den Kindern geübt werden.

3) In der Pubertät und in der Adoleszenz sollte – vor allem in ehrlichen und offenen Diskussionen – der Blick des Jugendlichen für seine eigene Fehlerhaftigkeit und damit für seine innere Wahrhaftigkeit geschärft werden.

An einigen Beispielen soll fragwürdiges oder sinnvolles Verhalten von Erziehern verdeutlicht werden:

Die dreijährige Klara hat erlebt, dass die Mutter sie mit Kölnischwasser betupfte, als sie einmal hoch fieberte. Nach einigen Tagen hat sie sich heimlich das Fläschchen aus dem Toilettenschrank geholt; denn ihre Puppe Maria ist schwer erkrankt. Als sie das Fläschchen öffnen will, entgleitet es ihr und zerspringt auf dem Boden. „Aber Maria", ruft die Puppenmutter empört, „du dummes Kind, nun hast du alles ausgeschüttet." Als die Mutter, durch den Duft, der sich von der Spielecke her im Zimmer verbreitet, aufmerksam wird und hinzukommt, wiederholt Klara weinerlich: „Schau, Mami, den ganzen schönen Saft hat Maria fallen lassen!" Die Mutter wendet sich der Puppe zu und sagt: „Maria, hör, beim nächsten Mal sagst du deiner Puppenmutter, dass sie ihre Mami erst fragen soll, bevor sie den schönen Saft aus dem Toilettenschrank nimmt. So wäre es ihr vielleicht nicht so schnell aus der Hand gefallen – und wir hätten uns alle noch oft an seinem Duft freuen können."

Pädagogisch richtig ist es in diesem Fall, dass die Mutter das Spiel des Kindes mit seiner Puppe ernst nimmt und versteht, dass ihm eine Identifikation mit der Mutter, eine Nachahmung des mütterlichen Verhaltens zugrunde liegt. Sie erkennt auch, dass Klara die eigene Unachtsamkeit zunächst vor sich selbst, dann auch vor der Mutter zu verleugnen und durch eine Projektion auf die Puppe zu entschärfen versucht. Würde die Mutter in diesem Augenblick ein Geständnis der „Wahrheit" fordern und das Kind der Lüge bezichtigen, so würde sie ihm nicht gerecht werden und damit eine Leistung von ihm verlangen, für die es noch nicht reif ist. Viel wesentlicher ist es für Klara zu erleben, dass ihre Mutter die Zusammenhänge durchschaut und ihr – indem sie sich in die Spielwelt des Kindes versetzt – einen Rat gibt, der es ihm in Zukunft möglich machen kann, so zu handeln, dass es sich wegen der Heimlichkeit nicht schuldig zu fühlen braucht. Das erleichtert es ihm, das eigene Versehen zu erkennen und sich zu ihm zu bekennen.

Der achtjährige Gerd wird als Neuling einer Bastelgruppe zugeteilt. Die Jungen sind eifrig mit Tonarbeiten beschäftigt, sagen dem „Neuen" flüchtig „guten Tag" und wenden sich wieder der gemeinsamen Arbeit zu. Gerd schaut eine Weile zu, fühlt sich sichtlich ausgeschlossen und sagt dann mit gespieltem Gleichmut: „Neulich bin ich beim Indianerspielen im Watt fast ersoffen." Die anderen hören auf zu arbeiten. „Wie war das?", fragt einer. „Ooch", meint Gerd, „erst bin ich mit meinem Freund an die See gefahren ..." – „Was, allein?", wundern sich die anderen. „Na klar, jeden Tag mit dem Rad 'n paar hundert Kilometer. Ja – und dann haben wir unsere Zelte aufgebaut, haben ein Lagerfeuer gemacht, gegessen und sind in unsere Schlafsäcke gekrochen. Ja, und als wir dann aufwachten, war kein Zelt mehr da, und ich schwamm mit meinem Schlafsack im Wasser. Da war inzwischen 'ne Sturmflut gewesen und hatte alles weggerissen."– „Kannste denn schwimmen?" „Na klar", meint Gerd, „hab mich so grad über Wasser gehalten, bis 'n Schiff kam – 'n Ozeanriese, hat mich gleich mitgenommen nach Amerika." Die anderen stehen stumm, starren Gerd an, dann sagte einer:

„Mensch, der spinnt doch!" Und sie gehen wieder an ihre Arbeit. Gerds Lügenmärchen, das ihm zu der so dringend gewünschten Anerkennung verhelfen sollte, hat sein Ziel verfehlt. Jetzt erscheint er den Kameraden unglaubwürdig und wird bewusst von ihnen gemieden. Danach versucht er durch Stören im Unterricht das verlorene Ansehen wiederzugewinnen.

Die Lehrerin, die das Scheitern des Neulings und seine verzweifelten, unangebrachten Bemühungen um Anerkennung genau beobachtet hat, gibt dem Jungen nun einen schwierigen Bastelauftrag, berät ihn „unter vier Augen", ermuntert ihn während der Arbeit und lobt schließlich vor der Klasse das gelungene Werk. Die Kameraden bekommen Respekt vor Gerds Leistung und nehmen ihn in ihre Gemeinschaft auf.

Jetzt erst spricht die Lehrerin mit Gerd das Lügenmärchen an. „Schau", sagt sie, „das geht allen Menschen so: Wenn man etwas erreichen möchte, wenn man merkt, dass keiner einen will, dann möchte man etwas ganz Besonderes tun, damit sie merken, dass man da ist. Und wenn man sich dann einfach eine Geschichte ausdenkt, so kann man selbst eine Weile denken, sie sei wahr – aber die anderen, die merken sofort, dass sie nicht wahr ist. Man erreicht das Gegenteil von dem, was man eigentlich möchte. Nun mögen sie den Neuen erst mal gar nicht mehr. Und dann ist man hinterher nicht nur der Dumme – nein, viel trauriger ist es, dass man sich auf einmal selbst nicht mehr so richtig leiden mag. Und wenn man das nicht rechtzeitig merkt, fängt man auf einmal an den Bösewicht zu spielen – nicht, weil man böse ist, sondern weil man selbst nicht mehr an sich glaubt. Aber schau, nun haben sie alle gesehen, was du in Wirklichkeit kannst, und ich weiß, dass du noch viel mehr kannst und überhaupt in Ordnung bist."

Dieses Gespräch brachte in Gerds Verhalten die entscheidende Wende: Er hatte einen Menschen gefunden, der ihn besser verstand als er sich selbst. Die Lehrerin konnte dem Jungen helfen durch ihre Bereitschaft, durch ihre positive Einstellung zu dem Jungen und dadurch, dass sie ihm bewusst machte, dass sein Vermischen von Phantasie und Wirklichkeit im Dienst seines Strebens nach Anerkennung stand. Außer diesen beiden Formen von Kinderlügen, dem *Phantasielügen* und dem *Renommierlügen*, klagen viele Eltern über eine Art des Lügens bei ihren Kindern, die sich bei genauerer Beobachtung als *Angstlügen* herausstellt. Es wird nicht selten zu einer chronischen Verlogenheit als eine Folge davon, dass Kinder häufig die Erfahrung machen, dass sie für Schuldbekenntnisse hart bestraft und diffamiert werden. Kinder zur Wahrhaftigkeit zu erziehen, ist nur dann möglich, wenn sie von ihren Erziehern erwarten können, verstanden zu werden, und wenn sie ihnen vertrauen können. Wer die „Wahrheit" verabsolutiert und mit ihrer Hilfe eine Familiendiktatur errichtet, erzieht Radfahrertypen und Lügner. Schon wenn die Mutter der kleinen Klara nach ihrem heimlichen Spiel mit der Parfümflasche über das Kind wegen seines „lügenhaften Verhaltens" eine Strafe verhängt hätte, könnte man sicher sein, dass Klara bei der nächsten Gelegenheit noch dringender versucht hätte, ihre Tat zu leugnen, und dass sich allmählich der Hang zum Angstlügen eingeschlichen hätte. Angstlügen sind das sichere Zeichen dafür, dass Kinder mit Recht zu ihren Erziehern kein Vertrauen haben und dass ihre Liebe zu ihnen von der Furcht vor ihren Strafgerichten verdeckt wird.

Wenn Kinder im Grundschulalter das „Scheinlügen", das Vermischen von Phantasie und Wirklichkeit, nicht aufgeben, so ist das ein Anzeichen dafür, dass sie einen seelischen Entwicklungsrückstand haben. Häufig ist es solchen Kindern nicht gelungen, die Phase der Realitätsprüfung ohne Schaden zu durchlaufen.

In einem gleichen Maße wie bei der Erziehung zur Wahrhaftigkeit kommt es auf das „In-Ordnung-Sein" der Erwachsenen bei der Erziehung zur *Ordnungsliebe* vor allem an. Ähnlich wie Wahrhaftigkeit ist Ordnung ein Verhalten, das sich im Menschen verhältnismäßig spät entwickelt, oft erst jenseits der Pubertät, wenn der junge Mensch sich seinen eigenen Lebensraum zu gestalten beginnt und aus eigenem Antrieb plant und seine Zeit einteilt.

Ein Bedürfnis nach Ordnung hat natürlicherweise jeder gesunde Erwachsene, wobei der Ordnungssinn beim männlichen Geschlecht meist mehr auf der Einsicht in die Zweckmäßigkeit des Ordnungmachens basiert, bei den Frauen der Sinn für Schönheit und Reinlichkeit stärker das Ordnungsstreben stützt. In dem Wort Ordnungs-„Liebe" kommt zum Ausdruck, dass sie nicht vernunftmäßig allein begründbar ist. Ordnungsliebe kann ein drängendes Bedürfnis sein, keineswegs ist Ordnung immer nur andressiert. Erzieher dürfen mit Gelassenheit auf das eingeborene Ordnungsbedürfnis setzen. Freilich ist es angebracht, den Kindern sowohl eine rational-zweckmäßige als auch eine „schöne" Ordnung im häuslichen Bereich vorzuleben. Unsinnig hingegen ist eine Ordnungsdressur im Kleinkindalter. Kinder, die auf Kosten von Impulsen, die ihnen phasenspezifisch notwendig sind, mit Schelten und Strafen zum Ordnunghalten gezwungen werden, können unter Umständen eine unnatürliche Abneigung gegen alle Ordnung entwickeln. Ordnungsfeindlichkeit kann schließlich zum provokatorischen Protest, ja zum künstlich gepflegten Chaos in Kleidung und Schlafraum führen, wie viele Söhne der „Familie Saubermann" es heute beweisen. Es ist aber auch die Gefahr möglich, dass solche Kinder bei einer gelungenen Dressur schließlich zu verabsolutierten Ordnungs- und Sauberkeitszwängen getrieben werden.

Es ist darüber hinaus ein fataler Irrtum, zu meinen, dass bei Erwachsenen, die extrem unordentlich sind, immer ein Mangel an Gewöhnung im Kindesalter vorläge. Grobe Unordnung, Unsauberkeit und Unpünktlichkeit haben meist wesentlich tiefere Störungsursachen. Häufig liegt eine Antriebsschwäche vor, die im Grunde in einer depressiven Mutlosigkeit wurzelt. Sie freilich ist in der Tat sehr oft bereits in der früheren Kindheit erworben worden (s. Kapitel II und Kapitel VI). Insofern ist das äußerliche „Nicht-in-Ordnung-Sein" häufig ein Zeichen für eine tiefe innere Gestörtheit.

Die Phase der Unordnung in der Pubertät hingegen ist eine normale Übergangserscheinung. An der Schwelle zum Erwachsensein lehnt der Jugendliche oft die Ordnungsinhalte der Älteren ab, um sich eine Wertwelt neu zu erobern und als seine eigene aufzubauen.

Folgende Grundregeln in Bezug auf die Erziehung zur Ordnungsliebe sind in den verschiedenen Altersstufen beachtenswert:

1) Im Kleinkindalter sollte innerhalb des häuslichen Bereiches mindestens ein Raum sein, in dem das Kind die Ordnungsweise der Erwachsenen kennen und respektieren lernt. Es sollte andererseits nach Möglichkeit ein Raum vorhanden sein, in dem sich das Kind unbeschwert und ungestört durch elterliche Ordnungswünsche ausbreiten kann. Am Abend sollte auch in diesem Raum (falls das Kind nicht gerade dabei ist, eine Spielidee zu verwirklichen, die ihm wichtig ist und die es noch nicht voll ausgekostet hat) aufgeräumt werden. Dabei sollten die kleinen Kinder helfen *dürfen*. Es muss eine Ehre für sie sein, schon „so groß" zu sein, dass man sie dafür für würdig erachtet. Den größten Anteil dieses Aufräumens aber sollte kommentarlos und schnell der Erwachsene übernehmen.

2) Im Grundschulalter sollten die Bemühungen um Ordnung zunächst dem schulischen Bereich gelten. Man sollte darauf sehen,

dass das Kind seinen Schulranzen ordentlich packt, seine Schularbeiten sorgfältig erledigt und seine Bücher sauber hält. Es wäre
aber eine Überforderung, wenn man darüber hinaus von ihm ver-
langte, für die Ordnung in Haus und Garten mit aufzukommen
und für die Ordnung von Kleidung und Schuhen selbst zu sorgen. Es ist wichtig, hier vorsichtig zu dosieren, um nicht eine lebenslängliche Abneigung gegen Ordnung heraufzubeschwören.
3) Jenseits der Zwölfjährigkeit kann für Eigenverantwortung in der
Kleidung und Körperhygiene plädiert werden. Auch wenn die Jugendlichen im Rüpelalter und in der Pubertät meist eine Phase der
Unordnung und Unreinlichkeit durchmachen, sollte man sich als
Erzieher so wenig wie möglich auf die „Schlamperei" einlassen.

3. Erziehung zum Glauben *

Von entscheidender Wichtigkeit für das Leben eines Menschen ist
seine religiöse Erziehung. Sich geborgen zu fühlen im Glauben an
Gott und in der Sinnerfüllung des eigenen Lebens macht einen
großen Teil der Tragfähigkeit eines Menschen aus.

Dieses Erziehungsziel zu erreichen ist heute schwerer denn je.
Während früher die Menschen weitgehend in den kirchlichen Glau-
bensnormen verwurzelt und gebunden waren, werden sie heute in
einer Erziehungsform, die – unter dem Einfluss des naturwissen-
schaftlichen Denkens – zur selbständigen Auseinandersetzung mit
dem Existenzgrund fordert, viel stärker mit Zweifeln, Ungewisshei-
ten und Ungläubigkeit konfrontiert.

Zwar gilt es heute als erwiesen, dass weder die Erforschung na-
turwissenschaftlicher Fakten noch tiefenpsychologische Einsichten
das Rätsel um den Sinn der Existenz zu lösen vermögen und damit
Religion nicht durch Wissenschaft ersetzt werden kann. Viele Menschen heute verfallen deshalb umso leichter letztlich täuschenden
und leer lassenden ideologischen oder abergläubischen Heilserwar-
tungen. Dem religiösen Bedürfnis des Menschen wieder adäquate

---

* Eine ausführliche Darstellung zu elterlicher Glaubensvorbereitung der Kinder
enthält das Buch: Christa Meves: Elemente einer christlichen Erziehung, Eltern-
ABC, Stein a. Rhein 5. Auflage 2010.[39]

Möglichkeiten der Erfüllung anzubieten, muss das Ziel einer modernen religiösen Erziehung sein.

Jedem Menschen ist eine transzendente Erwartungshaltung angeboren. Sie zeigt sich im Leben des Menschen auf Schritt und Tritt, ist meist vollständig unbewusst, äußert sich oft als Projektion auf greifbare Dinge der Wirklichkeit: die Erwartung auf das „Fest", auf die Heimkehr des Vaters, die Erwartung der Post oder der Nachrichten im Rundfunk und Fernsehen, die Erwartung einer Neuerscheinung oder einer Uraufführung, eines Sonnenaufgangs, einer Gipfelbesteigung, die Erwartung der „großen Liebe" oder eines Telefonanrufs. Und die Enttäuschung seiner Erwartungen liegt für den Menschen oft darin, dass das real In-Erscheinung-Tretende seiner eigentlichen Sehnsucht nicht entspricht, nicht entsprechen kann, weil sie auf ein Ziel gerichtet war, das sich in der äußeren Wirklichkeit nicht erfüllen lässt.

Für diese Sinn suchende Erwartungshaltung des Menschen ist der Kafka-Roman „Das Schloss" eines der großartigsten literarischen Dokumente.

Erzieher können viel dazu beitragen, dass dieses Bedürfnis nach Religion nicht – wie bei Kafka – zu einem hoffnungslos verzweifelten, nie ans Ziel gelangenden Suchen wird. Sie können vor allem im Kleinkindalter in ihrer Art, mit den Kindern zu leben, eine urtümliche, im Gefühl verwurzelte Glaubensgewissheit stärken und entfalten. In den Schlussworten Goethes zu Faust II „Alles Vergängliche ist nur ein Gleichnis" liegt eine Weisheit, die sich auf die religiöse Erziehung im Kleinkindalter anwenden lässt. Denn für das kleine Kind haben Vater und Mutter in der Tat die Aufgabe, Stellvertreter Gottes zu sein. Das Gottesbild eines Menschen trägt oft bis weit ins Erwachsenenalter hinein, ja oft ein Leben lang, die Charakterzüge der ersten Erzieher des Kindes. (Und dass Kafka zum Beispiel ein hoffnungslos Suchender blieb, lag sicher nicht zuletzt daran, dass sein Vater ihm als Kind keine Möglichkeit gegeben hatte, gütige, verzeihende, vertrauensvolle Liebe zu erleben.)

Bereits Pestalozzi schrieb 1792: „Wie kommt es, daß ich an einen Gott glaube?, daß ich mich in seine Arme werfe und mich selig fühle, wenn ich ihn liebe?, wenn ich ihm vertraue, wenn ich ihm danke, wenn ich ihm folge?

Das sehe ich bald: die Gefühle der Liebe, des Vertrauens, des Dankens
und die Fertigkeiten des Gehorsams müssen in mir entwickelt sein, ehe
ich sie auf Gott anwenden kann. Ich muß Menschen lieben, ich muß
Menschen trauen, ich muß Menschen danken, ich muß Menschen gehorsamen, ehe ich mich dazu erheben kann, Gott zu lieben, Gott zu
vertrauen und Gott zu gehorsamen.

Ich frage mich: wie kommen die Gefühle, auf denen Menschenliebe,
Menschendank und Menschenvertrauen wesentlich ruhen, und die Fertigkeiten, durch welche sich der menschliche Gehorsam bildet, in meine
Natur? – ich finde, daß sie hauptsächlich von dem Verhältnis ausgehen,
das zwischen dem unmündigen Kind und seiner Mutter statt hat."[40]

Die negative Bestätigung für diese Erkenntnis kann man in modernen Untersuchungen über die seelische Entwicklung von Heimkindern finden. Bei ihnen zeigt sich im Jugendalter häufig eine Art der
Gewissensverkümmerung und der Glaubenslosigkeit, wie sie als Folge fehlender Nestwärme und der unzureichenden Entwicklung eines
Urvertrauens leicht entstehen können. Die „höheren Instanzen"
werden von solchen Kindern häufig von früher Kindheit an als böse,
ja als gefährlich erlebt. Der Weg in eine religiöse Geborgenheit kann
damit in einer schwer zu durchbrechenden Weise erschwert werden.

Die Vorbereitung zu solcher „Gottesferne" zeigte sich zum Beispiel im
Spiel eines Kindes, das seine ersten sieben Lebensjahre ununterbrochen in verschiedenen Heimen zugebracht hatte: Es legte im Scenotest
eine Anzahl von Kindern nebeneinander – fast wie auf einer Schlacht-
bank aufgereiht – in einen umzäunten Raum. Rechts davon stellte es
einen Kinderbackofen, öffnete die Klappe und postierte daneben die
Heimmutter und den Heimarzt. Dazu kommentierte es: „Das sind eine
böse Hexe und ein böser Zauberer, die wollen die Kinder alle braten
und essen." Die Erfahrung zeigt, dass es ein Irrtum ist zu meinen, dieses Kind sei in seinem Spiel lediglich durch das Märchen „Hänsel und
Gretel" beeinflusst worden. In der Darstellung des Kindes zeigt sich
vielmehr generell seine durch frühkindliche Erfahrungen negativ ge-
färbte Weltsicht, sein Gefühl abgrundtiefer Heimatlosigkeit und Un-
verwahrtheit (s. Abb. S. 215).

Der wesentliche Kern einer Erziehung zum Glauben und damit auch
zu sittlichem Handeln liegt also ebenfalls zunächst in der frühen
Kindheit. Zum Beispiel kann der Mensch das Wesen der „Gottes-
kindschaft" durch das Gleichnis erlebter Elternliebe erfahren; und
ein Kind, das in einer Familie beglückende Geborgenheit erlebt hat,
wird ein Gespür für die Geschichte von der heiligen Familie haben

Scenotest eines siebenjährigen Heimkindes, das die „höheren Instanzen"
als feindselig-fressende Macht empfindet.

können. Biblische Geschichten, gemeinsames Beten und die Teilnahme der Kinder an Messen und Gottesdiensten können das ver-
ständnisvolle Vertrautwerden mit den überlieferten Glaubensaussa-
gen der christlichen Religion stützen.

Sinn hat die Gewöhnung an solche Formen freilich nur, wenn die
Kinder erleben, dass ihre Eltern im Alltag eine ehrfürchtige, mit-
menschliche und barmherzige Haltung praktizieren. Erleben sie ihre
Erzieher als lieblose Unterdrücker, die Glaubensgebote innerhalb
der Familie als Machtinstrument missbrauchen, so wird die Erziehung zur religiösen Form wenig gute Frucht im Leben der Zöglinge tragen können.

Als geradezu unmoralisch muss es angesehen werden, überirdische
Instanzen als ängstigendes Erziehungsmittel bei Kleinkindern zu ver-
wenden. Besonders bei sensiblen und phantasiereichen Kindern kann
es auf diese Weise zu Schockerlebnissen und seelischen Verletzungen
kommen. So erklärte eine Mutter ihrem Kind, der Teufel werde es
demnächst abholen, weil es sich trotzend auf die Erde geworfen und
mit den Beinen gegen die Tür geschlagen hatte! Hölle, Verdammnis
und Fegefeuer werden häufig noch heute als Drohungen bei Kleinkindern benutzt und können hier Schaden anrichten.

Ebenso muss es als verfrüht und verfehlt angesehen werden, kleine
Kinder mit moralisierenden Worten zu drängen, sich betont abgabebereit und übergefügig zu verhalten. Wird vom Kleinkind christliche

Tugend autoritär gefordert und werden auf Schritt und Tritt mit pharisäisch zur Schau gestellter Triebfeindlichkeit Verzichte verlangt, so erzieht man keine Christen. Nicht umsonst sind so viele pointierte Atheisten (zum Beispiel Nietzsche, Strindberg, Benn) aus Pfarrhäusern hervorgegangen. Schwere Neurosen mit zermürbenden, übersteigerten Gewissensängsten und Versündigungsideen können entstehen, wenn Kinder mit calvinistischer Strenge zu christlicher Lebenshaltung gezwungen werden.

Wie bei aller Erziehung, so gilt auch bei der Erziehung zum Glauben der Satz: Alles zu seiner Zeit und alles mit Maß. Kinder können in einer ihnen angemessenen altersentsprechenden Form zum religiösen Brauchtum hingeführt werden. Das Ritual zum Beispiel, wird es nicht in überdehnter Länge gefordert, ist dem Kleinkind auf der Stufe des magischen Weltbildes besonders gemäß.

Tritt das Kind etwa mit Beginn des Schulalters in die Phasen des naiven und kritischen Realismus ein, so ist es notwendig, ihm bei der Verinnerlichung von Glaubensbildern und -inhalten behilflich zu sein. Die Trennung zwischen Sichtbarem und Unsichtbarem, die sich in diesem Alter in den Kindern vollzieht, bedarf besonders in der heutigen Zeit einer Unterstützung dergestalt, dass die Erzieher zu verhindern haben, dass das Kind die geistige Welt als nichtexistent aus seinem Bewusstsein vollständig verdrängt. Auf dieser Entwicklungsstufe muss das Kind gewissermaßen als außen stehender Beobachter einen neuen Zugang zu geistig-seelischen Bereichen und religiösen Inhalten bekommen. Mit Hilfe der Heilsgeschichte sollte darauf hingewiesen werden, dass es Wahrheiten gibt, die sich in Bildern ausdrücken und die nicht weniger, sondern mehr und Tieferes aussagen als die Oberfläche dieser Bilder.

In der Pubertät machen oft Jugendliche eine Phase der Glaubenszweifel, ja der Glaubenslosigkeit durch. Selten kann ein Jugendlicher, der auf dem Weg zu sich selbst ist, überlieferte Formen von Religion einfach übernehmen. Soll der christliche Glaube für ihn zu einer tragenden und treibenden Kraft werden, so muss er sie sich als eigenständige Glaubenserfahrung in der Auseinandersetzung mit dem Leben und mit sich selbst neu erobern können.

Haben die Jugendlichen das Vertrauen zu ihren Erziehern nicht vollständig eingebüßt, so treten sie in der Adoleszenz mit Glaubensfragen an die Älteren heran. An dieser Stelle ist es von großer

Wichtigkeit, dass die Erzieher sich nicht in unverbindlichen Allgemeinheiten verlieren, sondern persönlich zu vertretende Antworten geben. Sinnvoll ist das Berichten eigener Glaubenszweifel und eigener Glaubenserfahrung, also das persönliche Bekenntnis.

Es ist außerdem wichtig, biblische Texte zu interpretieren, ihre Bildersprache in unsere Alltagssprache zu übersetzen, um dem Jugendlichen die Verstehbarkeit ihres Wahrheitsgehalts zu erleichtern. Das Bemühen um Verständnis kann durch Fachliteratur unterstützt werden.[41]

In einer Zeit wie der unsrigen, in der Glaubenszweifel häufig durch die maßgeblichen Medien genährt und zu oberflächlichen Vorurteilen verleiten, kann es zu einem undurchdachten Verwerfen aller religiösen Aussagen kommen. Deshalb ist die Erziehung zum Glauben heute besonders wichtig.

Gleichzeitig muss dem Erzieher deutlich sein, dass er kein Kind und keinen Jugendlichen mit Religion impfen kann, ja, es auch nicht darf. Vor dem Intimraum personaler Religiosität hat der Erzieher halt zu machen; denn er kann letzte Entscheidung nicht abnehmen. Das verbietet unter anderem auch die Beachtung der Menschenwürde des Jugendlichen.

Zusammenfassung

Ziel der Erziehung zum Glauben muss es sein, den Menschen in seinen transzendenten Erwartungen anzusprechen und ihm Möglichkeiten entsprechenden Denkens und Handelns zu vermitteln.

Religiöse Erziehung besteht im Vorleben der eigenen Bindungen und Verantwortlichkeiten, der eigenen Einsichten in die Grenzen des Menschen, der Möglichkeiten, Frieden zu halten, Versöhnung zu suchen und zu geben.

Sie besteht außerdem im ehrlichen Gespräch, das sich auf die Verständnismöglichkeiten der Kinder in den verschiedenen Entwicklungsphasen einstellt. Dem Kleinkind können, seinem Alter entsprechend, verständliche biblische Geschichten erzählt werden. Beim Jugendlichen ist das „Vorleben" christlicher Gesinnung von größter Wichtigkeit.

Zu verwerfen ist jegliche Art, Glaubensformen autoritär zu verlangen – das kann negative Folgen haben, vor allem die, dass den Heranwachsenden der Zugang zur Religion verstellt wird.

VI.

Erziehungsschwierigkeiten und Wege ihrer Überwindung

Viele Erziehungsschwierigkeiten heute sind nicht allein oberflächlicher, nur vorübergehender Art. Ein großer Teil der Kinder leidet unter seelischen Störungen, weil ihre Lebensbedingungen in den ersten Jahren ihrer Entfaltung unzureichend erfüllt wurden. Es ist sehr wichtig, solche Störungen im Ansatz zu vermeiden (s. Kapitel II, 1 und 2). Darum sollen ihre Erscheinungs- und Entstehungsweisen im folgenden Kapitel ausführlich dargestellt werden. Ob wir in Zukunft Chancen haben werden, ein gesundes seelisches Gedeihen der Menschen zu erreichen, hängt davon ab, wie viele Eltern kleiner Kinder begreifen, dass die Verantwortung dafür auf ihren Schultern liegt.

1. Antriebsstörungen aus dem ersten Lebensjahr und ihre Überwindung

Beispiel eines kontaktgestörten Kindes: Lena, sieben Jahre alt

Lena war von einer distanzlosen Vertraulichkeit zu Menschen, die sie kaum oder nur flüchtig kannte. Durch diese Eigenart hatte sich die Beziehung zwischen ihr und ihrer Mutter so weit verschlechtert, dass es zu einem Prozess wegen Kindesmisshandlung für die Mutter kam. Dabei kam über das Verhalten des Kindes Folgendes zutage:
Lena kam selten auch nur annähernd pünktlich wieder nach Hause, wenn sie erst einmal den Blicken der Mutter entschwunden war. Am schlimmsten war für die Mutter das Warten mittags geworden, seit Lena zur Schule ging. Sie hatte einen Schulweg von etwa zwei Kilometern, brauchte dazu aber meist mehrere Stunden. Sie lief Kindern nach, die sie zufällig traf, sprach mit den Arbeitern auf den Feldern. Einmal hatte die Mutter sie angetroffen, wie sie mit einem „richtigen Landstreicher" Mahlzeit hielt. Auf diese Weise blieb nicht viel Zeit für die Schularbeiten – aber das interessierte das Kind gar nicht; es machte ihm anscheinend nichts aus, wenn es Strafarbeiten bekam oder

nachsitzen musste. Vom Lernstoff hatte Lena ohnehin kaum etwas aufgenommen, so dass die Lehrerin es bereits in Erwägung zog, sie in eine Sonderschule umzuschulen. Aber das Register der Klagen über Lena war damit keineswegs zu Ende. Lena war nicht nur ungehorsam, sondern sie spielte der Mutter auch üble Streiche: indem sie das
Ventil aus dem Fahrrad zog, die Hausklingel abmontierte, mit Nasen-
sekret schmierte und Löcher in das Holz der Sessel piekte. Besonders
aber kränkte es die Mutter, dass sie so übertrieben vertraulich mit
Fremden war, ja sogar den ihr neuen Stiefvater gegen die Mutter aus-
spielte. Nachts kamen die Eltern, die mit dem Kind in einem Raum
schliefen, nur unzureichend zur Ruhe; denn Lena begann, kaum dass
sie schlafen sollte, in ihrem Bett mit Kopf und Rumpf hin- und herzuschlagen, und zwar stunden-, oft nächtelang.

Verschiedene Untersuchungen hatten gezeigt, dass Lena zwar einen
geistigen Entwicklungsrückstand hatte, aber keineswegs schwachsinnig oder hirnorganisch krank war. Wie hatte es dann zu diesen
schweren Verhaltensstörungen, zu diesem Phänomen der Bindungslosigkeit bei gleichzeitiger Taktlosigkeit kommen können?

Die Vorgeschichte gibt darüber einige typische Aufschlüsse: Lena
war unehelich geboren. Die Mutter hatte in einem Heim entbun-
den und das Kind dann in den folgenden vier Jahren dort belassen,
da sie darauf angewiesen war zu arbeiten. Als sie schließlich geheiratet hatte, hatte sie das Kind sofort zu sich genommen. Aber die
Freude über diese glückliche Schicksalswende war bald durch die
Schwierigkeiten, die die Erziehung des Kindes bereitete, geschmä-
lert worden: Lena zeigte eine noch unzureichende Sprachentwicklung, war nicht sauber und störte den Familienfrieden durch nörgelnde oder hitzig-trotzige Riesenansprüche bei Tag und bei Nacht.
Bald kamen die Eltern auf den Gedanken, dass sich hier die ver-
meintlich schlechten Eigenschaften des Mannes, der damals die junge Mutter im Stich gelassen hatte, vererbt haben müssten, und sie
machten sich mit Heftigkeit, aber ohne Erfolg daran, diesen Teufel
auszuprügeln.

Ähnlich pflegt das Zustandsbild mancher Kinder auszusehen, die
ihre erste Lebenszeit im Heim verbrachten. Ähnliche Erscheinungs-
bilder sehen wir aber auch nicht selten bei Kindern, die während des
ersten Lebensjahres mehrere Monate in einem Krankenhaus liegen
mussten, und bei anderen, die in der zweiten Hälfte des ersten Le-

bensjahres über längere Zeit von ihren primären Pflegerinnen getrennt wurden und einen häufigen Wechsel der pflegenden Personen erfuhren.

Diese Zusammenhänge sind in der letzten Zeit umfänglich untersucht worden. Dabei kam es zu der übereinstimmenden Erfahrung, dass ein Kind, das zwar in einer hygienisch einwandfreien Umgebung, aber ohne hinreichende individuelle Betreuung und liebevollen Kontakt zu einer Pflegenden aufwachsen musste, seelisch nicht gut gedieh. Ein solches Kind entwickelt sich nicht nur langsamer, sondern es ist häufig auch anfälliger für körperliche Leiden und zeigt im Gegensatz zu gesunden Säuglingen in der zweiten Hälfte des ersten Lebensjahres manchmal sogar eine apathische Lethargie. Es kann die Gegenstände nicht mit ruhigem Interesse anschauen, erfassen und wieder erkennen. Später zeigt sich, dass es keine Bindung an andere Menschen hat und zudem seine Aggressionen häufig nur unzureichend steuern kann. Das alles geschieht außerordentlich häufig, wenn ein Kind vom dritten bis zum achtzehnten Lebensmonat nicht von einer immer gleichen Pflegerin versorgt oder von dieser grob vernachlässigt oder ohne gefühlswarmen Kontakt gelassen wird. Man nennt die auf diese Weise entstandenen krankhaften Erscheinungen „Hospitalschaden"[42].

Wie manches Jungtier hat anscheinend auch der Mensch innerhalb der Säuglingszeit eine so genannte sensible Phase, in der er die Fähigkeit erwirbt, seine Pflegerin zu erkennen und sich in einem Identifikationsprozess an sie zu binden. Dieser Prozess wird dadurch eingeleitet, dass der Säugling vom zweiten Lebensmonat ab bei der Fütterung das Gesicht der Pflegenden unausgesetzt fixiert (Kapitel II).

Der geistige Entwicklungsprozess solcher Kinder wird dadurch behindert, dass ihnen durch den Mangel an Möglichkeiten zur Bindung in der frühen Kindheit später das Gefühl von Sicherheit, von „Urvertrauen" fehlt, so dass die unbekannten Anreize von außen mit vermehrter Angst und Unsicherheit erlebt werden. Diese Angst führt dazu, dass das Kind sich mehr und mehr verschließt und sich immer mehr zurückzieht oder mit unangemessener Aggression wie auf einen existentiellen Notstand reagiert. Diese Verhaltensmuster erschweren ebenso die Sozialisierung wie die intellektuelle Entfaltung eines Kindes. Deshalb werden von den Heimkindern nur zwanzig von hundert mit sechs Jahren schulreif, deshalb ist der Anteil der Sonderschüler unter den Hospitalgeschädigten so hoch. Der angebotene Lernstoff bleibt solchen Kindern fremd, weil sie weder neugierig noch wissensdurstig sein können. Das unpassende Verhalten in der Gemeinschaft und die schulischen Misserfolge verstärken bald das Empfinden von Verlassenheit und begünstigen im Teufelskreis die Isolierung.

Die Therapie solcher Verhaltensstörung ist langwierig und zeitraubend. Sie erfordert unermüdlichen Einsatz, Geduld und Fachkenntnisse, um die abwegigen Verhaltensweisen des Kindes auch nur zu verstehen. Heimkinder, die im zweiten Lebensjahr in eine Pflegestelle übernommen werden, sind gelegentlich mit Hilfe gezielter, wiederholter Erziehungsberatung symptomfrei geworden. In diesen Fällen war eine Bedingung für die glückliche Entwicklung, dass es der Pflegemutter gelang, durch einen sehr ausschließlichen Kontakt mit dem Kind die versäumte Mutter-Kind-Beziehung herzustellen. Dies geschieht aber nur ausnahmsweise, und auch dann lässt sich die Störung des Kindes nur selten vollständig beseitigen.

Auch wenn die Erstsymptome abgebaut sind und sozial angepasstes Verhalten mit Hilfe einer Therapie oder unter extrem günstigen Lebensumständen erreicht ist, bleibt die Toleranzschwelle für Belastungen anscheinend häufig hoch und kann – auch noch im Erwachsenenalter – zu erheblichen Lebensschwierigkeiten führen. Solche Erwachsenen fühlen sich dann nicht in der Lage, in langsamer Stetigkeit freundschaftliche Beziehungen zu entwickeln; es ergreift sie vielmehr bei Angeboten von Freundschaft und Vertrauen Angst. Das Misstrauen, unter dem sie selbst leiden, projizieren sie darüber hinaus in den anderen hinein, werfen ihm Zudringlichkeit, Neugier, Taktlosigkeit oder Mangel an Zuwendung vor und zerstören auf diese Weise die Beziehung. Zunehmende Isolation bis zur Verschrobenheit und Tölpelhaftigkeit kann die Folge sein. Das Unvermögen, sich zu binden, kann aber im Erwachsenenalter auch noch die Gefahr krimineller Entgleisungen heraufbeschwören; denn diese Unfähigkeit ist gleichbedeutend mit dem Fehlen von Verantwortungsgefühl. Ohne solche steuernden Kräfte aber sind die Gefahren aggressiver und sexueller Triebdurchbrüche besonders groß, vor allem, wenn Kontaktmöglichkeiten fehlen. Gewalt- und Triebverbrecher sind daher häufig Menschen, die bereits durch ihre Kindheit hindurch einsam und ausgeschlossen waren.

Mädchen wie Lena neigen dazu, im Jugendalter sexuell zu verwahrlosen, falls sie erste sexuelle Erlebnisse als seelische oder auch materielle Zuwendung erfahren. Jungen mit Störungen dieser Art beginnen oft an der Schwelle zum Erwachsenenalter zu vagabundieren und geraten im günstigsten Fall in den „Hafen", auf das Schiff, wohin es sie suchtartig zieht – aus dem unbewussten Versuch zur Selbstheilung: nämlich Geborgenheit und Bindung zu erfahren auf dem Schiff, das sie trägt. Viele verfallen einer Sucht.

Aber auch viele Kinder, die ihre erste Lebenszeit in Familien verbrachten, zeigen die typischen Verhaltensstörungen eines Kindes, das anfangs nicht an nur eine Person gebunden war, und zwar immer dann, wenn die Mutter, aus welchen tragischen Gründen auch immer, aus Unkenntnis oder falscher Information, keine Zeit für das Baby hatte und es mehreren, wechselnden Ersatzpersonen überließ. Trennungsschocks im Kleinkindalter können die traumatische Ursache gefährlicher seelischer Fehlentwicklungen sein. Die Variation zum Fall Lena besteht freilich meist darin, dass solche Kinder weniger drängend in der Kontaktsuche sind, sondern vielmehr ihre fundamentale Unsicherheit und Orientierungslosigkeit durch geltungssüchtiges Gebaren zu kompensieren suchen. Außerdem klagen ihre Mütter oft über Unordnung in der Kleidung, über unzureichende Körperpflege und steuerlose Aggressivität. Die „Verwahrlosung" dieser Kinder trägt aber einen deutlich anderen Akzent als die Protesthaltung jener Kinder, die gegen eine zu stark autoritäre Erziehung opponieren. Während die zu stark gegängelten Kinder unglücklich an den Fesseln zerren, die ihre Entfaltung behinderten, kennen diese Kinder keine Grenzen, weil ihnen die Möglichkeit, aus Zuneigung zu schonen, fremd geblieben ist. Die Entfaltung von Verantwortungsgefühl und Gewissen wird infolgedessen behindert. An ihre Stelle treten Anspruchshaltungen, illusionäre Riesenerwartungen und eine Nerven zermürbende oppositionelle Haltung. Die Gestimmtheit, zu kurz gekommen zu sein, die diese Kinder als Gefühlsprägung aus ihrer ersten Lebenszeit mitbringen, kann durch die zunehmende Enttäuschung über die Realität (da die illusionären Riesenansprüche nicht erfüllt werden) zu einem aktiv-feindseligen Protest gegen die bestehende Ordnung führen, für die Banden aller Art einen fragwürdig fruchtbaren Nährboden bilden.

Beispiel eines depressiven Kindes: Kevin, acht Jahre alt

> Kevins Mutter ist entsetzt über das Arbeitsverhalten ihres Jungen. Er sei nicht zu bewegen, seine Schularbeiten zu machen. Meist finge er gar nicht erst an, säße Nägel kauend vor dem Fernsehapparat oder trinke Brause. Nur mit Zwang, Schimpfen oder gar Schlägen sei er schließlich bereit, einen Anfang zu machen. Dabei schriebe er dann viel zu schnell, so dass die Schrift unleserlich sei und die vielen Fehler es meistens notwendig machten, die Arbeit zu wiederholen. Die Lehrerin sieht für ihn im dritten Schuljahr keine Versetzungschance. Sie schimpft viel mit ihm, lässt ihn wegen versäumter Schularbeiten nachsitzen und beschwört die Mutter, sich mehr um das Kind zu kümmern. „Aber daran kann es ja gar nicht liegen", meint die Mutter unglücklich. „Ich sitze ja schon die ganzen Nachmittage dahinter und bin selbst bald am Ende meiner Kräfte!" – Kevin hat einen Bruder, der sich völlig anders verhält: Er arbeitet zügig und ist danach ebenso intensiv beim Spielen. „Kevin hat eben keinen Trieb", meint die Mutter resigniert, er sei gleichgültig gegen die vielen Tadel und Misserfolge – nur manchmal sage er unvermittelt: „Ich möchte gar nicht mehr leben!"

Interessanterweise zeigt sich, dass die frühe Kindheit dieser Brüder sehr unterschiedlich war.

Kevin wurde mit einer Hasenscharte geboren, so dass er nicht saugen konnte. In einer Kinderklinik wurde er zunächst lange Zeit künstlich, danach mit einem weiten Flaschensauger ernährt, so dass das Kind nur zu schlucken brauchte. Die ersten drei Monate seines Lebens blieb es in dieser Klinik, nach zwei weiteren Monaten zu Hause wurde die Hasenscharte operiert, wodurch abermals ein vierzehntägiger Klinikaufenthalt nötig wurde. Während dieses zweiten Krankenhausaufenthaltes bekam das Kind ein Hautleiden, das erst jenseits der Säuglingszeit allmählich verschwand. – Der Bruder Kevins hingegen hatte eine sehr unkomplizierte Vorgeschichte: Er wurde gesund geboren, von seiner Mutter ein halbes Jahr lang gestillt und war im Gegensatz zu Jürgen, der viel schrie, ein immer strahlender, still-zufriedener Säugling.

Geschichten dieser Art werfen ein eindrückliches Licht auf eine Verhaltensstörung, die heute bei Kindern am häufigsten zu verzeichnen ist. Das Unvermögen zu arbeiten, der Mangel an Durchhaltefähigkeit und zielstrebiger Ausdauer steht im Mittelpunkt des Fehlverhaltens. Regelmäßig sind diese Kinder mäßige oder schlechte Schüler und einem Dauerbeschuss anfeuernder Erziehungsmaßnahmen ausgesetzt. In den meisten Fällen sind sie Nägelkauer, häufig exzessive Daumenlutscher, und oft zeigen sie gleichzeitig ein übersteigertes, gierig-neidisches Bedürfnis nach Essen und Trinken und nach Besitz. Diese merkwürdige Beziehung zwischen Bequemlichkeit und Unersättlichkeit zeigt sich im Zusammenhang mit Trinkschwierigkeiten oder Fütterungsfehlern in der Säuglingszeit. Kinder wie Kevin, die – gleichgültig durch welche Umstände – in ihrer ersten Lebenszeit unzureichend oder in einer falschen Weise – nämlich ohne Sauganstrengung oder nach überdehnten Pausen – ernährt wurden, erwerben eine Schädigung des Antriebes „sich etwas zu erarbeiten" (s. S. 19f.). Sie scheinen bereits in der Säuglingszeit zu resignieren. Sie werden durchtränkt von einem Gefühl der Hoffnungs- und Zwecklosigkeit. Sie können später weder bei konstruktiven Spielen noch bei einer Arbeit ausharren, weil sie die Erfahrung von Befriedigungserlebnissen als Ergebnis einer vollbrachten Anstrengung nicht als Voraussetzung mitbringen. Auf diesem Wege entstand in den vergangenen drei Jahrzehnten in der Bundesrepublik eine erhebliche Zahl von Verhaltensstörungen bei Kindern, die nicht selten in eine depressive Charakterstruktur im Erwachsenenalter einmündeten und einmünden.

Hat man diese Zusammenhänge erkannt, so werden auch die vielen Stereotypien um den Mundraum herum bei dieser Art von Verhaltensstörungen verständlich: Da Antriebsentlastung nicht nur durch die Füllung des Magens, sondern gleichfalls durch Tätigen des Antriebs, also durch das Saugen, erreicht wird, führt die unzureichende Befriedigung zu Ersatzhandlungen. Lutschen am eigenen Körper gibt es in vermehrter Weise selbst bei Hunden, die man aus der Flasche, statt an der Zitze ernährte. Um den Mund lecken auch Kälber, die man aus dem Eimer füttert. Im Nägelkauen der Kinder findet die ohnmächtige Wut, die durch die antreibenden Erziehungspraktiken entsteht, ein Ventil der Beschwichtigung. Nicht selten neigen Kinder mit einem gestörten Antrieb dieser Art auch zu einem vermehrten Kopfkratzen, einem Manipulieren in der Nase und zum Verzehren des Sekrets. Depressive Kinder neigen nicht selten bis zum Beginn der Pubertät zum Bettnässen. Viele von ihnen sind aufgrund ihrer gierigen Trinksucht unförmig dick.

Viele Säuglinge, die durch hoffnungsloses Schreien in einen gesteigerten Erregungszustand geraten, entdecken jene Formen der Beschwichtigung, die nicht selten lebenslänglich als Stereotypien beim Einschlafen bestehen bleiben: Sie beginnen mit Kopf und Rumpf hin- und herzuschlagen. Diese so genannten Jaktationen sind das sichere Anzeichen von Frustrationen primärer Antriebe in der ersten Lebenszeit eines Kindes (vgl. hierzu Lena, S. 218 ff.).

Als Folge von Antriebsstörungen dieser Art treten häufig auch Diebstahlsdelikte auf, nach dem Motto: Wenn man schon keine Aussicht hat, etwas zu bekommen – vielleicht lässt es sich doch erzwingen, erlisten, rauben oder ertrotzen. Vor dem Diebstahl bereits ist das Kind im Grunde seiner Seele verzweifelt, unzufrieden, allein und ohne Hoffnung, je zufrieden-satt und geliebt zu sein. So stellt der räuberische Übergriff ein trotziges „Dennoch" gegen ein als ungerecht und unerbittlich empfundenes Schicksal dar – mag die reale Situation des Kindes einem Außenstehenden auch noch so harmonisch und sorglos erscheinen. Und im Teufelskreis verstärkt sich die Störung, wenn nach der Tat neuer Liebesentzug und als Strafe Ausschluss aus der Gemeinschaft die Folge sind.

Die Zahl der aufgedeckten Diebstahlsdelikte – begangen von Kindern zwischen sechs und vierzehn Jahren – ist in den vergangenen Jahrzehnten konstant angestiegen!

Das Tragische im Schicksal aller depressiven Kinder ist die Tatsache, dass die Störung in den seltensten Fällen erkannt wird. Die Passivität wird mit Diffamieren und Antreiben zu ändern gesucht, die Gier mit Versagung beantwortet; für das Einnässen werden Tausende von Kindern noch heute geschlagen und gequält.

Im Allgemeinen führt ein derartiges Frühschicksal später in eine typische Charakterstruktur, die zwischen den Extremen Passivität und gieriger Betriebsamkeit schwankt. Solche Menschen neigen zu einem unüberlegten, alle Grenzen überschreitenden Impuls zum

Verschlingen, zu ungeduldigem und unduldsamem Raffen – sowohl von Nahrungsmitteln als auch von Menschen. Häufig leiden sie später unter Fettsucht, Trunksucht, Nikotinsucht; sie gönnen ihren Mitmenschen aus Furcht vor dem Verlassenwerden keine Ruhe, keine Distanz, kein Eigensein. Die innere Unruhe der Depressiven liegt in der – meist verdeckten – Angst, leer zu bleiben, immer zu kurz zu kommen, wobei es typisch ist, dass sie ihre Wünsche nicht einmal kennen, dass sie wunschlos, das heißt Wunsch verdrängt unglücklich sind. In besonders schweren Fällen versinken diese Kranken in Hoffnungslosigkeit und schlaflos-quälende Trauer, für die eine entsprechende äußere Ursache nicht gefunden werden kann.

Die depressiven Störungen zeigen sich im Ansatz bei Kindern im Alter von drei bis vier Jahren. Sie entwickeln wenig Initiative zum Spielen, zeigen sich – besonders am Morgen – nörgelnd-unlustig. Außerdem beginnt das Manipulieren am eigenen Körper einen breiteren Raum einzunehmen als expansive Tätigkeit. Meist bleiben diese Anzeichen bis ins Schulalter unerkannt. Erst die Kette der schlechten Noten im dritten und vierten Schuljahr wirkt alarmierend. Denn besonders die Schulmisserfolge, die hier primär auf der Basis der resignierten Trägheit entstehen, verstärken die Störung. Die Kinder werden zum Sündenbock, und ihre Grunderfahrung verhärtet sich: dass sowieso alles zwecklos sei.

Unsere Zeit trägt zusätzlich dazu bei, dass die Zahl der Kinder, die derartige Verhaltensstörungen haben, immer mehr zunimmt: Der Überfluss an Konsumgütern, die vielen technischen Hilfsmittel – das alles wirkt nicht gerade dahin, die Lust zur Anstrengung zu fördern, im Gegenteil: Sie wirken wie eine einzige große Verwöhnung, die die Passivität fördert und unterstützt. Das passive, stundenlange Sitzen vor Fernsehschirm, Computer oder im Auto macht diese Kinder nur momentan zufrieden. Im Grunde führt das Fehlen motorischen Tätigseins zu einer Stauung der entsprechenden Antriebe, macht gespannt-unzufrieden und findet nur allzu häufig Ventile in ungesteuert-aggressiven Handlungen, die unangemessen, häufig sinnleer und lediglich scheinbar zielgerichtet sind.

Wie kann man diesen – in der Säuglingszeit geschädigten – Kindern helfen, aus diesem Teufelskreis herauszukommen? Es muss ihnen über einen langen Zeitraum hindurch immer wieder die Erfahrung vermittelt werden, dass es sich lohnt, sich anzustrengen, dass der Erfolg eintritt und dass es eine Freude nach vollbrachter Tat gibt, die größer ist als ein bequemes Ersatzgenießen vor der Arbeit, das die tödliche Langeweile im Schlepptau führt. Laien können das am besten mit Hilfe des Spielens und Bastelns durchführen. Der Erwachsene muss sich Zeit nehmen, sich täglich spielend mit dem Kind zu beschäftigen; dabei kommt es darauf an, dass das Kind so viel wie möglich allein tut, dass es selbst nachdenkt und entscheidet. Es muss so viel Initiative, als es noch hat, aktivieren. Das fordert von dem Erwachsenen ein erhöhtes Maß an disziplinierter Zurückhaltung. Andererseits sollte der Erwachsene ermutigend und schließlich auch einmal helfend eingreifen, wenn das Kind aufgeben will. Dabei sollte mit den einfachsten Spielen und dem variabelsten Bastelmaterial begonnen werden. Bausteine wie Lego, Playmobil und Steckbausteine, Ton- und Fingerfarben, Kaufmannspielen und Kochen können Hilfen sein. Die Hauptsache ist, dass das Kind lernt, zunächst für Minuten, später für Viertelstunden, dann für Stunden sich anzustrengen und an seinem eigenen Werk Freude zu haben. Dabei hat die Zuwendung und die Anerkennung, die ihm auf diese Weise von dem Erwachsenen zuteil wird, nicht zuletzt einen großen therapeutischen Wert. Selbst das Bettnässen der Kinder verschwindet häufig ohne spezielle Therapie, wenn es dem Erziehenden gelingt, einen liebevollen Kontakt zu dem Kind herzustellen, der ihm Anstrengungsbereitschaft und Aufmerksamkeit lohnend erscheinen lässt. Ein Teil der Arbeit des Kinderpsychotherapeuten liegt auf dem Gebiet dieser geduldigen, gezielten Hilfe.

2. Antriebsstörungen aus dem zweiten bis vierten Lebensjahr und ihre Überwindung

Beispiel eines hypermotorischen Kindes:

Von seiner Tante wurde der 6-jährige Jonas zur Behandlung gebracht. Aber es gab kaum Gelegenheit, mit ihm einen Kontakt herzustellen. Er kam gar nicht erst herein. Vor der Tür schlug er, nachdem sie geöffnet war sofort einen Haken nach rückwärts und verschwand hinter der Eingangsmauer – allerdings nicht länger als drei Minuten, dann kam er fußballernd wieder daraus hervor und schoss den Ball gerade eben noch an der Fensterscheibe vorbei. Aber das Interesse an diesem Spiel war auch sogleich vorüber. Stattdessen hatte er eine Schaufel entdeckt und versuchte damit, in die allerdings viel zu harte Erde vorzustoßen. Dann versuchte er einen Baum zu erklettern, rutschte rasch wieder ab und begann stattdessen einen Pflaumenbaum zu schütteln.

Die Verwandte klagte seufzend: Es ist mit ihm überhaupt nichts anzufangen. Zwar ist er als schulreif eingeschult, aber auch dort ist kein Auskommen mit ihm. Den Mädchen stellt er ein Bein und die Jungen schubst er weg. Schularbeiten hat er noch nie gemacht. Der Lehrer rät zur Ausschulung.

Die Vorgeschichte ergab, dass der Junge das einzige Kind vielbeschäftigter Eltern war. Beide hatten sie vollständig ausfüllende Berufe inne und hatten sich kaum um ihren Jungen gekümmert. Er war ein unerwünschtes Kind, die Mutter war bald nach seiner Geburt wieder auf ihren Vorstandsposten zurückgekehrt und hatte ihn von rasch wechselnden Au pair Mädchen betreuen lassen. Er war ein Schreibaby gewesen. Beide Eltern hatten sich dem antiautoritären Prinzip verschrieben. „Am besten gedeihen Kinder, die man tun lässt, was sie wollen", sagte der Vater. „Dann kommt am ehesten etwas dabei heraus".

Die Tante berichtete weiterhin, dass der Junge zwar ein schönes geräumiges Zimmer habe, das aber von einem unbeherrschbaren Chaos durch eine Masse von Spielsachen gefüllt sei, viele auch bereits unbrauchbar, weil zerfleddert und zerstört. Es war ihm aufgetragen, sein Bett selbst zu machen, was aber nie geschah. Die Eltern seien so gleichgültig, dass ihnen nicht einmal auffiele, wie kaputt ihr Junge doch bereits sei, berichtete die Tante.

Jonas ist das Beispiel eines extrem antiautoritär erzogenen, und das heißt praktisch eines vernachlässigten und damit eines verwahrlosten Kindes. Auch solche Kinder sind unruhig, weil sie nach dem Richtigen suchen. Schrankenlosigkeit wird von den Kindern eben als Ungeborgenheit erlebt, und das macht ihnen unbewusst Angst und bewirkt eine Hektik, die nach Umfriedung und Geborgenheit sucht.

Dadurch entsteht keineswegs weniger, sondern mehr Aggressivität. Sie baut auf einer Suche nach Orientierung und Strukturierung auf, die zu den Bedürfnissen jedes Menschenkindes gehören. Antriebsstörungen dieser Art haben ihr Zeitfenster in der Zwei- bis Vierjährigkeit. Besonders hier beginnt bei einer laisser-faire-Erziehung die Motorik geradezu auszuarten und sich zu verselbstständigen. In diesem Zeitabschintt kann es aber durch ein anderes Extrem in der Erziehung ebenfalls zu erheblichen Schwierigkeiten kommen. Hier das Beispiel einer zwanghaften Entwicklung: Klaus, acht Jahre alt.

> Klaus hatte die üble Angewohnheit entwickelt, sich mit den Zähnen die inneren Wangenhäute zu zerbeißen. Er konnte vor Schmerzen nicht mehr richtig essen. Außerdem schrie er seit Jahren nachts mehrere Male laut auf und lief dann weinend durchs Haus. Er litt an einem Blinzeltic und war bei einem herabgesetzten Allgemeinzustand ein schlechter Schüler des dritten Grundschuljahres. Sein Gang war tapsig, noch wie im frühkindlichen Stadium, seine Sprechweise abrupt, zerhackt. Sein Kopf schien in die Schultern hineingeduckt, die Augen hielt er auf den Boden gesenkt.
>
> Die Eltern berichteten, Klaus träume von Hexen und Spinnen und überhaupt von allerlei schnappenden, beißenden Ungeheuern, die ihn verfolgten und gefangen nähmen. Das Kind habe überhaupt eine abnorme Angst vor Spinnen, nach denen allabendlich das Zimmer abgesucht werden müsse und die sorgfältig und mit übertriebenem Eifer beseitigt werden müssten, bevor das Kind Ruhe fände. Die Schulschwierigkeiten sind nach Ansicht der Eltern vor allem dadurch bedingt, dass Klaus sich außerordentlich schwer entschließen könne, mit seiner Arbeit zu beginnen, dass er von einer weinerlichen Übergenauigkeit sei und vor lauter Drang zur Vollkommenheit häufig viel zu wenig zustande brächte. Im Allgemeinen sei er geduldig und brav, ja er gäbe viel und gern ab, nur erschrecke er die Familie gelegentlich einmal durch wilde Wutausbrüche, vor allem gegen die ältere Schwester. Ihn könne dann ganz plötzlich ohne einen äußeren Anlass Zerstörungswut befallen, die er selbst freilich später tränenreich bereue.

In dieser Weise etwa treten die Erstsymptome einer bestimmten seelisch bedingten Verhaltensstörung in Erscheinung, die wir als Zwangsstörung bezeichnen. Sie zeigt sich hier in charakteristischen Merkmalen: einmal in der selten fehlenden Verarmung und Einschränkung der Motorik gekoppelt mit einem Symptom innerhalb der willkürlichen Muskulatur, hier dem Tic, zum Zweiten in der stillen Bravheit, ja Übergefügigkeit gekoppelt mit Inseln des jähzornigen Durchbruchs, dem Beißzwang, den Verfolgungsträumen, zum Dritten in der betonten Gebefreudigkeit gekoppelt mit einer Produktionshemmung und skrupelhaftem Zweifel, hier bei der Schularbeit.

Ein wesentliches Anzeichen seelisch bedingten Fehlverhaltens mag hierin schon deutlich werden: Es ist gekennzeichnet durch ein jeweils verschiedenes, aber spezifisches Unvermögen, das der Theorie nach durch die Hemmung eines Antriebes verursacht wird. Dieser gehemmte Antrieb tritt dann häufig im Symptom oder in einer entgegengesetzten Haltung dennoch als Rest in Erscheinung.

Zur Verdeutlichung sollen am Beispiel Klaus die Fragen beantwortet werden: Welche Antriebe wurden denn in diesem Fall gehemmt? Wann und auf welche Weise kann es zu ihrer Hemmung gekommen sein? Dazu ist es nötig, sich mit der Vorgeschichte des Kindes zu beschäftigen:

> Klaus war nach Angaben seiner Eltern ein erwünschtes Kind, dessen Geburt und Säuglingszeit störungsfrei verlief. Eine wesentliche Veränderung in der Familie sei dadurch eingetreten, dass die Mutter, als Klaus sechs Monate alt war, ein Geschäft übernahm und die Großmutter zu dieser Zeit ins Haus genommen worden sei, um seine Pflege zu übernehmen. Sie verwandte viel Strenge, viel Mühe und viel Sorgfalt auf die Erziehung dieses Enkels. Die Sauberkeitserziehung erfolgte früh und mit viel Konsequenz. Angeblich soll das Kind mit einem Jahr und drei Monaten rein gewesen sein, was die Mutter mit den älteren Geschwistern keineswegs zustande gebracht habe. Als Züchtigungsmittel habe die Großmutter die Hundeleine und den Keller benutzt, in den sie das Kind einsperrte, wenn es nicht gehorchte. Mit Argusaugen wurden die Mahlzeiten überwacht und mit strengstem Essenszwang belegt. Die Motorik des Kindes wurde aus Besorgtheit und Verantwortungsgefühl weitgehend eingeengt; das Kind durfte nur in Begleitung der Großmutter und an ihrer Hand draußen sein, es durfte sich nicht schmutzig machen und war in seiner Kindheit von einer Mauer von Verboten, Strafen und Einengungen umstellt.

Unter diesem Einfluss einer Atmosphäre von Härte einerseits und Verwöhnung andererseits wuchs das Kind heran. Dabei war es für Klaus geradezu schicksalhaft, dass diese erziehungswütige Großmutter zu einem Zeitpunkt auftauchte, als das Kind am Anfang der Entwicklung zu lebensnotwendigen Antriebsbereichen stand: denen sei-

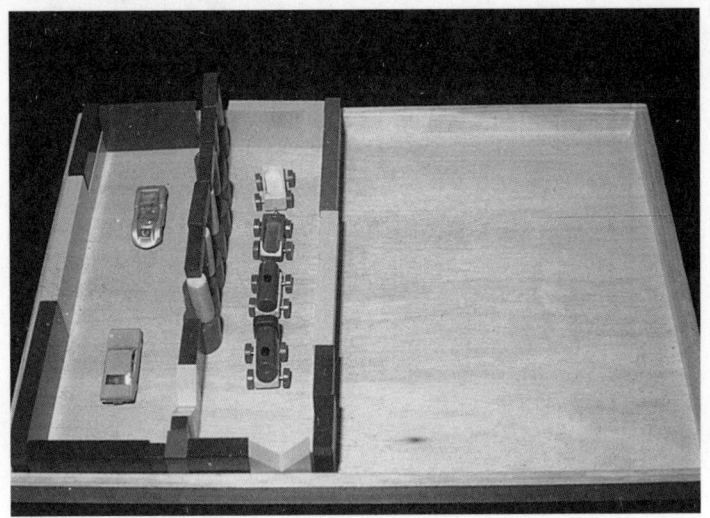

Scenotest eines Kindes, dessen motorische Antriebe unterdrückt wurden. Die Einschränkung des Verhaltensspielraumes zeigt sich in der unnötigen „Beschränkung" auf einen Teil der Platte und im Eingeschlossensein der Verkehrsmittel.

nes Bewegungsdranges, seines Wollens und seines Besitztriebes. Sie haben, da sie für die Entwicklung des Menschen notwendig sind, drängenden starken Charakter. Motorische Betätigung ist einem ein- bis zweijährigen Kind ein starkes Bedürfnis und bereitet ihm Vergnügen, Behinderung der Bewegungsmöglichkeiten über lange Zeit bedeutet meist eine erhebliche Qual.

Der kleine Klaus war immer dann, wenn er zu rennen, zu toben, zu schreien begann, von der Großmutter bestraft worden. Die Strafe ließ negative, unlustvolle Gefühlstönungen entstehen. Die Qual der motorischen Behinderung und die Angst vor der Strafe bewirkten einen Gefühlskonflikt. Schließlich wurde der eigene Impuls unter dem Eindruck sich immer wiederholender schlechter Erfahrungen als Gefahr empfunden, da die Strafe mehr gefürchtet wurde. Wird diese Gefahr zu oft und zu stark erlebt, so wird von dem Kind der Versuch unternommen, den unlustbetonten Zustand zu vermeiden, indem die gefährliche Handlung unterlassen wird. Dieser Verdrängungsvorgang führte bei Klaus dazu, dass er ein stilles, braves Kind wurde, das schon nach wenigen Jahren in seiner Motorik steif und dürftig wirkte. Und die Pervertierung des an den motorischen Bereich gekoppelten Gefühls zeigte sich in der Tatsache, dass er das Toben in freier Wildbahn verabscheute, ja, dass er ängstlich vermied, ohne Begleitung nach draußen zu gehen.

Aber der Bewegungsdrang, wie er in diesem Beispiel geschildert wurde, verschwindet im Allgemeinen nicht ganz. Irgendwo ist ein Rest doch zu entdecken: Manchmal zeigt er sich später etwa in utopischen Raumfahrtphantasien, in einer Sucht, Zuschauer von Autorennen oder sonstigen Sportveranstaltungen zu sein, häufig aber auch im körperlichen Bereich, etwa als Bewegungsunruhe oder – wie bei Klaus – als Gesichtstic. Ein Rest des gehemmten Antriebes setzt sich ungewollt also dennoch durch. Schultz-Hencke bezeichnete solche Reste der ursprünglichen Strebung als „Haltungen"[42]. Diese Haltungen dokumentieren immer die Unvollständigkeit des Verdrängungsvordranges und zeigen sich regelmäßig dann, wenn erhebliche und weitreichende Antriebsdrosselungen einen entsprechenden Impulsdruck zu Ersatzhandlungen und Durchbrüchen des verstümmelten Antriebs bewirken.

Aber bei Klaus wurden in seinem zweiten Lebensjahr nicht nur die motorischen Antriebe gedrosselt. Eng verknüpft nämlich mit der Entfaltung des Bewegungsdranges sind die aggressiven Antriebe. Sie verhelfen zur Entwicklung der Möglichkeiten, sich durchzusetzen, sich zu wehren, sie fördern den zur Selbsterhaltung notwendigen Eigenwillen. Sie unterstützen die Entfaltung von Selbständigkeit durch einen ersten Ablösungsversuch, die Trotzphase. Die Phase der Funktionsübung dieses Antriebes hat zunächst einen vorwiegend destruktiven Akzent: „Das Kind zerbricht, zerteilt, wirft weg, will Herrschaft über die Dinge erlangen, zerstört und vernichtet sie dabei".[43] Beißen, Schlagen, Treten, Zerreißen geschehen unter Beteiligung positiver Gefühlstönungen. Die Entwicklungspsychologie lehrt uns nun, dass diese destruktive Phase im zweiten Lebensjahr die Voraussetzung darstellt für eine sie ablösende konstruktive Phase. Manchmal werden aber nun selbst heute noch aggressive und destruktive Betätigungen des Kleinkindes unterdrückt, mit Strafe belegt und eingeengt, gewissermaßen im Keim erstickt. Diese Einengung der aggressiven Impulse pflegt zunächst mit einer erheblichen Verstärkung der aggressiven Regungen beantwortet zu werden. Wenn diese verstärkten reaktiven Aggressionen auf Nichtverstehen, sondern im Gegenteil auf noch härtere Unterdrückung stoßen, so muss das Kind den ursprünglichen Impuls noch stärker und zusätzlich die reaktiven Aggressionen unterdrücken. Dieses gelingt abermals nur unter dauernden Ängstigungen mit Hilfe einer Pervertierung jenes positiven Gefühlstons, der ursprünglich die aggressiven Betätigungen unterstützte: Das Kind wird übergefügig und still, ja, im Extremfall wird Erdulden, Erleiden, Gequältwerden als lustbetont erlebt. Das Bestehen solcher Gefühlstönungen beweist, dass der verbiegende Dressurvorgang gelungen ist, die Absichten des Dresseurs als die eigenen akzeptiert sind, ja, dass die Not, die Unlust der Unterdrückung eines lebenswichtigen Antriebes in die „Tugend" einer Gefühlsperversion umgewandelt worden ist.[44]

Berücksichtigen wir diese Vorstellung, so wird die Symptomatik von Klaus – die Beziehung zwischen seiner Verhaltensweise des Bravseins, der Übergefügigkeit einerseits, dem Beißzwang, dem Jähzorn und dem nächtlichen Aufschreien andererseits – besser verständlich. So wie seine übertriebene Gefügigkeit ein charakteristisches Anzeichen für eine Gehemmtheit im aggressiven Antriebsbereich darstellt, so deutlich ist das Zerbeißen der Wangenhäute ein Beweis für den unterschwellig andrängenden, den verstümmelten und pervertierten Antrieb: Klaus macht sich mit Hilfe des Beißzwanges selber leiden, ja, der Drang, gequält zu werden, ist so groß und so stark introjiziert, dass er sich den Schmerz selbst zufügen muss. Der gleiche Vorgang zeigt sich in einer dramatischen Szenerie Nacht für Nacht in Gestalt des Pavor nocturnus: Klaus träumt von Spinnen, Hexen, Ungeheuern, die ihn verfolgen und bedrohen. Und wir können sicher sein, dass diese Ungeheuer sowohl stellvertretend sind für die verdrängten und gefürchteten Antriebe als auch für spezifische Eigenschaften des die Antriebsdrosselung bewirkenden Dresseurs. „Die Traumphantasien, in denen es zu einem Furcht erregenden Zusammenprall zwischen den am Tage zurückgedrängten Impulsen und den hemmenden Kräften kommt, haben eine kompensatorische Funktion. Sie stellen einen Ausweg aus einem zwiespältigen Tageserlebnis dar und sind pathologisch, weil auch dieser Ausweg wieder in der Zwiespältigkeit endet, in nicht gelöstem Aufeinanderprallen zwischen heftigen Impulsen und Furcht".[45] Warum träumt Klaus ausgerechnet von Spinnen und Hexen? Die Hexen-Großmutter gibt es nicht erst in den Träumen von Klaus. Auch Hänsel wird schon in einen Stall gesperrt, denn schon das Märchen fand in geheizten Backöfen und brennenden Hexen Bilder und Lösungsversuche, gefangen gesetzte Antriebe mit Hilfe von explosiven Aggressionen zu befreien.

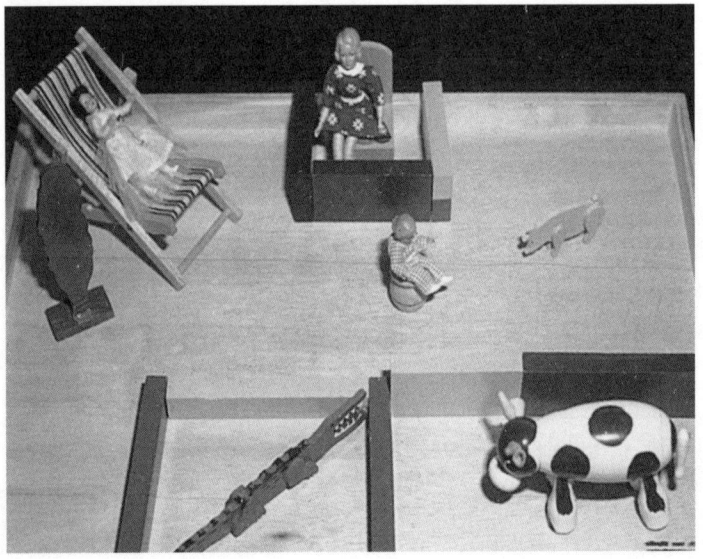

Scenotest eines Kindes, das unter einer zu früh einsetzenden und zu strengen Sauberkeitsdressur stand.

Ähnlich wie die Hemmung des Bewegungsdranges in einer Beziehung steht zum Blinzeltic, korrespondiert die Übergefügigkeit als eine Folge der Aggressionshemmung mit Haltungen wie Jähzorn, Starrsinn, dem Beißzwang und dem Pavor nocturnus (dem nächtlichen Aufschreien). Sie sind als Durchbrüche und Reste des gedrosselten Aggressionsantriebes zu verstehen.

Als drittes Gegensatzpaar war in Klaus' Verhalten sichtbar geworden: Seine auffällige Gebefreudigkeit und Schenkbereitschaft einerseits, sein Zaudern und Zweifeln, seine Verhaltenheit und Produktionsverlangsamung andererseits. Auch hier nämlich besteht eine Beziehung, die sich aus der Hemmung eines Antriebes und der Ausbildung von Haltungen als Antriebsrudiment ergibt. Dieser dritte Antrieb, der sich ebenfalls mit dem Bewegungsdrang und dem Eigenwillen im ersten und zweiten Lebensjahr entfaltet, ist der Besitztrieb. (In Kapitel II ist die Beziehung zwischen dem aufkeimenden Besitztrieb und der Dressur zur Sauberkeit beschrieben worden.)

Die Beobachtung von bestimmten erwachsenen Neurotikern hat nun regelmäßig eine merkwürdige Verknüpfung von Störungen im Bereich des Besitztriebes mit Darmstörungen, mit Leistungsstörungen im Sinne von Entschlusslosigkeit oder etwa mit einem unterschwelligen Interesse für Kot und Schmutz ergeben.

Man hat erkannt, dass es dann, wenn beim kleinen Kind die Sauberkeitserziehung zu früh, zu drängend und mit zahlreichen Bestrafungen durchgeführt wird, mit Hilfe der Umstrukturierung des begleitenden Gefühlstons zu einer Drosselung des Besitztriebes kommen kann. Diese Hemmung zeigt sich in einer charakteristischen Weise darin, dass das Kind seinen Impuls zum Behaltenwollen verdrängt und sich in einer übertriebenen Weise abgabebereit verhält, und zwar mehr und mehr nicht nur auf dem Gebiet der Darmentleerung, sondern zunehmend auch in jedem anderen Bereich, in dem Produktionen, Leistungen gewünscht werden. Dementsprechend zeigt sich der verstümmelte Antrieb in Durchbrüchen, Haltungen und neurotischen Symptomen. Während die Hemmung zum Beispiel sich als übertriebene Abgabebereitschaft, als ein Nicht-nein-sagen-Können äußert, zeigt sich das Antriebsrudiment in extrem zurückhaltenden Neigungen: als Sammelwut, als ein süchtiges Interesse für Besitz, oder, wie bei Klaus, in einer Abneigung gegen Leistungsforderungen, die sich bei den Schularbeiten zeigt. Dabei müssen wir verstehen: Mit seinem Bewusstsein ist ein solches Kind voller Leistungsbereitschaft, voller pflichteifriger Bemühtheit, aber bei sich steigerndem Leistungsdruck der Umwelt setzt sich gegen seine bewusste Einstellung die Tendenz zur Zurückhaltung mit Macht und für den Patienten in einer quälenden Weise durch.

Das Unvermögen zu lernen geht in einer bisher nicht gekannten Weise häufig auf frühe Antriebsdrosselungen zurück. Dass Funktionen des Herangehens, des Zupackens und des Behaltenwollens in einer ausreichenden Weise entwickelt und geübt worden sind, ist eine entscheidende Vorbedingung für alle Lebensbereiche, in denen derartige Impulse später notwendig werden.

Zusammenfassend kann man feststellen, dass die Verhaltensstörung von Klaus durch die Drosselung dreier Antriebe hervorgerufen wurde, die durch lang dauernde Dressurakte in der Zeit der Entfaltung dieser Impulse manifestiert wurde. Es handelt sich um den motorischen, den aggressiven und den Besitztrieb. Ist dieser Ansatzpunkt richtig, so kommt es in der Therapie auf den Versuch an, Antriebsstauungen dieser Art zu lösen, dem Antrieb übend zu seinem Recht zu verhelfen und seine Einordnung in das Verhalten des Kindes anzustreben, vorausgesetzt, dass der Prozess umkehrbar ist.

Die Erfahrung lehrt, dass es in solchen Therapiestunden nötig ist, vielgestaltige Möglichkeiten zum Ausagieren der verdrängten Impulse anzubieten, um eine Umstrukturierung zu erreichen. Der Prozess pflegt sich über einen mehr oder weniger langen Zeitraum zu erstrecken. Es ist immer wieder eindrucksvoll, wenn das Kind in einer antriebsfreudigen Umgebung seine andressierten Tabus aufgibt und in der freien Spielwahl schließlich doch das bevorzugt, was ihm am meisten Not tut.

Klaus ging nach einer ersten Phase zaghaften, dann freudigen Ausagierens der aggressiven Impulse durch Schießen mit Spielzeugpistolen, Beißen mit Krokodilen, durch Kegeln, Zerschmettern von Tonfiguren, Zerreißen von Papier und Feueranmachen zu Betätigungen des Besitztriebes über: Kaufmannspielen, Kochen und Essen, Spielen mit Spielgeld wie Monopoli und dergleichen. Die Freude an motorischer Betätigung konnte durch zuerst wildes, dann mehr und mehr geordnetes und gebahntes Agieren wieder geweckt werden. In einer charakteristischen Weise verschwanden während der Betreuung nacheinander die Symptome: zunächst jene, in denen sich der Antrieb als Rudiment äußerte: der Beißzwang, der Pavor nocturnus, die Produktionsstörung, der Jähzorn; danach jene, die Ausdruck der primären Hemmung waren: Übergefügigkeit, übertriebene Abgabebereitschaft, Lahmheit in der Motorik.

Natürlich kann eine solche Heilung nur gelingen, wenn die Eltern und Angehörigen zur Unterstützung und zur Mitarbeit bei der therapeutischen Behandlung bereit sind. Diese Arbeit wird aber durch das rasche Verschwinden der groben Symptomatik weitgehend erleichtert. Freilich ist nicht nur der Zeitpunkt der Schädigung wesentlich als Voraussetzung für die Einbahnung einer solchen Störung, sondern ebenso sind die Heilungschancen abhängig vom Zeitpunkt der Behandlung.

Fehlverhaltensweisen bei einem Grundschulkind sind keineswegs in der gleichen Weise eingeschliffen wie bei einem Erwachsenen. Bleiben solche Störungen unbehandelt, so zeigen sich meist im Erwachsenenalter entsprechende psychische Leiden. Sie alle haben an der Basis ihrer Lebenslinie die gleichen Antriebsdrosselungen in der Art, wie sie hier beschrieben sind. Riemann lässt diese Stufenfolge bei den sachlichen und pflichttreuen Menschen beginnen und schließt an: den Pedanten, den Nörgler, den Zweifler und Zauderer, den Streber, den Kriecher, den „Radfahrer", den Tyrannen, den Autokraten, schließlich den Zwangskranken verschiedener Intensität [46].

Zwangsvorstellungen und Zwangshandlungen sehen so aus, dass der Patient etwa Furcht hat, einem anderen die Hand zu geben, weil er meint, Glassplitter in den Händen zu haben; oder eine Frau muss viele Male das Essen, das sie zubereitet, überprüfen, weil sie fürchtet, Gift hineingemischt zu haben. Ein anderer muss viele Male kontrollieren, ob er den Gashahn ausgedreht hat, er muss zählen, um aggressive Gedanken abzuwehren. Solche lähmend auftretenden Zwangsimpulse sind verhältnismäßig selten, während aber geringfügigere Leiden dieser Art in verschiedensten Gradunterschieden weit verbreitet sind.

Aufgrund von Antriebsstörungen im zweiten bis fünften Lebensjahr werden manche Kinder auch zu Stotterern. In der Mehrzahl der Fälle befindet sich unter den Bezugspersonen eines stotternden Kindes ein sehr dominierender „Erzieher", der mit großer Beredsamkeit „Druck- und Pfropfpädagogik" betreibt, sei es durch die Betonung eines Erziehungsprinzips, das Gehorsam, Pflichterfüllung und Hochleistung übersteigert, etwa durch einen barschen Kommandoton. Häufig ist ein stotterndes Kind aber auch von vielen aktiv gängelnden Bezugspersonen – alten und jungen – umgeben, wobei es nicht selten der Fall ist, dass eine im Grunde auf das Geschwisterkind neidische, um einige Jahre ältere Schwester die Rolle des Tyrannen besetzt hat.

Umso größere Überraschungen bieten die so betont-braven Stotterer im Laufe einer Therapie: Vulkanartig und mit kaum bremsbarer Vehemenz bricht eine mächtige Wildheit, Unbändigkeit und Aggressivität durch – ebenso wie die traurige Behinderung im Sprechen einem starken Redefluss und Mitteilungsbedürfnis weicht. Manche Kinder, die im Spielalter eine Aggressionshemmung erworben haben, antworten aufgrund ihres anerzogenen Zwanges zur Vollkommenheit und ihrer unzureichenden Selbständigkeit und Verteidigungsmöglichkeit mit einer oft lang anhaltenden Schulangst, die gelegentlich sogar zu einem Verweigern des Schulbesuches führt. Gegen den Willen der Mutter bei ihr zu bleiben, bedeutet für ein solches Kind heimliche Rache für den Zwang, so lange und so fest und nah an sie gebunden gewesen zu sein. Mit dem Fehlverhalten hat sich für das Kind diese eine – wenn auch pathologische und am Ziel vorbeiführende – Chance eröffnet, der Mutter Widerstand entgegenzusetzen. An den vielen sadistischen Äußerungen solcher Kinder, ihren Erpressungsversuchen und Selbstmorddrohungen lässt sich dieser Sachverhalt ablesen. Diese Kinder, die in solchen Sackgassensituationen häufig säuglingshafte Verhaltensweisen zu zeigen beginnen, können die versäumte Phase der Verselbständigung meist nur unter der Anleitung von fachkundigen Ersatzpersonen nachholen, während es bei ihren Müttern oft nötig wird, mit Hilfe einer Psychotherapie die Ängste zu verarbeiten, die die Überbehütung des Kindes bewirkten.

Das steif-brave Erscheinungsbild, das diese Kinder auszeichnet, ist im Grunde nicht nur ein Charakteristikum ihrer häufig unzureichend entwickelten Motorik und ihres übersteigerten Gehorsams – diese Kinder neigen mit dem Einschleifen ihrer Haltungen zum Erstarren, zum Einfrieren ihres Gefühls- und Phantasielebens, so dass sie zunehmend pedantisch, steif-korrekt, dabei aber starrsinnig-rechthaberisch werden. Im Extremfall gibt es für sie bald nur noch eine Alternative: Vollkommenheit oder Untergang – und da dieser Anspruch für ein menschliches Wesen undurchführbar ist, bleibt ihnen im Anblick eines von ihnen gemachten Fehlers nur eine einzige Möglichkeit, wollen sie weiter existieren: die Verleugnung, das Ungeschehenmachen, die Abwehr dessen, was nicht annehmbar ist. Die Ausbrüche dieser Kinder, die oft durch eine erschreckende Vehemenz gekennzeichnet sind und daher im Erwachsenenalter die Gefahr affektgeladener Gewalttaten heraufbeschwören können, sind ungewollte Befreiungsversuche der gefangen gesetzten Antriebe gegen jene Instanz in dem Kind, die sich mit den Forderungen des Dresseurs identifiziert. So steht letztlich auch das Fehlverhalten im Dienst der Selbstheilung. Durch die kleine konfliktbeladene Person des Kindes hindurch vollzieht sich der Versuch, mit Hilfe der Störung die für die Lebensentfaltung notwendige Entspannung und Verfügbarkeit der Antriebe herbeizuführen.

Weil diese Kinder sich zu stark an die Forderungen ihrer Erzieher gebunden fühlen, gelingt ihnen nicht die Befreiung, die Mut und Initiative zum Ungehorsam, zum Protest voraussetzt. Oder aber verspätete und übersteigerte Ablösungsversuche als Durchbruch durch Gehemmtheit verfehlen das Ziel, weil sie unangemessen sind. Sie machen das Kind schuldig, so dass die Umwelt und das Gewissen des Kindes nach Bestrafung heischen und damit die Gefangenschaftssituation des kleinen Delinquenten erneuern und verstärken. Damit aber bleibt das Kind in seiner Verhaltensstörung festgebannt. Heilung setzt das Verstehen dieser Zusammenhänge, das Ausagieren und Umdirigieren der gestauten Aggressionen zu konstruktiven Handlungen und Übungen zum Erwerb einer größeren Frustrationstoleranz voraus.

Zusammenfassung

Extreme im Erziehungsstil können in der Phase der Selbstbehauptung zu sehr unterschiedlichen Verhaltensstörungen führen: Zu ADHS auf dem Boden von einem laufen-lassenden Umgang der Eltern mit dem Kind oder auch zur Anbahnung von Zwangsstörungen durch rigide Erziehungsmethoden.

3. Antriebsstörungen aus dem fünften bis siebten Lebensjahr und ihre Überwindung

Beispiel einer hysterischen (histrionischen) Entwicklung: Amely, sieben Jahre alt

> Amely fällt durch eine ausgeprägte Selbstgefälligkeit auf, die für ein siebenjähriges Kind keineswegs altersentsprechend ist. Im Unterricht ist sie fahrig-unkonzentriert und unangepasst-vorlaut. Die Mutter klagt über nächtliche Unruhe des Kindes, gesteigertes Schwitzen, Kopfschmerzen und Übelkeit.

Die Testergebnisse zeigen eine nicht kindgemäße Mischung zwischen Anziehung und Grauen in Bezug auf das männliche Geschlecht. Die Vorgeschichte erwies sich dementsprechend als ebenso ungewöhnlich. Die Mutter des Kindes hatte sich wenige Wochen nach seiner Geburt scheiden lassen, weil ihr Ehemann keine Kinder gewollt und sich schließlich nur mit der Geburt eines Sohnes einverstanden erklärt hatte. Die Mutter zog das Kind im Haus ihrer begüterten Eltern auf und heiratete erneut, als das Kind drei Jahre alt war. Nach zwei weiteren Jahren entdeckte sie ihren Mann eines Tages bei geschlechtlichen Spielereien mit dem Kind. Es hatte anscheinend bereits eine Reihe ähnlicher Szenen hinter sich, ja, eine Untersuchung ergab, dass es defloriert war. Die Mutter zeigte ihren Ehemann an und ließ sich von ihm scheiden. Unterrichtet von dem Leiden seines Kindes bat nun der leibliche Vater, die Betreuung der Tochter übernehmen zu dürfen. Aber das Kind kehrte bald zur Mutter zurück: Der Vater erklärte, Amely habe ihn wiederholt unmissverständlich und schamlos zu sexuellen Spielereien aufgefordert. Er habe schließlich das Kind verprügelt und weggeschickt. Um diese Zeit – als das Mädchen sechs Jahre alt war – hatte die Mutter einen Mann kennen gelernt, den sie demnächst zu heiraten beabsichtigte. Begreiflicherweise hatte dieser neue Anwärter sich sehr um die Gunst von Amely bemüht. Das Kind habe aber – wie die Mutter meinte – höchst seltsame Reaktionen gezeigt: Einerseits sei es voller Koketterie, wie eine kleine Dame, andererseits lehne sie den neuen Vater ab und spiele ihn wie eine Intrigantin gegen ihren leiblichen Vater aus. Diese Verhaltensweise ist typisch für eine bestimmte seelische Erkrankung: die Hysterie (neuerdings histrionische Störung).

Verhaltensstörungen dieser Art findet man bei Kindern, deren Beziehung zu den Eltern gestört wird, besonders dann, wenn diese keine Vorbilder zu sein vermögen, an denen das Kind eine vertrauensvolle Vorstellung über Mannsein oder Frausein entwickeln kann. Jenseits der Vierjährigkeit, wenn das magische Weltbild des Kindes zugunsten einer realitätsgerechteren und schärferen Beobachtung der Umwelt verblasst, scheinen die Haltungen der Eltern einen spezifisch prägenden Einfluss auf das Kind auszuüben. Wird ein kleines Mädchen in dieser Phase vom Vater oder Ersatzvater erotisch oder gar sexuell stimuliert und missbraucht, zur Geheimhaltung erpresst, nach der Aufdeckung getadelt und Verhören unterzogen wie Amely, kann seine Einstellung zum anderen Geschlecht verunsichert werden dergestalt, dass es sich zerrissen fühlt zwischen Anziehung und Furcht. Je nachdem, ob unter diesem Konflikt sexuelle Triebimpulse gänzlich verdrängt oder durch die Stimulation verfrüht gesteigert werden, kann es in der Pubertät zu vermehrten Schwierigkeiten kommen. Unter der Dominanz der Angst verstärken sich entweder die psychosomatischen Symptome – Ohnmachten, Straßenangst, Esskrankheiten sind in diesem Zusammenhang keine Seltenheit –, oder verfrühte sexuelle Kontakte, Promiskuität oder Prostitution bilden die Konsequenz der unharmonischen Entwicklung. Es kann aber auch sein, dass bei Mädchen das entstellte Vaterbild später lediglich eine fundamentale Unsicherheit in Bezug auf Partnerschaftsbeziehungen hervorruft. Solche Mädchen schwanken dann zwischen Koketterie und Genitalangst. Feste Bindungen bleiben oft zeitlebens in Frage gestellt, so dass sich die gespannt-suchende Rollenhaftigkeit zum Charakterzug verfestigt.

In den Vorgeschichten von hysterischen Frauen finden sich häufig harte und abstoßende Väter, wobei der Trunkenbold und der Jähzornige ebenso Hysterie fördernd wirken wie jene Väter, die ihre kleinen Töchter in der sensiblen Phase erotisch stimulieren. Die Gefahr der Verhaltensstörung ist für ein Mädchen aber umso größer, je weniger die Identifikation mit der Mutter gelingt – in den meisten Fällen dadurch, dass sie dem Mädchen kein erstrebenswertes Vorbild natürlicher Weiblichkeit vorlebt.

Bei Männern werden Störungen zum weiblichen Geschlecht nicht selten durch Mütter hervorgerufen, die von ihren kleinen Söhnen – oft durch erotisches Gehabe ihnen gegenüber – als abstoßend und Abscheu erregend erlebt werden mussten. Es kann aber auch der Vater als ein erstrebenswertes Vorbild ausgefallen sein, sodass sie sich stattdessen mit der Mutter identifizieren. Dann kann neurotische Homosexualität die Folge sein.

4. Seelische Verletzungen und ihre Folgen

Seelisch bedingte Verhaltensstörungen im Kindesalter stellen Selbstheilungsversuche dar. Sie treten reaktiv auf, wenn die gesunde seelische Entfaltung in Frage gestellt ist. Sie führen zu chronischem Fehlverhalten, wenn durch die Heftigkeit des gegensteuernden Triebdruckes Übersteigerungen entstehen, die diffamierende und einschränkende Reaktionen der Umwelt zur Folge haben. Sie fixieren das Kind so auf jener Entwicklungsstufe, auf der der Schaden entstand, und belasten, das heißt verlangsamen oder verstümmeln gar damit den Reifungsprozess. Dabei ist die Belastbarkeit von Kindern einerseits von ihrer angeborenen Sensibilität abhängig, andererseits davon, ob die ersten Entwicklungsphasen, die das tragende Fundament im Leben eines Menschen bilden, eine hinreichende Stabilisierung gegen Belastungen erbracht haben. Diese wird vor allem durch die Grundstimmung des Vertrauens gebildet und eines „gesunden Optimismus", der sich nur ausbilden kann, wenn die natürlichen Entfaltungsbedingungen des „Nesthockers" Mensch genügend Beachtung gefunden haben. Gerafft könnte man sie als Befriedigung der Bedürfnisse des Menschen nach Schutz und Geborgenheit, nach Sättigung, nach Freiheit und Partnerschaft bezeichnen. Fehlen Kindern hinreichende Befriedigungserlebnisse dieser Art, so fühlen sie sich, unabhängig von ihrer realen Situation, oft zeitlebens verlassen, arm, gefangen oder zerrissen. Ist die Belastbarkeit durch diese gefühlsmäßigen Minusvarianten eingeschränkt, können Situationen bereits als Überforderung erlebt werden, die ein stabiles Kind ohne viel Mühe überwindet. In solchen Überforderungssituationen erlahmt dann häufig die gesamte Leistungskraft eines Kindes.

Darüber hinaus gibt es aber auch Stresssituationen, der selbst Kinder mit einem gesunden psychischen Fundament nicht gewachsen sind, falls sie als existentiell bedrohlich empfunden werden. Häufige Situationen dieser Art sind unter anderem: belastende Erfahrungen in der Schule, Entwurzelungen durch Zerrüttung der Familie, Verlust geliebter oder gehasster Erzieher, Geschwisterkonflikte, besonders der Tod eines Geschwisters, zu dem das Kind eine ambivalente Einstellung hatte und das von den Eltern bevorzugt wurde.

Ebenfalls als schwerwiegende Belastungen können empfunden

werden: körperliche Verletzungen und ihre Folgen, Operationen, motorische Einengungen, Entstellungen und allgemein: lang anhaltende und schwere körperliche Erkrankungen, Krankenhaus- oder Sanatoriumsaufenthalte. Auch angeborene Missbildungen, als unschön empfundene Körperformen (zu klein bleiben, zu dick werden, zu groß werden, rote Haare) oder Deformierungen können bereits im Schulkind durch die Abwehr der Gemeinschaft zu Belastungen werden, auf die das Kind mit einer Stagnation seiner psychischen Entfaltung reagiert. Die Differentialdiagnose ist in solchen Fällen nicht ganz einfach, weil der Ausdruck von existentieller Angst im Verhalten des Kindes verhältnismäßig uniform ist. Versagen in der Schule, nachlassendes Expansivsein, das Auftreten von Stereotypien und psychosomatischen Symptomen, dazu ein Verharren und schließlich gar Regredieren der Entwicklung erscheinen als ein sehr einheitlich-übliches Krankheitsbild, das zunächst nicht mehr aussagt, als dass eine psychische Störung eingetreten ist.

Die Plastizität des Menschen, speziell des jungen Kindes, hat aber auch zur Folge, dass immer neue Auswege von dem Kind gesucht, immer neue Ansätze zur Entfaltung gemacht werden, in ähnlicher Weise, wie der junge Baum Seitentriebe entwickelt, wenn sein Haupttrieb gekappt worden ist.

Hilfen vielfältiger Art können dem Kind zuteil werden – aber sicher nicht in der gleichen Weise, wie ohne Bewusstsein die Natur im Kind sich gegen die Behinderung wehrt. Heilung von seelisch bedingten Verhaltensstörungen ist nur möglich, wenn die Erzieher narzistische Kränkungen durch das Kind nicht mit Machtkämpfen beantworten und wenn sie bereit sind, aus den oft tragischen Unzulänglichkeiten im Schicksal der Kinder zu lernen. Mit Hilfe eines verstehenden Bewusstseins über die Natur der Verhaltensstörung, mit Geduld, Zuwendung, Festigkeit und Vertrauen kann es möglich werden, Kindern aus solchen Sackgassen herauszuhelfen. Spezielle Kinderpsychotherapie lässt sich nach dem eben Gesagten definieren als ein Umlernen, ein Umwandeln von negativen Erfahrungen, die die freie Lebensentfaltung des Menschen zu behindern drohen, in positive Erfahrungen, die die Lebensentfaltung fördern.

VII.

Der Lebensaufbau der Person und die Gefahr ihrer Entstaltung

Um eine klare Orientierung über die Struktur eines gesunden und eines kranken Lebensaufbaus zu ermöglichen, sind die grundlegenden Bedingungen und jene Gefahren, die eine seelisch gesunde Lebensentwicklung behindern können, auf Tafel 9 (s. Beilage in vorliegendem Buch) in Gestalt zweier Pyramiden dargestellt worden. Der Lebensaufbau des Menschen, der dem Werdegang seiner Person zur Individualität entspricht, lässt sich im Bild einer pyramidenartigen Stufung fassen, durch die es zu einem Fortschreiten zu höheren und differenzierteren Reifegraden kommt. Ein solcher Lebensaufbau kann aber nur zu einem hoch entwickelten, stabilen seelischen Status führen, wenn die Basis, wenn die primären Entwicklungsstufen in hinreichender Festigkeit angelegt und ausgebaut worden sind. In der ersten Pyramide (Entwicklung eines gesunden Lebensaufbaus) ist diese Gegebenheit bildhaft dargestellt.

Die grundlegende Basis für die Möglichkeit zu einem stabilen Lebensaufbau bildet das erste Lebensjahr des Menschen. Hier werden die entscheidenden Weichen für seinen Lebensweg gestellt. Optimal kommt es hier durch eine dem hilflosen Säugling angemessene Pflege (s. Kapitel II, 2 und 3) zur Vorentwicklung jener Eigenschaften, die es dem Menschen ermöglichen, das Leben zu bestehen, ohne an seinen unumgänglichen Stürmen, Konflikten und Krisen zu zerbrechen. Das Kind entwickelt Urvertrauen und das stabilisierende und sich später generalisierende Gefühl von Geborgensein. Es entwickelt durch die Betreuung der Pflegeperson eine sich später verallgemeinernde Bindungsfähigkeit, es bahnt sich mit Hilfe dieser Bindung an eine Person die Voraussetzung zur Gewissensbildung und Verantwortlichkeit oder über die Betätigung des oralen Antriebes auch die Voraussetzung, später durchhaltend arbeiten zu können, an (untere Stufe, blaue Kennzeichnung). Diese Lebenszeit steht noch ganz im Bereich des Unbewussten. Sie ist die Stufe des „Es", wie Freud den Bereich des Instinktiven, den Bereich der „Triebvorgänge, die nach

Abfuhr verlangen", genannt hat. Das „Es" ist eine notwendige und fundamentale Basis im Aufbau der Person, aber es kann nur dann zu einer gesunden Integration seines „primitiven und irrationalen Charakters" (Freud) kommen, so wissen wir heute, wenn mit ihm pfleglich und behutsam im oben beschriebenen Sinne umgegangen wird. Aus der Herrschaft des „Lustprinzips", wie sie im Säuglingsalter natürlich ist, kann es nur zur konstruktiven Gestaltung, zur Ausprägung eines stabilen „Ich" kommen, wenn durch pflegliche Zuwendung zum Säugling die Kraft dazu geschaffen wird.

Die Auswirkungen einer solchen gesunden Basis zeigen sich bereits spätestens im Schulalter (s. Pfeil, 2. blaue Stufe). Sie sind gekennzeichnet durch die Fähigkeit des Kindes, sich in eine Gemeinschaft einzuordnen und eine eigenständige Leistungsmotivation zu entwickeln. Sie wird sichtbar im Interesse des Kindes für den Lernstoff und in seiner Fähigkeit, gegen die Unlust des Beginnens und Durchhaltens eine dem Lebensalter angemessene Aufgabe auch wirklich bis zu ihrem Abschluss durchzuführen.

Schulfähigkeit, die auf dieser Basis möglich wird (falls sie nicht durch hirnorganische Schäden oder angeborenen Begabungsmangel ausgeschlossen ist), führt zu weiteren positiven Auswirkungen im Erwachsenenleben. Der Schulerfolg festigt das Selbstvertrauen, das wiederum verstärkt die Leistungsfähigkeit; der äußere Erfolg macht den Start zu anspruchsvolleren Berufsausbildungen möglich. So bildet die Schulfähigkeit (s. Pfeil, 3. blaue Stufe) die Voraussetzung zu einer befriedigenden und eigenständigen Existenzgründung im Erwachsenenalter.

Verfolgen wir nun den Aufbau der roten Stufen im Pyramidenschema: Jenseits der Säuglingszeit, im Kleinkindalter zwischen dem zweiten und fünften Lebensjahr, findet die zweite lebenswichtige Grundlegung für einen gesunden Lebensaufbau statt. Sie hat einen völlig anderen, fast gegensätzlichen Charakter als die erste Stufe: Hier wird durch eine angemessene Führung und Reifung des Kindes (s. Kapitel II, 4–7) Durchsetzungsfähigkeit, Selbständigkeit, Produktivität und Verteidigungsfähigkeit, auch von Besitz, vorgebahnt. In dieser Phase konstituiert sich das „Ich", nach Freud jene Instanz, die sich aktiv mit der Außenwelt auseinander setzt und sich in ihr behauptet, die aber auch eine Kontrolle über die eigenen Triebbereiche ausübt. Dem „Ich" zu einer kraftvollen Entfaltung zu verhelfen ist eine wesentliche erzieherische Aufgabe in der Kleinkinderzeit; denn nur ein Mensch, der hier eine gesunde Durchsetzungsfähigkeit entwickelt (s. Pfeil, 2. rote Stufe), ist in der Pubertät in der Lage, ohne schwere Krisen die natürliche Ablösung vom Elternhaus, von den kindlichen Bindungen zu vollziehen. Dieser Werdegang bildet die Voraussetzung zu echter geistiger Eigenständigkeit, zu Kritikfähigkeit und damit zu Unabhängigkeit von Klischees, Meinungen, Manipulationen, Indoktrinationen und Moden (s. Pfeil, 3. rote Stufe).

Die dritte grundlegende Basis für den Lebensaufbau der Person ist die Stufe der Fünf- bis Siebenjährigkeit (gelbe Stufe), in der durch eine fundamentale Beziehung zu den Eltern (s. Kapitel II, 8) und durch die Überwindung einer rivalisierenden Phase mit dem gleichgeschlechtlichen Elternteil eine Bejahung der eigenen Geschlechtsidentität möglich wird und am gegengeschlechtlichen Partner eine Vorprägung der späteren Partnerwahl stattfindet. Durch diesen Vorgang der Identifikation des Mädchens mit der Mutter, des Jungen mit dem Vater entsteht die von Freud so genannte Instanz des „Über-Ich". „Das Über-Ich", sagt Freud, „ist für uns die Vertretung aller moralischen Beschränkungen, der Anwalt des Strebens nach Vervollkommnung, kurz das, was uns von dem so genannten Höheren im Menschenleben psychologisch greifbar geworden ist."[47] Da aber nun das Über-Ich des Kindes nach dem elterlichen Über-Ich aufgebaut ist, wird es zum Träger all der zeitbeständigen Wertungen, die die Personen seines Umfeldes vertreten: Ein ungestörter Verlauf dieser Phase bildet die Voraussetzung dazu, im Erwachsenenalter eine Partnerwahl treffen und Partnerbindung vollziehen zu können (s. Pfeil, 2. gelbe Stufe). Aufgrund einer solchen gesunden seelisch-geistigen Entfaltung kann es bei einer Einfügung aller dieser Teilbereiche in die Person zum Reifegrad echter Mündigkeit kommen, wie sie in der gelb-blau-roten obersten Stufe gekennzeichnet sein soll. Dann ist der Mensch auch durch die verbale Vermittlung von Bildungswerten in der Lage, aufgrund von Reflexion und Einsicht nach freiem Entschluss zu handeln und seine Kräfte überpersönlichen Aufgaben und Bindungen, vor allem bewusster religiöser Art, einzufügen. Dieser höchste Status ist die Folge der Entwicklung und ausgeglichenen Zusammenfügung aller eben geschilderten Instanzen und Vorgänge.

Die zweite Pyramide (s. Tafel 9, Beilage in diesem Buch) stellt nun im Vergleich zum gesunden Lebensaufbau den kranken dar – wie zunehmend mehr durch die Spannungsüberlastung der ungesättigten Antriebe sich der Lebensaufbau zerspaltet. Der Mensch verliert dann die Möglichkeit zu einer optimalen Lebensvollendung, die sowohl durch geistige Unabhängigkeit als auch durch überpersönliche Bindung gekennzeichnet ist. Die in gleicher Weise wie bei Pyramide I farbig gekennzeichneten Felder sollen auch hier darauf hinweisen, wie sich der Grundcharakter der drei ersten Phasen in späteren Altersstufen auf einer anderen Ebene wiederholt und speziell bezogen ist auf die entsprechenden ersten Phasen. Diese Kennzeichnung schließt nicht aus, dass auch jede einzelne andere Stufe die nächste voraussetzt und andererseits jede einzelne Stufe von der Gestaltung aller vorhergehenden abhängig ist. In der gespaltenen Pyramide sind die seelischen Verhaltensformen dargestellt, die möglicherweise als Folge der Fehlentwicklung im Erwachsenenalter eintreten können. Auf der linken Seite sind die Krankheitsformen dargestellt, die entstehen, wenn die Gehemmtheiten der Antriebe dominieren. Auf der rechten Seite sind die Verhaltensweisen aufgeführt, die sich zeigen, wenn die gestauten Antriebe durchbrechen und sich dadurch zu dominierenden Charakterzügen verdichten. Die Pfeile in der Mitte sollen andeuten, dass diese Extreme zusammengehören und ein miteinander verkoppeltes Charakteristikum der mit dem Lebensalter zunehmenden Unausgeglichenheit sind.

Je mehr Antriebe innerhalb der Entwicklung gestaut werden, umso mehr wachsen höchste Gefahren: Erstens können die Gehemmtheiten der Antriebe zur Alleinherrschaft der Angst führen – die Krankheit wird manifest (linke Seite, oberer Kasten) –, oder zweitens Anpassungs- und Steuerungsmöglichkeit brechen unter anwachsendem Antriebsdruck zusammen. Dann ist ein Abgleiten in die Kriminalität zu befürchten (s. rechte Seite). Dabei ist die Wahl der Art des Verbrechens abhängig von der Druckstärke der einzelnen geschädigten Antriebe. Unter dieser Voraussetzung kommt es zu einem Rückfall (einer Regression) auf die Es-Stufe und damit zu einer Herrschaft des Lustprinzips.

Ist im Säuglingsalter statt der Gestimmtheit des Urvertrauens, des Geborgenseins (s. Pyramide I) eine Grundstimmung vorherrschend geworden, die zwischen Resignation und Gier schwankt (Pyramide II, unterste Kästen), so kann sich das nicht nur im Schulalter als Passivität und Konzentrationsschwierigkeiten zeigen (blaue Kästen, Mitte), sondern im Erwachsenenalter als Gefahr in Erscheinung treten, in gierigen Süchten (nach Kontakt, nach betäubenden – meist oralen – Süchten, zum Beispiel Alkohol-, Nikotin-, Tabletten- oder Rauschgiftmissbrauch) zu versinken. Es macht das Wesen einer manifesten Neurose aus, unbewusst vor solchen Triebüberflutungen Angst zu haben und sich mit vielerlei krampfhaften Verhaltensweisen dagegen zu wehren. Bei der „Angst vor der Gier" (blauer Kasten, links oben) zeigt sich das in einer Abkapselung von der Welt, in Kontaktabbrüchen, Essstörungen und depressiven Verstimmungen. Steht dem Menschen der fragwürdige, aber dennoch letztlich hilfreiche Weg in die Krankheit nicht zur Verfügung, so kommt es im Erwachsenenalter häufig zu einem Durchbrechen und Überflutetwerden von den gierigen Sehnsüchten aus den ersten Lebensjahren: In solchen Fällen kann es geschehen, dass ein Mensch ein „stehlender Gewohnheitsverbrecher" wird (blauer Kasten, rechts oben) oder seinen Protest und seine Resignation im Gammlerdasein zum Ausdruck bringt.

Hat es das Kind im zweiten bis fünften Lebensjahr nicht erreichen können, Selbständigkeit und Durchsetzungsfähigkeit zu erwerben, um sie in der Pubertät als Ablösungsfähigkeit aus den kindlichen Bindungen und im Erwachsenenalter als geistige Unabhängigkeit, als kritikfähiges Individuumsein einsetzen zu können (Pyramide I, rote Kästen), schwankt es stattdessen zwischen Hyperaggressivität und Übergefügigkeit (Pyramide II, untere rote Kästen), so ergeben sich daraus meist in der Pubertät typische Krisenverstärkungen, die gleichermaßen als exzessiver Elternhass wie gelegentlich in dem Unvermögen, sich von den Eltern loszulösen, zum Ausdruck kommen können (s. Pyramide II, rote Mittelfelder). Im Erwachsenenalter besteht dann die Gefahr, dass der Mensch von seiner Aggressivität beherrscht wird – und damit zum Herrschsüchtigen, ja im extremen Fall zum Gewaltverbrecher wird (s. rote Felder, rechts oben). Versucht er, Triebdurchbrüche seiner übermächtigen Aggressionen – unbewusst und unter Angst – zu beherrschen, so kommt es zu der seelischen Erkrankung der Zwangsstörung, zu deren Charakteristikum es gehört, dass durch die stereotype Wiederholung bestimmter Handlungen, Phantasien oder Rituale (Waschzwang, Zählzwang, Rückversicherungszwang etc.) das Durchbrechen von Aggressionen abgewehrt wird (Pyramide II, rote Kästen, links oben).

Gelingt dem Kind im Alter zwischen fünf und sieben Jahren nicht die Bejahung der eigenen Geschlechtsrolle, kann es sich nicht mit einem geliebten erwachsenen Vorbild identifizieren, so dass sich daraus die Fähigkeit zur Partnerwahl ergibt (Pyramide I, gelbe Kästen), so kann es zu einem Misslingen der Partnerfindung kommen. Die Suche nach einem gegengeschlechtlichen Partner kann durch Angst blockiert sein. Daraus resultiert entweder Vereinsamung oder – auf dem Boden eines tief greifenden Minderwertigkeitsgefühls im Mann- oder Frausein – ein suchtartiges Suchen und Wechseln von Partnern, um damit die Angst vor dem Partner zu übertönen (Pyramide II, gelbe Kästen, Mitte). Man nennt ein solch suchtartiges Suchen (ohne eigentliche Fähigkeit zur gegengeschlechtlichen Bindung) beim Mann Don-Juanismus, bei der Frau Nymphomanie. Solche „Supermännlichkeit" oder „Superweiblichkeit" ist nahe verwandt mit der neurotischen Homosexualität und anderen Perversionen. Sie haben häufig die gleiche Grundstörung: Angst vor dem anderen Geschlecht blockiert ein festes „Vor-Anker-Gehen", und so kann es – oft mehr oder weniger „zufällig" – dazu kommen, dass sexuelle Entlastung an gleichgeschlechtlichen Partnern oder mit Hilfe anderer Ersatzhandlungen gefunden werden. Im Extremfall kommt es auf dieser Basis – mehr bei Frauen – zu sexueller Verwahrlosung und Prostitution oder, wenn zusätzlich jede Kontaktmöglichkeit unterbunden ist und keine Auswege gefunden worden sind, mehr bei Männern zu sexuellen Triebverbrechen (gelbe Kästen, rechts). Bleiben solche Triebwünsche von Menschen, die in ihrer Kindheit Angst vor dem gegengeschlechtlichen Partner erwarben, unbewusst und werden sie unter Angst abgewehrt, so kann die seelische Erkrankung Hysterie (histrionische Störung) entstehen. Die Angst zeigt sich bei dieser Erkrankung besonders in Form von körperlichen Leiden (Herzjagen, Ohnmachten, Erröten, Geh- oder Sehstörungen ohne organischen Krankheitsbefund usw.). Aber nicht nur bei der Hysterie kommt es zu derartigen Störungen, auch bei den anderen seelischen Erkrankungen äußert sich die Angst in einer Fülle von Körperbeschwerden, bei der neurotischen Depression und bei den Zwangsstörungen tritt sie vorwiegend in Störungen des Magen-Darm-Traktes in Erscheinung (Pyramide II, obere Kästen, links).

Alle erwachsenen Neurotiker sind auch in ihrem Charakter in einer typischen Weise durch ihre frühkindlichen Antriebsstörungen geprägt. Die Resigniert-Gierigen sind trotz ihrer Überbescheidenheit heimlich fressend und anspruchsvoll, beleidigt und beleidigend (denn sie glauben nicht an die Liebe), die Zwangsneurotiker sind trotz ihrer scheinbaren Übergefügigkeit voll Verlangen, schrankenlose Macht auszuüben (denn sie glauben nicht an ihre Stärke), die Hysteriker sind trotz ihres äußeren Brillierens, Kokettierens und Sich-zur-Schau-Stellens tief verunsichert in ihrer Geschlechtsrolle (denn sie glauben nicht an sich selbst als Mann oder als Frau). Die Gefahr zum Selbstmord ist bei Menschen, deren Lebensaufbau in dieser Weise misslang, immer größer als bei gesunden; denn der unzureichende Untergrund trägt nicht nur die Gefahr des Scheiterns bei der Existenzgründung in sich, sondern ist auch Schicksalsschlägen und Belastungssituationen sehr viel weniger gewachsen.

Die Einsicht in die Störbarkeit der menschlichen Seele durch Umwelteinflüsse kann künftigen Erziehern die Möglichkeit in die Hand geben, Charakterverbiegungen und seelischen Erkrankungen vorzubeugen.

Zwar sind erzieherischem Bemühen vielerlei Grenzen gesetzt.

Sie liegen dort, wo die Erziehbarkeit des Kindes durch schwere seelische oder geistige Erkrankungen bis zum Nullpunkt reduziert ist. Bei Geisteskranken ist das der Fall, aber auch bei schweren Graden angeborenen Schwachsinns, angeborener Psychopathie und oft auch in schweren und fortgeschrittenen Fällen von Alkohol- und Rauschgiftsucht.

Grenzen der Beeinflussbarkeit zeigen sich auch dort, wo die Neurosen der Erzieher den Erziehungsstil in einer krankhaften Weise bestimmen. Viele Erzieher handeln auch „ohne Schuld" falsch, nämlich weil sie nicht wissen, was sie tun, vor allem, wenn sie von Moden, Ideologien oder demagogischen Manipulationen verführt wurden, die ihre Unwissenheit ausnutzen.

Als Erwachsene, als „Wissende" dürfen wir die Ursachen seelischer Schwierigkeiten nicht mehr allein den Erziehern zuschieben.

Der Mensch ist das am meisten plastische von allen Lebewesen. Ihm ist es gegeben, sich als Erwachsener mit Hilfe der Einsicht weiterzuhelfen. Wir können uns als Erwachsene bewusst gegen Handlungen wehren, die wir als unwürdig, als seelisch krank oder gar als böse empfinden – wir können das umso klarer, je mehr wir uns der dunklen Teile in uns und ihrer Versuchungen bewusst sind, je mehr wir wissen über unsere Natur und die unserer Mitmenschen. Wir können Kämpfende bleiben um das Hellere. Mut zur inneren Wahrhaftigkeit und verstehende Liebe sind dazu Voraussetzung und mehr schon als der halbe Weg.

In der folgenden Tabelle sind bedenkliche Erziehungsmaßnahmen und ihre möglichen Folgen in der Kindheit und im Erwachsenenalter zusammengestellt.

Bedenkliche Erziehungsmaßnahmen in der Kindheit:	Mögliche Folgen in der Kindheit:	im Erwachsenenalter:
1. Phase: *1. Lebensjahr:* Stundenlanges Schreienlassen des Säuglings, Fütterungsweisen ohne Sauganstrengung des Kindes (Überfüttern)	Jactatio capitis, Bettnässen, Daumenlutschen, Gier im Essen und Trinken, Adipositas, Anspruchshaltung, Ungeduldshaltung, Mangel an Ausdauer, Passivität	*Neurotische Depression:* Einschlafstörungen, Essstörungen (Bulimie, Magersucht), Mutlosigkeit, Arbeitsplatzwechsel, Süchte (Alkohol-, Rauschgift- und Nikotinabusus), allgemeine Unersättlichkeit, Empfindlichkeit, Überbescheidenheit, Passivität, Selbstmord
2. Phase: *3. bis 18. Lebensmonat:* Mutter-Kind-Trennung über längere Zeit innerhalb der ersten einhalb Jahre, das Kind ohne Haut- und Blickkontakt lassen, sich mit dem Kind nicht beschäftigen, überstimulieren	Passivität, Desinteressiertheit, Schweigsamkeit, Hastigkeit, Aufdringlichkeit, Unkonzentriertheit, Pseudoschwachsinn, Haareausreißen, Kratzen, Weglaufen, Onanie, Daumenlutschen, Jactatio capitis	*Neurotische Kontaktnot:* Taktlosigkeit, Einzelgängertum, Versponnenheit, Misstrauen, Vagabundentum
3. Phase: a) *2. bis 5. Lebensjahr:* Bewegungsbeeinträchtigung, häufige harte Strafen (körperliche Züchtigung, Stubenarrest, Bettarrest, Alleinlassen, den Sprechkontakt abbrechen, Liebesentzug), dem Kind Tätigkeiten abnehmen, die es allein tun kann und will	Tics, Stottern, Nägelbeißen, Hautreißen, Pavor nocturnus, Jähzorn, Phobien, Essverweigerung, Nabelkoliken, Enkopresis, Quälsucht, Bewegungsunruhe, Leistungswiderstand, Perfektionismus	*Zwangsneurose:* Pedanterie, Skrupelhaftigkeit, Übergewissenhaftigkeit, Umständlichkeit, Einschränkung der Spontaneität und schöpferischen Produktivität, Sauberkeitszwänge, Rückversicherungszwänge

b) Das Kind nebenherlaufen lassen, ihm keinerlei Grenzen setzen	Eigensinn, Unangepasstheit	Egozentrizität, Rücksichtslosigkeit
c) Das Kind ängstlich am Gängelband führen, weitgehende Unterdrückung aggressiver Handlungen und Äußerungen, Sauberkeitsgewöhnung unter hartem Forderungsdruck, übertriebenes Sauberhalten der Kleidung, Vermeiden jeder Unordnung im Spielzimmer	Motorische Unbeholfenheit, Wehrlosigkeit, Schmutzangst, Daumenlutschen, Jactatio capitis, Onanie	Starrsinn, Herrschsucht, Jähzorn, Übergefügigkeit, Radfahrertyp, Geiz, Sadismus, Masochismus
Bedenkliche Erziehungsmaßnahmen der Phasen 1 bis 3 kombiniert: Nicht zureichend versorgen, nicht zureichend beachten, vernachlässigen	Störertum, Eigentumsdelikte, Vagabundieren, Brandstiftung	*Neurotische Verwahrlosung:* Ablehnung jeder Ordnung, Rebellentum, Diebstahl, Einbruch, Gewaltverbrechen, Selbstmord
4. Phase: *5. bis 7. Lebensjahr:* Erotische Bindung an gegengeschlechtlichen Elternteil, Abgestoßensein durch Angst oder Abscheu erregendes Verhalten eines Elternteils	Frei flottierende Ängste, Ohnmachten und andere Funktionsstörungen, Geltungssucht, neurotische Verlogenheit, Wehleidigkeit, Clownerie, Koketterie	*Hysterie (histrionische Störung):* funktionelle Leiden *Perversionen:* Fetischismus, Transvestismus, Sodomie, sexuelle Verwahrlosung *Homosexualität*

VIII.

Menschen formende Kräfte

1. Die Erzieher

Unter den personalen Erziehern unterscheiden wir Laienerzieher und Berufserzieher. Die Funktionen der wichtigsten Laienerzieher (Mutter, Vater, Geschwister, Großeltern, Tanten, Onkel und Nachbarn) und die Funktionen der wichtigsten Berufserzieher sollen beschrieben werden.

Laienerzieher

Die Mutter

Dass die Mutter die wichtigste Person im Entfaltungsprozess des Kindes ist, die seinen Charakter am tiefgreifendsten zu beeinflussen vermag, ist in allen vorausgegangenen Kapiteln immer wieder betont worden. Es soll an dieser Stelle deshalb lediglich noch einmal zusammengefasst werden, wie etwa das Verhalten einer Mutter aussieht, die dem Kind genügend Chancen zu einer gesunden Entfaltung vermittelt.

Eine gute Mutter ist einfach da, befriedigt die natürlichen Bedürfnisse ihrer Kinder, geht in angemessener Weise auf ihre Fragen und Wünsche ein, aber sie vermeidet eine übersteigerte Erziehungswut. Sie unterlässt eine verfrühte und verbiegende Aktivität in der Erziehung und räumt vielmehr ihren Kindern in körperlicher und seelischer Hinsicht Spielraum zum Einüben der Entwicklungsschritte ein. Dabei hütet sie sich davor, ihre Kinder in eine ordnungslose, allein lassende Freiheit zu verstoßen. Sie gibt ihnen eine behütete Freiheit. Der Sinn für das richtige Maß bewahrt die Mutter auch davor, in einer übertriebenen Weise ihr gesamtes Eigenleben zu opfern, sich an ihre Kinder oder die Kinder an sie zu ketten.

Die Mutter sorgt für eine sinnvolle Ordnung, aber sie überschätzt nicht die materielle Zivilisiertheit in der Kleidung der Kinder, den Wert der Unversehrtheit einer Wohnung und eine übertriebene Beobachtung der Essensmengen. Sie macht sich in diesen Dingen vom Prestigedenken frei und ordnet sie dem Primat in der Erziehung unter: dem guten, vertrauenden, liebevollen Verhältnis zu ihren Kindern.

Eine gesunde Mutter hat auch ein sicheres Gefühl dafür, wie viel erfolgreicher die positiven Erziehungsmittel sind: Lob, Belohnung, Anerkennung und Güte – im Gegensatz zu den negativen Erziehungsmethoden, die das Leben der Mutter oft zu einer schweren Last machen, weil sie immer die Gefahr in sich schließen, negative Wirkungen zu produzieren: Trotz, Unordnung, Ungehorsam, Abwendung und Trägheit.

Die Mutter kann verzeihend und lächelnd die Aggressionen der Trotzphase, die ja vornehmlich gegen ihre Person gerichtet sind, überwinden. Sie setzt wohl einmal mit einem kurzen, energischen Wort Grenzen der Ausgelassenheit – aber sie trägt nicht nach, hält sich nicht für unfehlbar und verlangt nicht von ihren Kindern, sie wie eine Göttin anzubeten. Es ist im Allgemeinen für Kinder nicht schädlich, wenn sie gelegentlich erleben, dass Mutters Geduld Grenzen hat. Ein Übermaß an Beherrschtheit der Mutter kann zu einem Mangel der Einübung in Frustrationstoleranz werden. Mütter sollten sich ihres Wertes unbekümmert bewusst sein und sich natürliche Reaktionsformen erhalten. Dann hat der Laienerzieher Mutter mehr Erfolg als jeder gelernte Pädagoge.

Der Vater

Die Aufgaben des Vaters im Erziehungsgeschehen werden in ihrer heutigen Bedeutung und Problematik stark diskutiert. Das hat seinen Anlass in verschiedenen Gründen:

Die Beanspruchungen an den Familienvater (und damit das Bild seiner Funktion) haben sich im Verlauf der vergangenen Jahrzehnte durch die Wandlungen in der Gesellschaftsstruktur besonders stark verändert. Der Vater ist selten zu Hause, seine Berufsleistung ist selten einsehbar. Seine Probleme können der Familie nicht mehr ohne weiteres verständlich sein. Während seines Aufenthaltes in der Familie ist er (vielleicht mit Ausnahme der Ferien) nicht im Höchststand seiner täglichen Leistungsfähigkeit, sondern er ist abgespannt und schonungsbedürftig.

Im Zusammenhang mit dem allgemeinen Denkumbruch der letzten Jahrzehnte wird es auch für jeden Vater schwieriger, sein Verständnis vom Sinn des Lebens, seinen Glauben, für die Kinder Form gebend in Worte zu fassen und vorzuleben.

Durch die hohe Scheidungsquote bedingt müssen darüber hinaus viele Kinder ohne Vater aufwachsen.

Die Aufgabe des Vaters im Erziehungsgeschehen ist groß und verantwortungsschwer. Die Aussicht, dass Kinder zu seelisch gesunden Erwachsenen heranwachsen, ist wesentlich größer, wenn ein seelisch einigermaßen ausgeglichener Vater konstant dem Familienverband angehört. Eine erfreuliche Erscheinung unserer Zeit ist, dass junge Väter zunehmend aktiv an der Betreuung ihrer Kinder teilnehmen. Auch im Säuglings- und Kleinkindalter gibt es für den Vater manche, die Familienmutter entlastende Handreichung. Die Beschäftigung des jungen Vaters mit seinen kleinen Söhnen und Töchtern kann eine festere und emotional positivere Beziehung der Kinder zu ihm vorbereiten. Die anerkennende Liebe zu seiner Frau, die auch verbal bekundet werden sollte, stärkt die Tragfähigkeit der Familienmutter, die gerade für die erste Lebenszeit der Kinder von zentraler Bedeutung ist.

So wünschenswert eine unmittelbare Zuwendung des Vaters zu seinen Kleinkindern ist, so wenig sind im Babyalter die Funktionen von Vater und Mutter total austauschbar. Sie sind unterschiedlich, ergänzen sich, aber es ist davor zu warnen, väterliche und mütterliche Aufgaben für identisch zu halten (der Vater kann die Mutter nur unzureichend vertreten). Austauschbarkeit ist eine ideologische Vorstellung, die wissenschaftlicher Erfahrung widerspricht. Die primäre Symbiose zwischen Mutter und Kind ist biologisch verankert und von der Mutter nicht ohne Verlust wichtiger Geborgenheitsgefühle des Kindes, die gleichzeitig Entwicklungsstimulatoren bilden, auf andere Personen zu übertragen. Viele neue wissenschaftliche Untersuchungen haben diese Binsenweisheit bestätigt.[48]

Schon immer hat sich die Funktion des Vaters von der der Mutter stark unterschieden. Und es ist nach wie vor so, dass die ihm gemäßeren Aufgaben erst bei dem größeren Kind eine Vorrangstellung in der

Erziehung bekommen, dann, wenn die Verstandeskräfte, die Abschätzung von Wert und Unwert, wenn Überlegung, Planung und Verzicht als geistige Formkräfte sich im Kind zu bilden beginnen.

Ein vorbildlicher Vater kann aufmerksam und bereit abwarten, bis seine Zeit zu mehr unmittelbarer Beeinflussung gekommen ist, und überlässt den Hauptteil der Beziehung in der Säuglingszeit der Mutter. Von dieser Position her ist der Vater derjenige, der in echter Autorität seiner Familie seelischen und materiellen Schutz angedeihen lässt. Autorität heißt grundsätzlich nicht Befehlsgewalt zum Zwecke egozentrischer Machtausübung, sondern Schutzpflicht im Dienst des Kindes, und zwar nur so lange es noch nicht in der Lage ist, selbstverantwortlich zu handeln. Der gute Vater lässt einen Jungen nach seinem Bild, durch sein Vertrauen und seine Liebe männlichen Verhaltensweisen zustreben; er bietet dem kleinen Mädchen das erste Modell zärtlicher beschützender Partnerschaft.

Mit dem zunehmenden Alter der Kinder wird es zunächst der Vater sein, der die Außenwelt repräsentiert, erklärt, kommentiert. Ihm wird später die schwere Aufgabe zuteil, gerade im Eingeständnis eigenen Nichtwissens, eigener Begrenztheit mit den Jugendlichen offene partnerschaftliche Gespräche zu führen und ihnen die Möglichkeiten der umfänglichen Orientierung auch bei anderen Instanzen einzuräumen.

Die Geschwister

Ein Kreis von Geschwistern führt nicht nur zu Rivalitätsproblemen, wie sie in Kapitel II beschrieben worden sind. Die Geschwister haben auch einen stark positiven erzieherischen Wert für den Menschen. Eine Statistik über die Familienkonstellation von Kindern mit Verhaltensstörungen hat gezeigt, dass am häufigsten das älteste Kind von nur zwei Geschwistern neurotisch erkrankt. Es ist ein Körnchen Wahrheit darin, wenn die Eltern einer kinderreichen Familie behaupten: Unsere Kinder erziehen sich gegenseitig. Das ist freilich nur dann richtig, wenn die mehr oder weniger sichtbare elterliche Instanz regulierend und ausgleichend vorhanden ist; in einem solchen Fall können die Geschwister aneinander in der Tat die Fähigkeit lernen, in engster Gemeinschaft miteinander auszukommen. Nicht nur die schmerzhaften Beulen nach Machtkämpfen, das Erleben und Aushalten von Niederlagen, Vergeblichkeiten und Misserfolgen, sondern auch die Spielregeln zu Anpassung, Freundschaftlichkeit und Durchsetzung können in einer Kindergemeinschaft vorgeübt werden und eine wirksame Vorbereitung für das Leben darstellen. Bei einem großen Altersunterschied kann gelegentlich vor allem die älteste Schwester für ein jüngeres Kind Mutterfunktionen übernehmen, besonders wenn die Mutter als Erzieherin ausfällt. Es gibt Fälle, in denen solche junge Mädchen dieser Aufgabe mit großer Hingabe und überraschender „Frühreife" gerecht werden. In anderen Fällen freilich werden die Jüngsten von den Älteren vernachlässigt oder gar hart und lieblos behandelt, weil sie sich selbst – meist unbewusst – als vernachlässigte Rivalen der kleinen Geschwister fühlen. Auch der im Abstand ältere Bruder kann für ein Kind von großer Bedeutung für sein Leben sein – und zwar umso mehr, wenn der Vater als Autorität und geistiger Führer ausfällt. Auch Vorprägungen in Bezug auf die spätere Partnerwahl können durch solche guten, liebevollen Geschwisterbeziehungen entstehen. Das sich zurzeit anbahnende Einkindsystem in der Bundesrepublik Deutschland ist von dieser Warte her bedenklich. Einzelkinder haben es schwerer, gemeinschaftsfähig zu werden. Geschwister hingegen haben die positive Bedeutung, Verwöhnungsverhinderer zu sein.

Die Großeltern

Ungezählte Großeltern sind auch heute noch gewissermaßen eine Sicherheitsbasis für die Enkel. Sie können auch heute noch für das Kind eine bedeutsame erzieherische Funktion haben. Das ist erfahrungsgemäß umso eher möglich, wenn sie am selben Ort wohnen wie die junge Familie. Ihre Funktionen im Erziehungsprozess sind naturgemäß allerdings andere als die der Eltern. An den Großeltern sollte das Kind Güte, Friedfertigkeit, Weisheit, Verlässlichkeit und Großmut schätzen lernen können. Die Erinnerung an solche Vorbilder wird es ihm später leichter möglich machen, die Aufgaben des Alters bejahend übernehmen zu können. Es ist wertvoll für das Kind, wenn Großeltern Geschichten vom Leben in der Vergangenheit, von den Ereignissen in früheren Jahren oder überlieferte Anekdoten der Voreltern erzählen, wenn sie Märchen und biblische Geschichten vorzulesen oder besinnliche Feierstunden nach alter Tradition mit den Kindern zu gestalten vermögen. Gefühl für Geschichte, für Tradition, Achtung vor der Erfahrung eines langen Lebens können hier in einer sinnvollen Weise vorgeprägt werden. Großeltern werden aber nur dann diese positiven Komponenten zur Erziehung der Enkel beitragen können, wenn die Eltern dazu die Möglichkeiten einräumen, wenn sie ihren Kindern ihren Respekt vor den Alten vorleben. Das ist heute bedauerlicherweise selten geworden, weil der praktische Rat der Alten, der früher wesentlich war, zum Teil immer schon überholt ist und zum Teil aus anderen Informationsquellen – etwa Sachbüchern – scheinbar besser entnommen werden kann. Darüber haben wir vergessen, dass die Lebenserfahrung, die Erlebnisse und Einsichten des Menschen nicht in der gleichen Weise veralten. Wir sollten sie in Dankbarkeit aufnehmen. S. auch Meves: Das Großeltern-ABC (^{9} 2004).

Stiefeltern

Stiefmutterschicksal wurde mit den Fortschritten in der Frauenheilkunde im vergangenen Jahrhundert anfangs immer seltener, aber mit dem Scheidungsboom der letzten Jahrzehnte werden nun erneut viele Kinder zu Scheidungswaisen und wachsen zunehmend häufiger mit einem Stiefvater oder einer Stiefmutter auf. Die uralten Probleme, die einst so häufig Märchenmotive bildeten, treten in unserer Zeit neu hervor: Es ist eine illusorische Vorstellung, dass sich leibliche Kinder und Stiefkinder unversehens zu einer auch nur einigermaßen funktionierenden Familiengemeinschaft zusammenbacken lassen.

Die Widerstände der Kinder sind oft riesengroß, schlagen sich in Unleidlichkeit, Aggressivität und pathologischen Symptomen nieder und machen den Alltag oft notvoll-disharmonisch. Wenn der Vater der Kinder nach der Scheidung von ihrer Mutter eine andere Frau heiratet, die selbst Kinder mit in die Ehe bringt oder neue gebiert, wird die Stiefmutter sehr häufig als Eindringling erlebt. Sie wird nachhaltig bekämpft, und sie selbst bevorzugt begreiflicherweise ihre eigenen Kinder dann umso mehr, je stärker sie sich mit mangelnder Anerkennung ihrer Stiefkinder auseinander zu setzen hat.

Diese Probleme sind zwar ein wenig abgeschwächt, wenn die leiblichen Kinder des Vaters bei der Mutter wohnen und er nur sein Besuchsrecht in Anspruch nimmt; aber selbst bei dieser Konstellation entstehen meist erhebliche Rivalitäten zwischen den Halb- oder Ziehgeschwistern. Am ehesten schwächen sich diese Probleme ab, wenn die Stiefmutter oder der Stiefvater selbst keine Kinder hat bzw. keine neuen Geschwister nachwachsen; aber selbst dann wird die Person, die an die Stelle des leiblichen Elternteils tritt, selten unvoreingenommen akzeptiert.

Die „Neuen" werden als Eindringlinge erlebt, selbst wenn zum Beispiel eine allein erziehende Mutter mit Kindern, die dem Kleinkindalter entwachsen sind, eine Ehe eingeht. Am ehesten fügen sich dann Mädchen gelegentlich problemlos in den neuen, ungewohnten Status ein. Die Söhne allein erziehender Mütter wollen meist lieber selbst die erste Geige spielen, als sich der Tatsache beugen, dass da ein Wesen aufgetaucht ist, das auch die Mutter für sich in Anspruch nimmt.

Es ist von großer Wichtigkeit, dass Menschen, die durch Scheidungen zu Stiefeltern wurden, diese Schwierigkeiten realistisch einschätzen und sich bewusst sind, dass mit täglich neu auftretenden Schwierigkeiten gerechnet werden muss. Gehen werdende Stiefeltern – durch die scheinbare Akzeptanz der Stiefkinder getäuscht – mit einer illusorischen Vorstellung die neue Verbindung ein, so sind sie meist sehr schnell überfordert, desillusioniert und enttäuscht, so dass die Schwierigkeiten sich türmen. In der Pubertät der Stiefkinder lassen sich die gegenseitigen Animositäten dann häufig nur durch größere Distanzierung – etwa durch Veränderung der Wohngemeinschaft, durch Stornierung der Besuchsregelungen oder durch Internatserziehung – in ein wieder erträgliches Maß bringen.

Stiefmutter- und Stiefvatersein heute setzt ein hohes Maß an psychischer Widerstandsfähigkeit und gelassener Unbeeindruckbarkeit voraus. Im Allgemeinen unterschätzen scheidungswillige Eltern die Schwierigkeiten, die sich durch das Stiefelternsein einstellen. Besonders bei den männlichen Kindern und Jugendlichen kann eine solche Feindseligkeit, ein solcher Hass auf die Stiefmutter oder den Stiefvater entstehen, dass das zum Nährboden eines gewalttätigen Charakters wird. Die Scheidungserleichterung und die allgemeine Liberalisierung in den Formen des Zusammenlebens haben infolgedessen auch das Gewaltpotential besonders in der Generation der jungen Männer in einer bedenklichen Weise erheblich verstärkt.

Paten, Onkel, Tanten und Nachbarn

Die Menschen, die in Abstand zu Kindern leben, können dadurch, dass der Kontakt zu ihnen nur eine gelegentliche Ausnahme ist, für die Erziehung des Kindes von Wert sein. Die aus dem Alltag abgehobene Situation bewirkt bei Kindern eine Offenheit, die ihre Beeinflussbarkeit steigert. Es ist eine allgemeine Erfahrungstatsache, dass Kinder sich in der Fremde leichter leiten lassen und aufgeschlossener sind, wenn sie erst einmal Vertrauen gefasst haben. Onkel, Tanten und Paten haben daher die Chance, das Ich-Ideal des Kindes in einer positiven Weise zu beeinflussen. Besonders aber, wenn es Kindern nicht gelingen konnte, sich am Vorbild ihrer Eltern zu orientieren, können Personen, die der Familie nahe stehen, oft, ohne es zu wissen, entscheidend Wichtiges für die Gefühlsprägung eines Kindes beitragen. Auch die Überwindung einer zu engen Eltern-Kind-Bindung gelingt oft müheloser, wenn der kleine Junge seine liebende Verehrung auf eine Tante oder Lehrerin, das kleine Mädchen auf einen Onkel oder Lehrer übertragen kann. Die Lehrer der ersten beiden Grundschuljahre haben hier eine wichtige Funktion.

Für das Realitätsverständnis des Kindes ist es wichtig, mit ihm bereits von früher Kindheit an eine Unterscheidung zu üben zwischen den vertrauten Personen des Verwandtschafts- und Freundeskreises und den Fremden. Es ist für das Weltverständnis eines Kindes unangemessen, alle Menschen, denen es begegnet, für Onkel und Tanten halten. Damit wird die Notwendigkeit eines kritischen Abstandes zu Fremden eingeschränkt. Ein Kind sollte nicht zu einer distanzlosen Vertrauensseligkeit erzogen werden, sondern zu der Fähigkeit, Fremde auf ihre Vertrauenswürdigkeit hin prüfen zu können. Deshalb muss das Kind Grenzen der Vertrautheit bereits im frühen Alter kennen lernen.

Der Gefahr, einen Fremden mit einem guten Onkel zu verwechseln, entgehen Kinder freilich nicht allein auf diese Weise. Nur wenn sie es im Säuglingsalter gelernt haben, sich an eine bestimmte Person zu binden und dann im Alter von acht Monaten die Phase des

„Fremdelns" durchgemacht haben, haben sie eine natürliche Distanz zu allem Unbekannten. Erst nach dieser Erfahrung sind Kinder gefeit gegen unkritische Distanzlosigkeit und Vertrauensseligkeit. Kinder, die Fremden zum Opfer fallen, weil sie sich leichtgläubig anlocken und mit Süßigkeiten täuschen lassen, sind in den allermeisten Fällen mehr oder weniger tragisch ungebundene Kinder. Adoptiv- und Pflegekinder, die jenseits der Prägungsphase in die Familien aufgenommen worden sind, bedürfen besonderer Warnungen und eines besonderen Schutzes, weil bei ihnen der Drang, unkritisch suchend zuzulaufen, bis in die Pubertät hinein erhöht bleibt (s. Kapitel VI). Sie können deshalb besonders leicht Opfer sexuellen Missbrauchs werden.

Der Lehrer

Dem Lehrer fällt die Aufgabe zu, den Kindern sachliche Informationen und den Umgang mit Kenntnissen zu vermitteln. Seit der Reformbewegung der zwanziger Jahre lernt jeder werdende Pädagoge während seiner Ausbildung, dass darüber hinaus die charakterliche, sittliche, staatsbürgerliche Bildung Erziehungsziel der Schule sein muss. Da im Zentrum der Schule die Leistung und Leistungsbewertung steht, kann der Lehrer diesen Bildungsauftrag oft nur unter größter persönlicher Einsatzbereitschaft verwirklichen.

Der Lehrer braucht heute Kenntnisse über die Natur des Kindes und die seelischen Störungen, die bereits epidemisch geworden sind. Er braucht Kenntnisse über die eigenen unbewussten Beweggründe beim Praktizieren negativer Erziehungsmittel, und er muss wissen, dass er mit Demonstrationen seiner Macht nicht Menschen bildend wirken kann.

Das Gleiche gilt für alle weiteren Teilbereiche der Berufspädagogik. Die folgende Übersicht soll das verdeutlichen:

Beschäftigungstherapeut: Heilbehandler geistig und seelisch behinderter Kinder, die mit Hilfe spezieller Verfahren angeregt werden, um auf diese Weise eine Förderung ihrer Entwicklung zu erfahren.
Erzieher: Betreuer von Kindern in Kindergärten, Tagesstätten, Krippen und Heimen.
Evangelischer Gemeindepädagoge: nimmt unter anderem Fürsorgetätigkeit in einer evangelischen Gemeinde wahr.

Familienrichter: Beamter des Amtsgerichts, der (oft mit Hilfe von Sachverständigengutachten) im Streitfall richterliche Entscheidungen über die Lebensgestaltung eines Kindes trifft (Besuchsregelungen bei Scheidungswaisen, Regelungen zwischen Pflegeeltern und leiblichen Eltern, Anordnung von Fürsorgeerziehung etc.).

Heilpädagoge: Lehrer an Sonderschulen, Betreuer, entwicklungsgehemmter, sinnesgeschwächter, sprachgestörter und geistesschwacher Kinder.

Jugendamtsleiter: Verwaltungsbeamter, der die vormundschaftliche Betreuung von elternlosen Kindern und von Kindern, deren Eltern die elterliche Gewalt entzogen werden musste, ausübt. Er nimmt außerdem als Amtsvormund die Rechte der unehelichen Kinder wahr, betreut gefährdete und straffällig gewordene Kinder und Jugendliche und überwacht Pflegestellen, in denen die von ihm betreuten Kinder untergebracht sind.

Katholischer Seelsorgehelfer und Gemeeindereferenten nehmen Fürsorgetätigkeit in katholischen Gemeinden wahr.

Kinder- und Jugendlichenpsychotherapeut: Heilbehandler von seelisch kranken (neurotischen) Kindern und Jugendlichen aufgrund verschiedener Heilverfahren. Arbeiten meist an Erziehungsberatungsstellen, oft in Verbindung mit dem Jugendamt, dem Gesundheitsamt und dem Vormundschaftsgericht.

Pfarrer und ihre Helfer in der Jugendarbeit: Ihnen obliegt die Glaubens- und Werteerziehung von Kindern und Jugendlichen.

Psychiater: Facharzt für Geisteskrankheiten und organische Nervenleiden. Frei praktizierend oder am Gesundheitsamt tätig, haben sie gutachterlichen Einfluss auf vormundschaftliche Entscheidungen etc.

(Dipl.-)Psychologe: Sachverständiger Psychodiagnostiker (Zustandsbeschreibung der innerseelischen Befindlichkeit oder des intellektuellen Status mit Hilfe von psychologischen Untersuchungsverfahren, Gutachtertätigkeit).

Psychotherapeut: Heilbehandler seelisch kranker Menschen aufgrund psychoanalytischer, verhaltenstherapeutischer oder gesprächstherapeutischer Heilverfahren (Gutachtertätigkeit).

Sozialarbeiter (Fürsorger, Jugendleiter, Bewährungshelfer, Erzieher): Helfer in der Jugendpflege, Jugendfürsorge, Jugendgerichtshilfe, bei der Ausbildung und Eingliederung Behinderter, in der Heim- und Kindergartenerziehung und in besonderen Lebenslagen in Familien. Sozialarbeiter üben ihre Tätigkeit aus in Jugendbehörden, Erziehungsberatungsstellen, an Gesundheitsämtern, als Werkfürsorger, bei der Arbeitsvermittlung, in Heimen verschiedenster Art, in Kindergärten, im Strafvollzug, auch bei der Kriminalpolizei.

Sozialpädagoge: arbeitet ebenfalls in obigen Institutionen mit einer speziell pädagogischen Qualifikation.

2. Die dingliche Umwelt

Es ist nicht ohne Auswirkung auf die Ausformung eines Charakters,
ob ein Mensch in der Großstadt oder auf dem Lande, in einem
Schloss, in einem Zirkuswagen oder in einer bürgerlichen Mietwoh-
nung groß wird. Die Entwicklung von Enge und Weite seines Hori-
zontes, die Entfaltung oder Einengung seiner geistigen Beweglich-
keit, die Entstehung von Toleranz oder Neid gegen die Mitmenschen hängt auch sehr von der äußeren Umwelt ab, in der ein Kind
aufwächst. Die Bildungschancen eines Menschen werden immer
noch mitbestimmt von seiner Umwelt. Aber der Umwelteinfluss
kann vom Erzieher reguliert werden. Das ist besonders insofern zu
beachten, als heute zunehmend die Gefahr wächst, dass der Mensch
in seiner Feinwahrnehmung und in seiner Erlebnisfähigkeit eingeschränkt werden kann, wenn er fortgesetzt zu starken Reizen ausgesetzt wird. Dröhnende Beatmusik – so hat jüngst eine amerikanische
Untersuchung ergeben – zerstört auf Dauer Gehörzellen im inneren
Ohr, so dass bestimmte Töne, vor allem in den hohen Lagen, nicht
mehr wahrgenommen werden können. Eine Verminderung der Erlebnisfähigkeit, ein Prozess der Abstumpfung durch Reizabwehr
muss ebenso bei einer Überflutung mit optischen Reizen angenommen werden. Die Einwirkungen der dinglichen Umwelt sind heute
weniger an einen bestimmten Ort gebunden als früher. Insofern
kann der Erzieher die Gestaltung des Alltags durch sie weitgehend
bestimmen. Die Gefahren für Augen und Ohren, für die sensible
Empfindungsfähigkeit durch die neuen Techniken, durch den un-
mäßigen Gebrauch des Fernsehens und des Computers hat als eine
sehr ernste Warnung der Zoologe Adolf Portmann bereits 1969 ausgesprochen.

„Diese Reizfluten haben nicht nur die Wirkungen, die wir bewusst suchen, die des Zeitvertreibs oder der Information. Jeder Sinneseindruck wirkt sogleich hinein in die gewaltigste Lebensorgani-
sation, die es gibt: in die Verborgenheit unseres zentralen Nervensystems, wo das Leben am Aufbau einer besonderen Erlebniswelt
webt. Folgen wir einem Bildeindruck: Vielleicht helfen uns ein paar
Tatsachen aus dem Tierleben. Bereits im Jahre 1911 ist nachgewiesen worden, dass der Anblick eines balzenden Taubers in einer Tau-

be das Eierlegen auslösen kann. Das geht sicher nicht über einen Willensakt – hier wirkt ein Bild unbewusst auf Vorgänge ein, die nicht dem Willen unterstellt sind. Jede Vogelart hat eine oft recht genau bestimmte Zahl von Eiern in einem Nest; zum Beispiel stets vier bei Kiebitzen, zwei bei Tauben. Nehme ich immer wieder ein Ei weg, so legt der Vogel weiter, lasse ich die volle Zahl – so stoppt der Eierstock seine sicher unbewusste Eiererzeugung. Wie das? Der Eindruck des vollen Geleges muss auf unbewusst innere Vorgänge einwirken. Beim Vogel sind solche Wirkungen in großer Zahl verhältnismäßig leicht zu finden. Bei den Säugetieren sind sie weniger leicht nachzuprüfen, aber sie sind da, und die Seelenforschung weiß, dass sie auch bei uns selbst in unabsehbarer Vielzahl unablässig geschehen. Sie wissen ja, dass die Reklametechniker manche Einsichten über solche unbewusste Wirkweisen von Farben und Formen zur unbewussten Überredung der Kunden ausnützen. Und das ist nur ein kleiner Ausschnitt der Möglichkeiten. Solche Ausnützung unbewusster Regungen geschah zu allen Zeiten. Was aber seit einigen Jahrzehnten, ja seit wenigen Jahren so besonders ausgebildet wird, ist der Versuch, über alle diese Geschehnisse wissenschaftliche Auskunft zu erlangen, und das nicht etwa um der Erkenntnis willen. Es geht dabei vielmehr um neue Wege des Einflusses, des Herrschens über den Menschen.

Das sind indessen noch die am leichtesten fassbaren Wirkungen. Es gibt viel verborgenere. Wir wissen seit einigen Jahren, dass in unserem Nervensystem von den Reizwirkungen auch besondere Zellen erreicht werden, die auf Reize hin Hirnhormone absondern, besondere Stoffe, deren vielseitige Auswirkungen wir erst langsam, in Bruchstücken kennen lernen. Ihre Wirkungen auf unser Gefühlsleben gehen sicher ganz besonders tief. Was Bilder in diesem verborgenen Reich alles anstellen, das ahnen wir erst.

Wir haben wirklich Grund genug, die Bilderschwemme als Reizflut, als unablässigen Anlass von tausend verborgenen Nervenvorgängen sehr ernst zu nehmen. Sonderbar ist es ja, dass unsere Zeit, die ungezählte Ernährungsformen aufgebracht hat, in der geistigen Ernährung die größte Sorglosigkeit an den Tag legt, weil deren Schäden nicht die Linie in Frage stellen oder sich durch ein organisches Leiden melden.

Die Imagination, die mit Bildern arbeitende Macht unseres geistigen Seins, braucht vor allem rechte Zeiten des Ausruhens vom Bildersehen – auch im wachen Alltag. Soll sie tätig sein, so braucht sie ein gelassenes, geruhsames Wirken von Eindrücken. Vor allem aber bleibt sie immer angewiesen auf die echte Beziehung zur vollen ursprünglichen Wirklichkeit, zu unserer ersten eigentlichen Welt, nicht zu der zweitrangigen, welche Zeitschriften, Film und Fernsehen vor die wirkliche Welt schieben. Wie wesentlich ist es, der Kinderzeit diese Gnade des stillen echten Bildwebens zu bewahren und sie nicht den Lockungen der Bildlieferanten einfach preiszugeben. Die Bilderruhe, wie ich die eine dieser inneren Lebensnotwendigkeiten nennen will, schenkt als neue Freude das Aufmerken auf die intimen Wunder des Alltags, die unter solchen günstigen Umständen ihre heimlichen Wirkungen entfalten, ohne dass allzu sehr von außen bewusst auf sie hingelenkt würde …

Wohl ist der neue Reichtum der Bilder auch ein Geschenk – aber ein gefährliches. Ein Segen kann er nur werden, wenn wir ganz neu den Umgang mit den Bildern als eine schwere, große Aufgabe lernen und wenn wir selbst diesen Umgang mit dem Bilde in überlegener Art zu leisten vermögen.

Sie werden sagen, dass alles gilt nur für Bilder – es müsste genauso für jede technische Neuerung gesagt werden. Gewiss! Eben darum spreche ich von den Bildern – weil man schließlich beim Alltäglichen anfangen muss.

Alles fließt. Doch der Fluss der Zeit ist ja nicht bloß ein Ablauf, der einem unvermeidlichen Gefälle folgt. Wir sind selbst in dieses Geschehen verwoben und darin tätig. Den Zeitlauf von der Bilderarmut zum Bilderüberdruss müssen wir selber in seinem weiteren Gang mitbestimmen – indem wir die Kraft finden, eine frei gewählte höhere Form der Bilderarmut zu gestalten durch einen neuen, überlegenen Umgang mit dem großen Geschenk der Welt der Augen."[49]

Deutlich wird damit sichtbar, dass es für die Kinder heute notwendig wird, für sie Räume der Stille und der Beschaulichkeit abzugrenzen – denn wenn ein ganzer Kulturkreis eine Einschränkung seiner Erlebnisfähigkeit erfährt, so bedeutet das Seelenverlust. Ohne die Möglichkeit, sensibel zu empfinden und zu fühlen, muss auch die Wertwelt des Menschen absinken, seine Gewissensfunktionen und damit auch seine Entscheidungen unqualifizierter werden. Ohne eine Ausdifferenzierung und Entfaltung seiner Wahrnehmungs- und Gefühlsbereiche kann der Mensch sich auf Dauer nicht weiterentwickeln. Es gehört daher zu den wichtigsten Vorbedingungen, für die „Bilderarmut" unserer Kinder zu sorgen, um eine positiv wirksame Umwelt für sie zu schaffen.

3. Ererbtes und Erworbenes

Die Frage, in welchem Verhältnis Anlagefaktoren und Umweltfaktoren den Charakter eines Menschen bestimmen, lässt sich trotz vieler wissenschaftlicher Bemühungen – vor allem auf dem Gebiet der Zwillingsforschung – immer noch nicht abgrenzen. Die Kinderpsychotherapie und die Psychopathologie der letzten Jahrzehnte haben jedenfalls an vielen Einzelfällen nachweisen können, dass der Charakter eines Menschen keineswegs unveränderbar starr festgelegt ist.

Nicht nur die Veränderbarkeit von bestimmten Verhaltensweisen unter therapeutischem Einfluss, sondern auch die Erforschung der Tatsache, dass unter gleichen Umweltbedingungen gleiche Charakterentwicklungen entstehen können (Heimkinder zeigen häufig einem Fremden gegenüber so gleichartige Verhaltensweisen, als seien sie erbgleiche Zwillinge), beweist uns, dass unter dem Einfluss der Vererbungslehre lange Zeit die Bedeutung von Umwelteinwirkungen unterschätzt worden ist.

Ja, es scheint sogar, als ob nicht nur bestimmte Charakterzüge unter dem Einfluss der Umwelt sich so oder so ausformen können, sondern als ob selbst der Grad der intellektuellen Leistungsfähigkeit durch die Umwelt modifizierbar ist.

Ein Beispiel: Lisa war auch in den ersten beiden Schuljahren eine nur schwache Schülerin gewesen; im dritten Schuljahr aber versagte sie vollständig in den schriftlichen Arbeiten, sowohl im Diktatschreiben als auch im Rechnen. Die Fehlerzahl war unübersehbar, und die Lehrerin schlug den Eltern eine Rückversetzung in die zweite Klasse vor. Diese entschlossen sich, Lisa auswärts in eine stationäre psychotherapeutische Behandlung zu geben und dort weiter ins dritte Schuljahr zu schicken, da sie die Vorstellung hatten, Lisa litte nicht an Intelligenzmangel, sondern an einer durch häusliche Überforderung hervorgerufene Intelligenzhemmung. Und diese Diagnose bewahrheitete sich. Nach eineinhalb Jahren wurde sie in ein Gymnasium eingeschult und machte dort, ohne je sitzen zu bleiben, ein gutes Abitur.

Die Reihe solcher Beispiele aus der kinderpsychotherapeutischen Praxis ließe sich beliebig verlängern. Leistungsfähigkeit ist eben keine angeborene statistische Größe. Ob die Intelligenz eines Kindes sich entfaltet oder verkümmert, hängt keineswegs allein von seiner angeborenen Intelligenzkapazität ab, sondern davon, ob in seiner Umwelt ein Klima herrscht, in dem es sich entfalten kann.

Freilich: Neue Erkenntnisse – besonders in der Wissenschaft – beschwören immer die Gefahr einer einseitigen Überschätzung herauf. Die Tatsache einer tief greifenden und relativ weit gehenden Beeinflussbarkeit des Menschen durch Umwelteinflüsse hat vor allem im Bereich einer amerikanischen Schule innerhalb der Psychologie, des Behaviorismus, die Fehlvorstellung hervorgerufen, dass der Mensch „gänzlich machbar" sei; er gleiche – ähnlich wie es der Geist der Aufklärung im 18. Jahrhundert zu wissen meint – an seinem Lebensanfang eine Art Tabula rasa, einer leeren Tafel. Unbegrenzt vielfältig aber seien die Schriftzüge, die das Leben und seine Erzieher in diese Tafel einzugravieren vermöchten. Bei diesen Bestrebungen werden die Ergebnisse der Zwillingsforschung ebenso unterdrückt wie die Tatsache, dass gerade die kinderpsychotherapeutische Praxiserfahrung zeigt, dass der Erzieher sehr rasch an die Grenze seiner Manipulierbarkeit stößt, wenn er die natürlichen Lebensbedingungen eines Kindes nicht beachtet. Selbst die Geschlechtsunterschiede sind etwas Angeborenes[50], die sich nicht einmal in der Phantasie dauerhaft ungestraft anders wünschen lassen (s. dazu auch die neuen Ergebnisse über geschlechtsspezifische Unterschiede in der Hirnstruktur von Mann und Frau).[51]

Ein Beispiel: Die neunjährige Marlies hatte den Versuch gemacht, sich mit Schlaftabletten das Leben zu nehmen. Als sie – von Krankenhausärzten geschickt – zur Beratung kam, zeigte sie das Verhalten und das Aussehen eines extrem burschikosen Jungen. Sie hatte einen kurzen Haarschnitt, trug Lederhosen und drückte die Hand bei der Begrüßung betont kräftig.

Die Eltern berichteten, dass Marlies ihr zweites Kind sei. Das ältere, ein Junge, sei durch einen Verkehrsunfall ums Leben gekommen. Sie hätten gern wieder einen Jungen gehabt – aber Marlies hätte sich auch bald wie ein Junge verhalten. Kürzlich sei sie sogar einem Fußballverein beigetreten, ohne dass man dort bemerkt habe, dass sie ein Mädchen ist. Die Eltern erzählen diese Geschichte im Grunde beglückt – es ist deutlich sichtbar, wie sehr ihre Wunschvorstellung bei dem Fehlverhalten des Mädchens mitgewirkt hat. Allen dreien, auch dem Kind, schien der Selbstmordversuch unbegründet. Die psychologische Untersuchung ergab hingegen, dass Marlies durch die unnatürliche Rolle in eine tiefe existentielle Verunsicherung geraten war, die die Verzweiflungstat vorbereitet hatte.

Aber auch bei weniger fundamentalen Gegebenheiten des Menschen liegen angeborene Bereitschaften und Bestrebungen vor. Ob sie sich entfalten oder nicht entfalten, hängt häufig sogar davon ab, ob sie in *bestimmten* Phasen der Entwicklung von der Umwelt aufgenommen und gefördert oder nicht beantwortet werden. Das kann man zum Beispiel am Lächeln der Säuglinge sehr eindeutig nachweisen: Sie lächeln zunächst keineswegs nur als *Antwort* auf ein Lächeln – sie lächeln, wie bereits erwähnt wurde, leblose Masken an, unter der Voraussetzung, dass diese zwei Augen und eine Stirn-Nasen-Partie haben und sich bewegen. Aber die Erfahrung an Heimkindern hat gezeigt: Werden solche Kinder nicht mit einem zurückgebenden Lächeln belohnt, so verlernen sie allmählich das Lächeln und werden ernste Kinder. Wenn sich Bereitschaften also nicht entfalten, so ist das lediglich ein Beweis dafür, dass sie gehemmt, zurückgedrängt, unterdrückt worden sind. Zu machen aber ist von uns Menschen keine Begabung, kein Gewissen, ja selbst nicht die Liebe. Vorgegebenes kann, ja muss von den Erziehern entfaltet, gestaltet, durch Lernen verfeinert und überformt werden. Widersteht der Erzieher nicht energisch und realitätsgerecht der Versuchung, sich wie ein Schöpfergott zu gebärden, so geraten er und seine Zöglinge konsequent und tragisch in verzweifelte Sackgassen seelischer Krankheit und Not.

Diese Erfahrung, dass uns Menschen Grenzen gesetzt sind, die wir nicht ungestraft übertreten dürfen, ist geeignet, auch in Bezug auf tradierte Normen wieder zu einem besseren Verständnis zu kommen, statt einer relativierenden Orientierungslosigkeit zu verfallen. Viele dieser alten ethischen Normen waren sicher auf dem Grund der bit-

teren Erfahrung, aus der Not der Zweckmäßigkeit, aus dem Unvermögen zu persönlicher Entscheidungsfähigkeit und Einsichtsmög-
lichkeit erwachsen. Wir sind heute über Normen dieser Art keineswegs erhaben. Sicher mag die eine oder die andere im echten Sinne
überholt sein. Bei vielen anderen verstehen wir sicher nur törichter-
weise ihren Sinn nicht mehr. Und müssen wir ihn nun wirklich erst
wieder – durch wie viele Generationen hindurch – bitter am Übermaß
von Not, Krankheit und Seelenverstümmelungen erlernen? Oder
können wir nicht doch dieses in der Natur übliche strapaziöse Verfahren abkürzen, indem wir aus Einsichten in die Psychopathologie
Konsequenzen ziehen? Gemachte Normen verschwinden wieder von
der Bildfläche der Geschichte, wenn sie Missbrauch sind, enden in der
Zerstörung, wie uns Hitlers „Tausendjähriges Reich" eindrücklich
vor Augen geführt hat. Dies ist der zentrale Irrtum all jener, die nach
einer gesellschaftlichen Veränderung mit absoluter Normfreiheit rufen: dass alle tradierten Normen *„gemacht"* wurden, um die Menschen zu unterdrücken, und dass man nun nur Normfreiheit zu „machen" brauche, um die Seligkeit auf Erden herzustellen. Eine solche
Anthropologie ist unbiologisch und unrealistisch. Der Beweis von
Echtheit oder Unechtheit, von Einklang oder Missbrauch wird am
Leben erbracht und daran, ob der jeweilige Brauch eine Passung darstellt zur Entwicklungssituation eines Kulturkreises. Er steht oder fällt
damit, ob er die Chancen zu humaner Höherentwicklung steigert
oder blockiert. Höherentwicklung in Bezug auf seelisch-geistige Dif-
ferenziertheit ist aber – genau wie bei der Mondfahrt – nur auf der
Basis der Beachtung und Einhaltung von Naturgesetzen vollziehbar.
Viele dieser Grundgesetze sind uns in Bezug auf den Menschen bisher nicht ins Bewusstsein gedrungen. Solange sie in natürlicher Ordnung erlebt wurden, war das auch nicht nötig. Heute, im technischen
Zeitalter, wo wir die alten Ordnungen mit der Auflösung der agrari-
schen Kultur nicht mehr haben und mit dem Glauben an unsere un-
umschränkte Machbarkeit versuchen, uns die Erde zu versklaven,
stoßen wir an unsere Grenzen. Sie werden als seelische Erkrankungen
sichtbar. Sie zu kennen bietet eine Chance, neue Kriterien zu finden
in der Frage, inwieweit wir befugt sind, gesellschaftliche Veränderungen vorzunehmen, ohne uns zu ruinieren.

4. Erziehungsmittel

Unter den Weisen erzieherischer Beeinflussung unterscheiden wir positive und negative Erziehungsmittel. Die Chancen zu erfolgreichem Erziehen sind nachgewiesenermaßen größer, wenn überwiegend mit positiven Mitteln gearbeitet wird. In diesem Zusammenhang ist ein Schulversuch von Hurlock[52] aufschlussreich:

> Er stellte die Fähigkeiten der Kinder in einem bestimmten Fach fest und teilte sie danach in drei Gruppen, die in der Mischung der Geschlechter, nach Alter und Leistungsdurchschnitt einander ähnlich waren, ein. Die Kinder wussten davon nichts. Etwa eine Woche lang wurde die erste Gruppe wegen ihrer guten Leistungen gelobt (obwohl auch Mängel vorhanden waren), die zweite Gruppe wegen ihrer mangelhaften Leistungen getadelt (obwohl sie auch Gutes geleistet hatten), die dritte Gruppe wurde ignoriert; die Leistungen dieser Schüler wurden nicht beachtet.
> Danach ließ sich feststellen, dass sich diese Gruppen bald in ihrem Fortschritt unterschieden:
> Bei der ersten Gruppe: ständiger, regelmäßiger Aufstieg im Fortschritt.
> Bei der zweiten Gruppe: am Anfang geringer Aufstieg, danach lassen die Leistungen langsam nach.
> Bei der dritten Gruppe: am Anfang ganz schwacher Anstieg, dann immer stärker werdendes Nachlassen der Leistungen.

Wir sehen: Ein Mensch, dessen Leistungen anerkannt werden, arbeitet besser als einer, den man immer nur tadelt. Das schlechteste Arbeitsergebnis erreicht man, wenn zur Leistung des Kindes geschwiegen wird. Das Ergebnis dieses Schulversuchs bestätigt sich aber auch allgemein in der Kindererziehung.

Eine Tabelle der positiven und negativen Erziehungsmittel soll ihre unterschiedliche Wertigkeit im Entwicklungsprozess des Kindes veranschaulichen und deutlich machen, dass die Art des jeweiligen Erziehungsmittels dem Reifegrad des Kindes angemessen sein muss.

Alle negativen Erziehungsmittel sind bedenklich, wenn sie im Unmaß praktiziert werden, das heißt also, wenn ein Großteil des Erziehungsalltags eines Kindes mit ihnen ausgefüllt ist. Je nach dem Ausmaß und je nach der angeborenen Sensibilität des Kindes pflegen dann verhältnismäßig bald Verhaltensänderungen im negativen Sinne einzutreten. Sei es, dass das Kind bockig, harthörig und ver-„stockt" wird oder – in üblen Fällen –, aus Misstrauen und Angst verlogen und ver-

„schlagen". Aber selbst wenn negative Erziehungsmittel positiv im Sinne eines unterwürfigen Gehorsams zum Erfolg geführt haben sollten, kann nicht überblickt werden, ob später Schäden auftreten, die die Charakterentwicklung und den Lebenserfolg behindern; sie zeigen sich häufig erst in der Pubertät oder im Erwachsenenalter.

Ebenso wie *Einsperren und Prügel* muss der langfristige *Kontakt- und Liebesentzug* als seelische Grausamkeit angesehen werden, die bei Kindern oft mehr Schäden anrichten können als eine körperliche Misshandlung. Worte eines Erziehers wie „Pfui, nun bist du nicht mehr mein Kind" oder die Weigerung, zur Strafe mit dem Kind über Stunden oder gar Tage zu sprechen, können umso schreckenerregendere Verlustängste hervorrufen, je jünger es ist. Solche Kinder werden häufig in einer panischen Weise übergefügig. Sie müssen alles perfektionistisch gut machen – und führen auch als Erwachsene noch ein Leben in Angst, der Angst, dem Anspruch einer unsichtbaren Instanz nicht zu genügen.

Größte Vorsicht ist auch mit dem *Drohen* und seinem Pendant, dem Versprechen, geboten: „Wenn du deine Schularbeiten machst, bekommst du ein Eis." Oder: „Wenn du nicht gleich kommst, holt dich der schwarze Mann!"

Mit Drohung wird die Angst gezielt als Erziehungsmittel eingesetzt.

Zwar kann Angst ein treibender Handlungsmotor sein, aber – wie Untersuchungen bewiesen haben – nur in einem bestimmten Ausmaß. Angst im Übermaß kann die Handlungsbereitschaft herabsetzen, ja gänzlich blockieren. Da diese Grenzen von den Erziehern kaum je übersehen werden können, da die Folgen der Schockerziehung oft erst nach Jahren oder Jahrzehnten als seelische Erkrankung in Erscheinung treten, müssen alle grob ängstigenden Erziehungsmittel als unverantwortbar abgelehnt werden.

Das *Versprechen* soll einen Ansporn darstellen. Der Dresseur winkt dem Hund aus der Ferne mit einem duftenden Braten, in der Hoffnung, dass er die Hürden dann zu überspringen bereit ist. Dieser Vergleich soll deutlich machen: Mit einer Erziehung zum Menschen haben solche Praktiken nichts zu tun. In ihnen ist eine erpresserische Tendenz, eine Rattenfängermethode enthalten. Mögen sich solche Erzieher nicht wundern, wenn sie selbst von ihren groß gewordenen Kindern mit Rattenfängermethoden getäuscht werden!

Positive Erziehungsmittel

Bezeichnung	Anlass	In folgendem Lebensalter angemessen
das Beispiel	ohne Anlass	konstant anwendbar vom 6. Lebensmonat ab (nachdem Nachahmungsbereitschaft des Kindes sich entfaltet hat)
die Gewöhnung	ohne Anlass	vornehmlich in den ersten Lebensjahren des Kindes, langsam abnehmend
der Befehl	in Situationen, die dem Kind gefährlich sind, in Entscheidungen, die es noch nicht allein treffen kann	selten anzuwenden und nur, wenn er nötig ist; mit dem Lebensalter des Kindes und seiner Möglichkeit zur Eigenentscheidung abnehmend
das Versprechen	abzulehnendes Erziehungsmittel	
die Belohnung		
1. als Lob	bei anerkennenswertem Verhalten des Kindes (Dienstleistungen etc.)	nicht sparsam im Kleinkindalter, in der Pubertät vorsichtig und realitätsgerecht
2. mit Geld	bei sehr außergewöhnlichen, besonders hervorragenden Leistungen	nicht vor dem 7. Lebensjahr, dann sehr selten und mit der Pubertät abschließend
3. mit Zeit (Zuwendung)	bei Verzichtsleistungen des Kindes aus Liebe	so viel wie möglich, durch alle Altersstufen
4. mit (materiellen) Geschenken	bei Tapferkeit (Arztbesuch, Krankheit etc.) und besonderem Mut	vorsichtig dosiert in allen Altersstufen
5. mit Essen (Süßigkeiten)	bei Topfsitzungen, bei besonderen Dienstleistungen	im 2. Lebensjahr, selten; nur aus besonderem, sehr Trost spendendem Anlass, mit dem Lebensalter abnehmend

Negative Erziehungsmittel (Strafen)

Bezeichnung	Anlass	In folgendem Lebensalter angemessen
Tadeln	bei Ungehorsam, Grenz- überschreitungen, Rück- sichtslosigkeit etc.	mit wenigen Worten ab 2. Lebensjahr, ab Grundschul- alter mit Begründungen und Appell an die Einsicht
Drohen	sehr ausnahmsweise, in lebensbedrohlichen Situationen	außerordentlich sparsam jenseits des Kleinkindalters, am besten ganz vermeiden
Essensentzug	bei extremer Missachtung der Tischsitten	allenfalls ab Grundschulalter, am besten ganz vermeiden
Taschengeld- entzug	allenfalls bei schwerer Sachbeschädigung als Beteiligung am Schaden	frühestens ab 9. Lebensjahr
Freiheitsentzug (Stubenarrest, Bettarrest)	abzulehnendes negatives Erziehungsmittel	
Verweigerung des Sprech- kontakts	abzulehnendes negatives Erziehungsmittel	
Strafarbeiten	bei grober Vernachlässi- gung notwendiger Pflich- ten allenfalls im Sinne eines Nachholens und In-Ordnung-Bringens des Versäumten	frühestens ab 7. Lebensjahr
Klapse	bei wiederholten Verbots- übertretungen	ab 2. Lebensjahr abnehmend, ab Pubertät ganz vermeiden
Prügel	abzulehnendes negatives Erziehungsmittel	
kurzfristige Abtrennung des Kindes aus der Gemeinschaft	bei Grenzüberschreitun- gen	vom 2. Lebensjahr ab

Solche Methoden sind nicht nur menschenunwürdig, sondern auf Dauer auch unwirksam. Leere Versprechungen führen nicht zu dauerhaften Erziehungserfolgen. Im Gegenteil: Sie erschüttern in einer fundamentalen Weise das Vertrauen der Kinder in die Glaubwürdigkeit ihrer Erzieher. Mutlosigkeit und heimlicher Leistungsprotest sind nur allzu oft die Folgen. Wenn-dann-Methoden, die heute zu den häufigsten Erziehungsmitteln gehören, sind aber darüber hinaus auch besonders bedenklich, wenn die gestellte Forderung für das Kind unerfüllbar ist. Eine erwünschte Belohnung nicht erreichen zu können, kann die Mutlosigkeit eines Kindes verstärken und seine Initiative blockieren. Mit gutem Beispiel voranzugehen und mit Lob und Zuwendung zu belohnen, sind erfolgreiche Erziehungsmittel.

Je älter ein Kind ist, umso mehr sollte angestrebt werden, dass die Art der Strafe in Beziehung steht zur Art des Vergehens und ein konstruktives Sühnen und Wieder-in-Ordnung-Bringen bedeutet; zum Beispiel für den Nachbarn den Apfelbaum abernten, von dem man Äpfel gestohlen hat, sich am Ersetzen der Fensterscheiben beteiligen, die man mit dem Ball eingeworfen hat, den Flur scheuern, den man mit Farbe bekleckst hat usw.

Als phantasielos und unangebracht ist die sich heute einschleichende Unsitte zu brandmarken, Kinder damit zu bestrafen, *nicht fernsehen* zu dürfen. Nach dem Prinzip, dass der Apfel gerade dann verlockend wirkt, wenn er verboten ist, fördert man auf diese Weise die Fernsehsucht der Kinder. Uneingestanden unterwerfen sich damit auch die Erwachsenen der Überbewertung des Fernsehens.

Bevor ein Erzieher straft, sollte er sich sorgfältig überlegen, ob das Verhalten des Kindes nicht eventuell eine Reaktion auf sein eigenes erzieherisches Ungeschick ist oder ob im Fehlverhalten des Kindes nicht vielleicht eine seelische Erkrankung zum Ausdruck kommt. In solchen Fällen kann die konsequente Strafe letztlich doch inkonsequent sein, weil sie das Leiden verstärkt, anstatt es zu heilen.

Der Gehorsam aus Angst ist menschenunwürdig und erweist sich nur allzu oft als gefährlicher Bumerang. Allein der Gehorsam aus Liebe ist pädagogisch legitim.

Wie aus der Tabelle ersichtlich ist, muss die Art der Strafe der Entwicklungsstufe, dem Reifegrad des Kindes angemessen sein. Stern unterscheidet in der Entwicklung der Strafen nach dem kindlichen Verständnis drei Stufen:

Beim Kleinkind spricht er von einer *assoziativen Stufe*. Verstöße des Kindes müssen hier assoziativ mit Unlustempfindungen verbunden werden, so dass eine Art Hemmungsmechanismus aufgerichtet wird, der künftige Handlungen dieser Art erschwert. Hier, wo eine Einsicht in den Sinn der Verbote und die Notwendigkeit der Strafe noch nicht vorausgesetzt werden kann, hat der körperliche Strafreiz noch seine Berechtigung (als ein kurzer Schlag auf den Handrücken). Er ist vor allem dann gerechtfertigt, wenn Handlungen des Kindes verhindert werden sollen, die sein Leben oder seine Gesundheit gefährden.

Auf der *logischen* Stufe besteht die Möglichkeit, dem Kinde den Sinn und die Notwendigkeit der Strafe nahe zu bringen. Das Kind ist nun imstande, die Strafe als notwendige Folge seines Vergehens zu begreifen. Der Erzieher sollte von nun an seine Strafen, wie auch sonst seine Erziehungsmaßnahmen, dem Kind begründen.

Auf der *moralischen* Stufe erschließt sich dem Kinde der Sinn für den eigentlichen, den moralischen Sinn der Strafe. Es fasst die Strafe nun als Sühne auf und nicht lediglich als unvermeidliche Folge seines Tuns; sie wird daher nicht mehr einfach hingenommen, sondern, sofern sie berechtigt ist, auch anerkannt.[53]

Diese sittlich-erzieherische Wirkung der Strafe ist allerdings nur möglich, wenn sie gerecht ist und wenn der Erzieher gerecht ist. Zwischen dem Zögling und dem Erzieher muss ein Verhältnis des Vertrauens bestehen, das Kind wird dann den Vertrauensbruch, den es mit seiner Verfehlung begeht, und die Enttäuschung, die es dem Erzieher damit bereitet, sehr viel schmerzlicher empfinden als die eigentliche Strafe, die dieser verhängt. „Schläge tun auch im Herzen weh", äußerte einmal ein Kind.

Das Kind kann freilich auch eine Strafe geradezu herbeisehnen, damit „alles wieder gut wird"; die Strafe wirkt damit in ihrer eigentlichen sittlichen Funktion als Sühne.

Grundsätzlich sollte die Regel gelten: Handle so, dass sich dein Kind von dir geliebt fühlt – dann werden negative Erziehungsmittel seltene Gäste in deinem Hause sein. Erscheint eine Strafe als unumgänglich, so handhabe sie so, dass sie als reinigendes Gewitter wirkt, so dass damit für das Kind die Ordnung und der Frieden wiederhergestellt werden kann.

Das umfängliche Experimentieren der Erzieher des 20. Jahrhunderts mit extrem autoritären und extrem antiautoritären Erziehungsformen und die negativen Resultate mit ihnen haben verdeutlicht, dass das christliche Menschenbild Berechtigung hat: Der Mensch ist an seinem Lebensanfang ein kleiner Wilder, ausgestattet mit vitalen Antrieben, die der pfleglichen Zügelung bedürfen; denn sie sind – da der Mensch ein „Freigelassener der Natur" ist, fähig zu entarten. Sie tun das umso weniger leicht, je mehr Liebe, zu der Festigkeit und Konstanz gehört, der Mensch von Anfang an erfährt. Nur eine Erziehung in Liebe wird deshalb in der Lage sein, zu einem menschenwürdigen Fortschritt beizutragen.

Anmerkungen

1 Lempp, R.: Frühkindliche Hirnschädigung und Neurose. Berlin und Stuttgart 1964.
2 Newton, N. R. und Newton, M.: Relationship of ability to breastfeed and maternal attitudes towards breastfeeding. In: Pediatrics 1950, Nr. 5, S. 75.
3 Spitz, R. A.: Vom Säugling zum Kleinkind. Stuttgart 1967.
4 Lorenz, K.: Über tierisches und menschliches Verhalten. München 1967.
5 Meves-Schetelig, U.: Die erste Lebenswoche. Kassel 1981.
6 Spitz, R. A.: ebd.
7 Stern, D.: Mutter und Kind. Die erste Beziehung. Klett-Cotta 1979.
  Stern, D.: The interpersonal world of the infant. New York 1985.
  Stern, D.: Tagebuch eines Babys. München 1991.
  Winnicott, D. W.: Das Baby und seine Mutter. Klett-Cotta 1990.
8 Spitz, R. A.: ebd.
9 Schutz, F.: Die Bedeutung früher sozialer Eindrücke während der Kinder- und Jugendzeit bei Enten. In: Zeitschrift für angewandte Psychologie, 1964, 1, S. 169–178.
10 Schutz, F.: ebd.
11 Olsen, W. C.: Die Entwicklung des Kindes. Berlin, Bonn, Zürich 1953.
12 Zietz, K.: Abriß der Kinder- und Jugendpsychologie. Schriftreihe der pädagogischen Hochschule Braunschweig. H. 5, 1959.
13 Fischle-Carl, H.: Erziehen mit Herz und Verstand. Berlin, München 1965.
14 Hetzer und Reindorf, zitiert nach K. Zietz, a. a. O., S. 148.
15 Bühler, K.: Die geistige Entwicklung des Kindes. Jena 1930.
16 Morris, D.: Biologie der Kunst. Düsseldorf 1969.
17 Fortham. M: Vom Seelenleben des Kindes. Zürich 1948.
18 Zietz, K.: a. a. O., S. 65.
19 Wagner, M. (Hrsg.): Unter dem Regenbogen. Freiburg 1991.
   Krüss, J.: So viele Tage, wie das Jahr hat. Gütersloh 1989.
20 Mahler, M. S., Piene, F., Bergman, A.: The psychological birth of human infant. New York 1975.
21 Packard, V.: Verlust der Geborgenheit. Bern, München 1984.
22 Schetelig, H.: Entscheidend sind die ersten Lebensjahre. Freiburg 1980.
23 Pechstein, J.: Elternnähe oder Krippen. Neuwied 1990.
   Bensel, J.: Krippenbetreuung im Spiegel der neuesten internationalen Forschung. Neuwied 1991.
24 Zorell, E.: Erziehungskunde. Bad Heilbronn 1967.
25 Dührssen, A.: Psychogene Erkrankungen bei Kindern und Jugendlichen. Göttingen 1969.

26 Roth, H.: Pädagogische Psychologie des Lehrens und Lernens. Hannover und Darmstadt 1977.

27 Merz, F.: Geschlechterunterschiede in ihrer Entwicklung. Münster 1979.

28 Friedemann, A.: Gruppenpsychotherapie, psychologische Grundlagen und Überblick über die Anwendungsgebiete. In: Handbuch der Neurosenlehre und Psychotherapie, Bd. 4, S. 328. München und Berlin 1959.

29 Postman, N.: Wir amüsieren uns zu Tode. Frankfurt 1985.
Postman, N.: Das Technopol. Frankfurt 1992.
Biscioni, R.: Fernsehkinder. Vom Umgang mit einem beherrschenden Medium. Zürich, Wiesbaden 1991.

30 Hofmeier, Müller und Schwidder: Alles über ein Kind. Berlin 1964, S. 313.

31 Schutz, F.: Sexuelle Prägung bei Anatiden. In: Zeitschrift für Tierpsychologie, 22, Berlin und Hamburg 1965, S. 50–103.

32 Jung, C. G.: Psychologische Typen. Zürich 1965.

33 Riemann, F.: Grundformen der Angst. München 1980.

34 Meves, C.: Charaktertypen. Gräfelfing 2000.

35 Lersch, P. H.: Aufbau der Person. München 1966.

36 Steps, H.: Krebsvorsorge unter 30. Sexualmedizin 8, 1979, S. 381.

37 BGA-Pressedienst, Berlin 1992.

38 Bollnow, F.: Wesen und Wandel der Tugenden. Berlin 1988.

39 Meves, C.: Eltern-ABC. Stein a. Rhein 1997.

40 Pestalozzi, H.: Wie Gertrud ihre Kinder lehrt. Zitiert nach E. Zorell, a. a. O., S. 68.

41 Meves, C.: Wahrheit befreit. Stein a. Rhein 1994.
Meves, C.: Die Bibel hilft heilen. Stein a. Rhein 2000.
Meves, C., Dillon, A.: Hochsommer. Stein a. Rhein 1994.

42 Schultz-Hencke: Der gehemmte Mensch. Stuttgart, 6. Aufl. 1989.

43 Schultz-Hencke, H.: a. a. O.

44 Schwidder, W.: Neopsychoanalyse. In: Handbuch der Neurosenlehre und Psychotherapie. Bd. 3, München und Berlin 1959.

45 Ders.: Zur Ätiologie und Therapie des Pavor Nocturnus. In: Deutsches Medizinisches Journal 2, 1951, S. 422–424.

46 Riemann, F.: a. a. O.

47 Freud. S.: Gesamtausgabe, Bd. 15: Neue Folge der Vorlesung zur Einführung in die Psychoanalyse. London 1932, S. 73.

48 Eibl-Eibesfeld, I.: Die Biologie des menschlichen Verhaltens. München 1995.

49 Portmann, A.: Alles fließt. Freiburg 1989.

50 Merz, F.: a. a. O.

51 Sullerot, E.: Die Wirklichkeit der Frau. München 1979.

52 Hurlock, Claus und Hiebsch, zitiert nach Zietz, H.: a. a. O., S. 101.

53 Stern, W.: Psychologie der frühen Kindheit. Heidelberg 1977.

54 Eliot, L.: Was geht da drinnen vor? Die Hirnentwicklung in den ersten fünf Lebensjahren. Berlin 2001.

55 Dührssen, A.: Heimkinder und Pflegekinder in ihrer Entwicklung. Göttingen 1964.
    Solojed, K.: Die Entwicklung von Objektbeziehungen bei Säuglingen im Kinderheim. In: Kinderanalyse, S. 23–48. 2008
56 Schwidder, W.: a. a. O.
    Dührssen, A.: a. a. O.
    Behncke, B.: Zur Erhöhung der Zahl der Krippenplätze in Deutschland. In: Eva Hermann/Maria Steuer (Hrsg.): Mama, Papa oder Krippe? Erziehungsexperten über die Risiken der Fremdbetreuung. Holzgerlingen 2010. S. 87–133.
    Eine Übersicht über die internationale Krippenwissenschaft s. S. 128–133.
57 Eine Reihe neuer wissenschaftlicher Arbeiten zum Thema sind in der folgenden Liste zusammengefasst:
    Meves, C.: Geheimnis Gehirn. Warum Kollektiverziehung und andere Unnatürlichkeiten für Kleinkinder schädlich sind. Gräfelfing 2008.
    Hardin, H.: Außerfamiliäre mütterliche Betreuung und Verlusterfahrungen. In: Psyche, 2008, S. 136–153.
    Scheerer, A.: Krippenbetreuung als ambivalentes Unternehmen. In: Psychoanalyse Aktuell, 2009.
    Brisch, K./Hellbrügge, T. (Hrsg.): Wege zu sicheren Bindungen in Familie und Gesellschaft. Prävention, Begleitung, Beratung und Psychotherapie. Stuttgart 2009.
    Grossmann, K. E./Grossmann, K.: Fünfzig Jahre Bindungstheorie. Der lange Weg der Bindungsforschung zu neuem Wissen über klinische und praktische Anwendung. In: Karl Heinz Brisch und Theodor Hellbrügge (Hrsg.): Wege zu sicheren Bindungen in Familie und Gesellschaft. Prävention, Begleitung, Beratung und Psychotherapie. S. 12–51. Stuttgart 2008.
    Grossmann, K. E.: Bindungen. Das Gefüge psychischer Sicherheit. 4. Aufl. Stuttgart 2008.
    Schmücker, G./Buchheim A.: Mutter-Kind-Interaktion und Bindung in den ersten Lebensjahren. In: Bernhard Strauß, Anna Buchheim und Horst Kächele (Hrsg.): Klinische Bindungsforschung. Theorien – Methoden – Ergebnisse. S. 173–190. Stuttgart 2002.
    Scheidt, C./Waller, E.: Bindungsforschung und Psychosomatik. In: Bernhard Strauß, Anna Buchheim und Horst Kächele (Hrsg.): Klinische Bindungsforschung. Theorien – Methoden – Ergebnisse. S. 242–254. Stuttgart 2002.
    Israel, A.: Frühe Kindheit in der DDR. In: Kinderanalyse, 2008, S. 100–127.
    Solojed, K.: Die Entwicklung von Objektbeziehungen bei Säuglingen im Kinderheim. In: Kinderanalyse, 2008, S. 23–48.

Fach- und Fremdwörterverzeichnis

adäquat	angemessen, entsprechend
Adipositas	Fettsucht
aggressiv	angriffslustig
Akzeleration	Entwicklungsbeschleunigung
akzentuiert	betont
ambivalent	zwiespältig, widersprüchlich
anaklitische	nach Spitz: das Teilnahmsloswerden von Säuglingen durch vorüberge-
Depression	henden Entzug der Gefühlszuwendung (meist durch Trennung von ihren Müttern)
Anthropologie	die Lehre vom Menschen
anthropomorph	vermenschlicht
Antrieb	innerseelische Primärkraft
Antriebsrudiment	nicht mehr funktionsfähiger Antriebsrest
Antriebsschwäche	unzureichender Antrieb
apathisch	teilnahmslos
Archetypen	nach C. G. Jung: angeborene Urbilder der Seele
Aspekt	Gesichtspunkt
Auslöser	Gegenstände oder Verhaltensweisen, die bestimmte Triebhandlungen bei einem Partner hervorrufen
Auslösemechanismus	der Vorgang von Triebhandlungen, die durch Auslöser hervorgerufen werden
autistisch	durch Kontaktsperre von der Außenwelt abgetrennt
bagatellisieren	verharmlosen
bedingter Reflex	unwillkürliche Reaktion auf einen Reiz, der durch Lernakte einen bestimmten Signalcharakter bekommen hat
biopsychisch	naturgegebenes seelisches Verhalten
Blinzeltic	unwillkürliches Zucken der Lidmuskulatur
chronifizieren	einen langwierigen Verlauf bewirken

Depression	Schwermut
Detail	Einzelheit
Determinante	Bestimmende
Determiniertheit	Bestimmtheit
diffamieren	herabsetzen
Direktive	Weisung
Dominanz	das Vorherrschen
Enkopresis	Einkoten
Enuresis nocturna	Bettnässen
Erstsymptom	das erste Anzeichen
Essphobie	krankhafte Furcht vor dem Essensgenuss aufgrund einer unbewussten Angst oder seelischen Verletzung
Ethologie	Tierverhaltensforschung
exzessiv	übermäßig
Faszination	Verzauberung
Fehlidentifikation	sich gleichsetzen mit einem unangemessenen Vorbild
Fixierung	Festlegung
Frustration	Versagung
Funktion	Aufgabe, Bestimmung
Gegenargument	Gegengrund
Haltung	nach H. Schultz-Hencke: einseitige Verhaltensweise, die die Fixierung an gehemmten Antrieb zum Ausdruck bringt
hierarchisch	nach Rangstufen geordnet
hypostatische Satzbildung	durchgeformte Satzbildung
Ich	nach S. Freud: die innerseelische Instanz, die auf die Umweltereignisse und auf die eigene Spontaneität reagiert
Ichfindung	Abgrenzung zwischen Außenwelt und eigener Person und ein bewusstes Stellungnehmen und Sichverhalten zur Realität
Identifikation	Gleichsetzung

ideologisiert	durch eine dogmatische Lehrmeinung geformt
Immunreaktion	Abwehrreaktion gegen Infektionsstoffe
Impuls	Anstoß, Anregung
Indikator	Anzeiger, Zeichen
Initiation	Einweihung
Instinkt	Naturtrieb
Instinkthaltung	bestimmte lebensnotwendige Bewegungsabläufe, die in einer starren Zwangsläufigkeit und Gesetzlichkeit vor sich gehen
Instinktverhalten	s. Instinkthandlungen
Insuffizienz	Unzulänglichkeit
introjiziert	nach innen gewandt
irreparabel	nicht wiederherstellbar
Jactatio capitis	fortgesetztes Hin- und Herbewegen des Kopfes
Jaktationen	Schaukeln mit Kopf und Oberkörper
Kaspar-Hauser-Versuch	Aufzucht von Lebewesen unter völliger Abtrennung von der natürlichen Umwelt
kastrieren	die Geschlechtsorgane entfernen
Kompetenz	Zuständigkeit
konditionieren	in eine andere Einstellung bringen
Kriterium	Prüfstein
Laisser-faire-Erziehung	laufen-lassende Erziehung
Laktation	Produktion der Muttermilch
Latenzzeit	handlungsstumme Zeitspanne zwischen auslösendem Ereignis und Eintritt der Wirkung, in der psychoanalytischen Fachsprache: Zeit zwischen dem 6. und 11. Lebensjahr, in der der Geschlechtstrieb scheinbar ruht
magisch	durch Zauber wirksam
Mandala-Zeichen	alt-indisches Meditationssymbol, nach C. G. Jung: archetypisches Symbol seelischer Grundstruktur
Manifestation	In-Erscheinung-Treten
Menarche	Eintreten der ersten Monatsblutung der Frau

Menstruation	Monatsblutung
merkantil	kaufmännisch
Minusvariante	negative Abweichung vom Normalen
Monatszyklus	allmonatlicher Ablauf der Vorgänge in Eierstock und Gebärmutter zur Erhaltung der Fortpflanzungsfähigkeit der Frau
mutistisch	stumm infolge psychischer Hemmung
Mutismus	Stummheit infolge psychischer Hemmung
Ödipuskomplex	nach S. Freud: Wunsch des kleinen Kindes, den gegengeschlechtlichen Elternteil zu heiraten – unter Entstehung von Schuldgefühlen und Strafängsten gegen den gleichgeschlechtlichen Elternteil
Omnipotenzvorstellungen	Allmachtsphantasien
oral	mündlich, mundsüchtig
Oxytocin	Glückshormon
Pars-pro-toto-Vorstellung	einen Teil als das Ganze nehmen
Pavor nocturnus	nächtliches Aufschreien
Persona	nach C. G. Jung: Maskierung, das heißt Anpassung an gesellschaftlich „vorgeschriebene" Verhaltensregeln
pervers	abartig
Pervertierung	Umkehrung in ein abnormes Verhalten
Phimose	Vorhautverengung am männlichen Glied, die dessen Funktion behindert
Phobie	Furcht vor einem Gegenstand, der scheinbar die Angst auslöst
phylogenetisch	stammesgeschichtlich
Plastizität	Formveränderungsvermögen
Pollution	unwillkürlicher Samenerguss
Postulat	Forderung
postulieren	fordern
Potential	Kraftmengen
Prägung	nach K. Lorenz: das Erwerben von Verhaltensweisen zu einem bestimmten Zeitpunkt der Entwicklung, ohne dass sie später wieder verändert werden können
Projektion	tiefenpsychologisch: Abwehr von Angst und Schuld durch Übertragung auf eine andere Person

prometheischer Trotz	Auflehnung gegen eine übergeordnete Instanz
provozieren	reizen
Pseudologie	Verlogenheit
Psychopathologie	Lehre von den seelischen Erkrankungen
psychosomatisch	durch seelische Ursachen hervorgerufene körperliche Reaktionen
Psychotherapie	Heilbehandlung seelischer Erkrankungen
puberal	in der Reifezeit befindlich
quod licet Jovi – non licet bovi	Was Jupiter erlaubt ist, ziemt sich nicht für den Ochsen
retentiv	zurückhaltend
Ritual	in immer gleicher Form sich vollziehende Handlung
Rudiment	Rest, der nicht mehr voll funktionsfähig ist
Sadismus	Quälsucht, Freude an Grausamkeit
Scenotest	Testverfahren nach G. v. Stabs: dem Kind wird die Aufgabe gestellt, aus einer Fülle von Gegenständen (Hausrat, Verkehrsmittel, Bäumen, Klötzen, Holztieren und Biegepuppen) eine Szene herauszustellen
Schlüsselreiz	s. Auslöser
sensible Phase	prägungsbereiter Zeitraum (s. Prägung)
Sexualethik	Lehre über sittliches Verhalten im Geschlechtleben
Sozialmedizin	Lehre von den Erkrankungen, die durch gesellschaftliche Umstände hervorgerufen worden sind
Soziologie	Gesellschaftslehre
Soziometrie	Lehre von der Messung gesellschaftlicher Zusammenhänge
soziopsychisch	durch die Umwelt hervorgerufenes seelisches Verhalten
Stereotypie	ständig gleichförmiger Ablauf
stimulieren	anregen
Sublimation	Verwandlung von Triebenergie in geistige Vollzüge
Symbolik	Sinnbildlichkeit
symptomatische Heilverfahren	Linderung der Krankheitserscheinungen, Nichtaufdeckung und Heilung der Entstehungsursachen
Symptome	Anzeichen

Tic	unwillkürliches Zucken der Muskulatur
Tabuierung	Verbieten von bestimmten Handlungen
Toleranzschwelle	Grenze der Belastbarkeit
transzendent	übersinnlich
Über-Ich	nach S. Freud: innerseelische Kontrollinstanz, die die Wertvorstellungen der Umwelt vertritt und damit eine Verhaltenssteuerung bewirkt.
Valenzen	Stimmungsstörungen
Verhaltenskodex	in einer Gruppe geltende Verhaltensvorschriften
Zurückhaltungstendenzen	Bestrebungen, etwas zurückzuhalten
Zyanose, zyanotisch	bläuliche Verfärbung der Haut durch Sauerstoffmangel im Blut

Literaturverzeichnis

Aichhorn, A.: Verwahrloste Jugend. Bern: Huber 1951.

Ausubel, D. P.: Das Jugendalter. Fakten, Probleme, Theorie. München: Juventa 1968.

Bauer, J.: Prinzip Menschlichkeit. Hamburg: Hoffmann und Campe 2006.

Behncke, B: Zur Erhöhung der Zahl der Krippenplätze in Deutschland. In: Eva Hermann/Maria Steuer (Hrsg.): Mama, Papa oder Krippe? Erziehungsexperten über die Risiken der Fremdbetreuung. Holzgerlingen 2010. S. 87–133.

Belsky, J.: Developmental risks (still) associated with early child care. Journal of Child Psychology and Psychiatry, (2001), 42, 845-860.

Bensel, J.: Krippenbetreuung im Spiegel der neuesten internationalen Forschung. Neuwied 1991.

Berna, J.: Erziehungsschwierigkeiten und ihre Überwindung. Bern: Huber ²1959.

BGA-Pressedienst Berlin 1992.

Biermann, G.: Handbuch der Kinderpsychotherapie. München: Reinhardt 1968.

Biscioni, R.: Fernsehkinder. Zürich/Wiesbaden 1991.

Blakeslee, T. R.: Das rechte Gehirn. Freiburg: Aurum 1982.

Bollnow, O. F.: Wesen und Wandel der Tugenden. Berlin: Ullstein-Taschenbuch Nr. 209 1958.

Bowlby, J.: Maternal Care and Mental Health. In: World Health Organization, Monogr. Ser. no 2. Genf 1952.

Brisch, K./Hellbrügge, T. (Hrsg.): Wege zu sicheren Bindungen in Familie und Gesellschaft. Prävention, Begleitung, Beratung und Psychotherapie. Stuttgart 2009.

Brizendine, A.: Das weibliche Gehirn. Hamburg: Hoffmann und Campe 2007.

Brocher, T.: Das Ich und die Anderen in Familie und Gesellschaft. Psychologisch gesehen, Nr. 5. Stuttgart: Klett ²1968.

Bühler, Ch.: Kindheit und Jugend, Göttingen: Verlag für Psychologie ⁴1967.

Dies.: Psychologie im Leben unserer Zeit. München: Droemer 1968.

Bühler, K.: Die geistige Entwicklung des Kindes. Jena: Fischer 1930.

Busemann, A.: Kindheit und Reifezeit. Die menschliche Jugend in Entwicklung und Aufbau. Frankfurt: Diesterweg 1965.

Diekmann, A.: Das große Liederbuch. Zürich: Diogenes 1975.

Dröscher, V.: Nestwärme. Düsseldorf: Econ 1982.

Dührssen, A.: Psychogene Erkrankungen bei Kindern und Jugendlichen. Göttingen: Verlag für medizinische Psychologie ⁵1965.

Dies.: Heimkinder und Pflegekinder in ihrer Entwicklung. Göttingen 1964.

Ehler, M.: Ich will mein Kind stillen. Wuppertal: Brockhaus 1978.

Eibl-Eibesfeldt, J.: Liebe und Haß. München: Piper 1970.

Ders.: Die Biologie des menschlichen Verhaltens. München: Piper 1995.

Eliot, Lise: Was geht da drinnen vor? Berlin: Berlin Verlag 2002

Erikson, E. H.: Kindheit und Gesellschaft. Stuttgart: Klett 1965.

Fels, G.: Pubertät. Stuttgart: Klett 1970.

Fischle-Carl, H.: Kinder werden Mann und Frau. Aufklärung heute. Psychologisch gesehen, Nr. 6. Stuttgart: Klett 1968.

Dies.: Erziehen mit Herz und Verstand. Humboldt-Taschenbuch Nr. 80. Berlin: Gebrüder Weise ³1965.

Flitner, W.: Allgemeine Pädagogik. Stuttgart: Klett ¹¹1966.

Fordham, M.: Vom Seelenleben des Kindes. Zürich: Rascher 1948.

Freud, A.: Einführung in die Psychoanalyse für Pädagogen. Bern: Huber ⁴1965.

Freud, S.: Studienausgabe, 10 Bde. Frankfurt: Fischer 1980/81.

Friedemann, A.: Gruppenpsychotherapie. In: Handbuch der Neurosenlehre und Psychotherapie, Bd. IV, S. 328. München: Urban & Schwarzenberg 1959.

Fröbel, Fr.: Ausgewählte Schriften, 2 Bde. Düsseldorf: Küpper Bd. 1 ²1964, Bd. 2 ²1961.

Fromm, E.: Psychoanalyse und Ethik. Konstanz: Diana o. J.

Gaschke, S.: Klick. Freiburg: Herder 2009.

Gehlen, A.: Die Seele im technischen Zeitalter. rowohlts deutsche enzyklopädie. Nr. 53. Hamburg 1966.

Gesell, A., Ilg, F.: Säugling und Kleinkind in der Kultur der Gegenwart. Bad Nauheim: Christian-Verlag ⁶1967.

Grossmann, K. E./Grossmann, K.: Fünfzig Jahre Bindungstheorie. Der lange Weg der Bindungsforschung zu neuem Wissen über klinische und praktische Anwendung. In: Karl Heinz Brisch und Theodor Hellbrügge (Hrsg.): Wege zu sicheren Bindungen in Familie und Gesellschaft. Prävention, Begleitung, Beratung und Psychotherapie. S. 12–51. Stuttgart 2008.

Grossmann, K. E.: Bindungen. Das Gefüge psychischer Sicherheit. 4. Aufl. Stuttgart 2008.

Hansen, W.: Die Entwicklung des kindlichen Weltbildes. München: Kösel ⁶1965.

Hardin, H.: Außerfamiliäre mütterliche Betreuung und Verlusterfahrungen. In: Psyche, 2008, S. 136–153.

Harlow, H. und M.: Reifungsfaktoren im sozialen Verhalten. In: Psyche. 21/199, 1967.

Dies.: Effects of Various Mother-Infant Relationship of Rhesus Monkey Behaviors. In: Foss. 15–30.

Herzog-Dürck, J.: Probleme menschlicher Reifung. Stuttgart: Klett 1969.

Hetzer, H.: Kind und Jugendlicher in der Entwicklung. Hannover: Schroedel [11]1969.

Hurlock nach Claus und Hiebsch, in: Löwe, H.: Probleme des Leistungsversagens in der Schule. Psychologische Beiträge, H. 3. Berlin: Volk und Wissen VEB 1963.

Illies, J.: Zoologie des Menschen. München: Piper 1971.

Ders.: Auf dem Wege. Briefe an Thomas. Kassel: Verlag weißes Kreuz [8]1982.

Ders. mit Meves, C.: Mit der Aggression leben. Freiburg: Herderbücherei [6]1982.

Dies.: Geliebte Gefährten. Freiburg: Herderbücherei 1981.

Inhelder, E.: Reaktive Verhaltensstörungen bei Tieren. In: Schweizer Zeitschrift für Psychologie 4. (1961), S. 310–316.

Israel, A.: Frühe Kindheit in der DDR. In: Kinderanalyse, 2008, S. 100–127.

Jores, A.: Der Mensch und seine Krankheit. Stuttgart: Klett [3]1962.

Jung, C. G.: Die Bedeutung des Vaters für das Schicksal des einzelnen. Zürich: Rascher [3]1962.

Ders.: Erinnerungen, Träume, Gedanken. Zürich: Rascher 1972.

Kemper, W.: Bettnässerleiden. München: Reinhardt [2]1969.

Kroh, O.: Entwicklungspsychologie des Schulkindes. Weinheim: Beltz [12-15]1965.

Krüss, James: So viele Tage wie das Jahr hat. Gütersloh: Bertelsmann 1989.

Lempp, R.: Frühkindliche Hirnschädigung und Neurose. Berlin und Stuttgart 1964.

Lersch, Ph.: Aufbau der Person. Vierte völlig überarbeitete Auflage von „Der Aufbau des Charakters". München: Barth [10]1966.

Liedloff, J.: Auf der Suche nach dem verlorenen Glück. München: Beck 1984.

Litt, Th.: Technisches Denken und menschliche Bildung. Heidelberg: Quelle & Meyer [3]1964.

Lorenz, K.: Das sogenannte Böse. Wien: Schoeler [21/22]1968.

Ders.: Über tierisches und menschliches Verhalten. In: Gesammelte Abhandlungen, Bd. I. München: Piper 1969 (102.–110. Tsd.).

Ders.: Die angeborenen Formen menschlicher Erfahrung. In: Zeitschrift für Tierpsychologie, Bd. 5, 1942.

Lothrop, H.: Das Stillbuch. München: Kösel 1990.

Mahler, M. S., Pine, F., Bergman, A.: The Psychological Birth of Human Infant. New York: Basic Books 1975.

Matson, F.: Rückkehr zum Menschen. Freiburg: Walter 1969.

Meierhofer, M., Keller, W.: Frustration im frühen Kindesalter. Bern: Huber 1966.

Merz, F.: Geschlechterunterschiede in der Entwicklung. Göttingen: Hogrefe 1979.

Metzger, W.: Die Entwicklung der Gestaltauffassung in der Zeit der Schulreife. In: Westermanns pädagogische Beiträge (1956), S. 531–543, 603–615.

Ders.: Erziehung zum selbständigen Denken. In: Psychologische Rundschau (1957), 8, S. 89–102.

Ders.: Erziehung zum fruchtbaren Denken. In: Strunz, K. (Hrsg.): Pädagogische Psychologie für höhere Schulen. München: Reinhardt 1959.

Meves, C.: Vergleichbare Strukturen der Verhaltensstörungen von Kindern und Tieren. In: Praxis der Kinderpsychologie und Kinderpsychiatrie 8. 16. Jg. (1967), 3, 273–280.

Dies.: Zur Ätiologie der Hysterie aus der Sicht kinderpsychotherapeutischer Praxis. In: Wege zum Menschen 3, 19. Jg. (1967), S. 74–85.

Dies.: Vergleichbare Verhaltensstörungen bei Kindern und Tieren. In: Zeitschrift für praktische Psychologie 1/2 (1969), S. 31–42.

Dies.: Antrieb, Charakter, Erziehung. Osnabrück: Fromm 1978.

Dies.: Der Weg zum sinnerfüllten Leben. Freiburg: Herder 1980.

Dies.: Seelische Gesundheit und biblisches Heil. Freiburg: Herder [3]1981.

Dies.: Das große Fragezeichen. Kassel: Weißes Kreuz 1981.

Dies.: Ich habe ein Problem. Kassel: Weißes Kreuz [4]1982.

Dies.: Nußschalen im Ozean. Kassel: Weißes Kreuz 1986.

Dies.: Anima – verletzte Mädchenseele. Kassel: Weißes Kreuz [2]1987.

Dies.: Ein neues Vaterbild. Stein a. Rhein: Christiana 1989.

Dies.: Verhaltensstörungen bei Kindern. München: Piper [10]1991.

Dies.: Wahrheit befreit. Kißlegg: Christiana [2]1994.

Dies.: Mut zum Erziehen. Kißlegg: Christiana [25]1995.

Dies.: In den Ferien fing es an. Kassel: Weißes Kreuz 1995.

Dies.: Schulnöte. Gräfelfing: Resch 1996.

Dies.: Problemkinder brauchen Hilfe. Kißlegg: Christiana [9]1997.

Dies.: Wunschtraum und Wirklichkeit. Kißlegg: Christiana [14]1997.

Dies.: Wandlung durch Widerstand. Stein a. Rhein: Christiana 1997.

Dies.: Und so ihr nicht werdet wie die Kinder. Laar: SkV 1997.

Dies.: Ehe-Alphabet. Kißlegg: Christiana [36]1997.

Dies.: Trotzdem: Mut zur Zukunft! Gräfelfing: Resch 1998.

Dies.: Wer Wind sät …. Kißlegg: Christiana 1998.

Dies.: Das Großeltern-ABC. Kißlegg: Christiana [14]1999.

Dies.: Mit Kindern leben, Kißlegg: Christiana 1999.

Dies.: Unser Leben braucht Schutz. Holzgerlingen: Hänssler 1999.

Dies.: Manipulierte Maßlosigkeit. Kißlegg: Christiana [42]2000.

Dies.: Die Bibel antwortet uns in Bildern. Hamburg: Libri [12]2000.

Dies.: Mein Leben – Herausgefordert vom Zeitgeist. Gräfelfing: Resch [2]2000.

Dies.: Die Bibel hilft heilen. Stein a. Rhein: Christiana 2000.

Dies.: Wie bleiben wir menschlich? Kißlegg: Christiana 2000.

Dies.: Träume und Märchen. Kißlegg: Christiana 2003.

Dies.: Ich will leben. Kißlegg: Christina 2004.

Dies.: Verführt. Manipuliert. Pervertiert. Gräfelfing: Resch 2004.

Dies.: Teenagerzeit. Kißlegg: Christina 2007.

Dies.: Auf die Liebe kommt es an. Illertissen: Media Maria 2007.

Dies.: Erziehung zur Liebe. Kißlegg: Christiana 2008.

Dies.: Auf Dich kommt es an! Illertissen: Media Maria 2008.

Dies.: Geheimnis Gehirn – Warum Kollektiverziehung und andere Unnatürlichkeiten für Kleinkinder schädlich sind. Gräfelfing 2008.

Dies.: ABC der Lebensberatung. Bad Schussenried: Gerhard Hess 2009.

Dies.: Die Clique. Kißlegg: Christiana 2009.

Dies.: Die Kinder von Angeloog. Kißlegg: Christiana 2009.

Dies.: Elemente einer christlichen Erziehung. Kißlegg: Christiana 2010.

Dies.: Kraft aus der du leben kannst. Bad Schussenried: Gerhard Hess 2010.

Dies.: Wir brauchen Weihnachten. Leipzig: St. Benno 2010.

Dies.: Es ist noch nicht zu spät. Bad Schussenried: Gerhard Hess 2010.

Dies.: Charaktertypen. Illertissen: Media Maria 2011.

Dies.: Wohin? Auf der Suche nach Zukunft. Bad Schussenried: Gerhard Hess 2011

Meves, C., Simonsen H. P.: Katamnesen nach Krankenhausaufenthalt im Säuglingsalter. In: Praxis der Kinderpsychologie und Kinderpsychiatrie 6. 17. Jg. (1968), S. 197–205.

Meves-Schetelig, U.: Die erste Lebenswoche, Inauguraldissertation. Kassel 1981.

Meves, C., Ortlieb, H. D.: Die ruinierte Generation. Freiburg: Herder [2]1983.

Meves, C., Dillon A.: Hochsommer. Stein a. Rhein: Christiana [7]1992.

Meves, C., Dillon, A.: Aber ich will dich verstehen. Eine Mutter kämpft um ihr Kind. Gräfelfing: Resch 1995.

Meves, C., Illies, J.: Liebe und Aggression. Gräfelfing: Resch [2]1999.

Mitscherlich, A.: Auf dem Wege zur vaterlosen Gesellschaft. München: Piper [19–23]1968.

Ders.: Pubertät und Tradition. In: Friedeburg L. v. (Hrsg.): Jugend in der modernen Gesellschaft. Köln: Kiepenheuer und Witsch 1965.

Ders.: Jugend in der technischen Welt. In: Röhrs H. (Hrsg.): Erziehungswissenschaft und Erziehungswirklichkeit. Frankfurt: Akadem. Verlagsges. 1964.

Mitscherlich A. und M., Meves, C.: Aggression und Autorität. Stuttgart: Kreuz 1969.

Montessori, M.: Kinder sind anders. Stuttgart: Klett [8]1967.

Morris, D.: Biologie der Kunst. Düsseldorf: Rauch 1969.

Muchow, H. H.: Flegeljahre. Ravensburg: Otto Maier [4]1967.

Neumann, E.: Das Kind. Zürich 1963.

Neumann, U.: Eltern und Kinder brauchen Hilfe. Beiheft der Zeitschrift: Praxis der Kinderpsychologie und -psychiatrie. Göttingen: Verlag für medizinische Psychologie 1964.

Newton, N. R., Newton, M.: Relationship of ability to breastfeed and maternal attitudes towards breastfeeding. In: Pediatries 1950, Nr. 5. 869, S. 75.

Nohl, H. (Hrsg.): Der Schulkindergarten, sein Wesen und seine Arbeitsweise. Kleine pädagogische Texte. H. 12. Weinheim: Beltz o. J.

Olsen, W. C.: Die Entwicklung des Kindes. Berlin, Bonn, Zürich 1953.

Packard V.: Verlust der Geborgenheit. Bern, München 1984.

Papoušek, M.: Der Säugling und seine soziale Umwelt. In: Kind und Gesellschaft. Neuburgweiler 1975.

Pawlow, J. P.: Sämtliche Werke, 6 Bde. Berlin: Akademie-Verlag 1953/1.

Pechstein, J.: Elternnähe oder Krippen. Neuwied 1990.

Peiper, A.: Die Eigenart der kindlichen Hirntätigkeit. Leipzig: Thieme 1961.

Pestalozzi, J. H.: Ausgewählte Schriften, hrsg. v. W. Flitner. Düsseldorf: Küpper [3]1961.

Portmann, A.: Biologische Fragmente zu einer Lehre vom Menschen. Basel: Schwabe [3]1969.

Ders.: Alles fließt. Freiburg: Herder 1969.

Postman, N.: Wir amüsieren uns zu Tode. Frankfurt: Fischer 1985.

Ders.: Das Technopol. Frankfurt: Fischer 1992.

Remplein, H.: Die seelische Entwicklung des Menschen im Kindes- und Jugendalter. München: Reinhardt [16]1969.

Rensch, B.: Homo sapiens. Göttingen: Vandenhoeck u. Ruprecht [2]1965.

Richter, H. E.: Eltern, Kind und Neurose. Stuttgart: Klett [2]1967.

Riemann, F.: Grundformen der Angst. München: Reinhardt [4]1969.

Roth, H.: Das Problem der Bildsamkeit und Erziehungsfähigkeit in der psychologischen Forschung. In: Handbuch der Psychologie. Göttingen: Verlag für Psychologie 10 (1959), S. 69–110.

Ders.: Pädagogische Psychologie des Lehrens und Lernens. Darmstadt: Schrödel 1957.

Rousseau, J. J.: Emile oder über die Erziehung. Übertragen a. d. Franz. v. M. Rang. Stuttgart: Reclam, Neuauflage 1966.

Scheerer, A.: Krippenbetreuung als ambivalentes Unternehmen. In: Psychoanalyse Aktuell, 2009.

Scheidt, C./Waller, E.: Bindungsforschung und Psychosomatik. In: Bernhard Strauß, Anna Buchheim und Horst Kächele (Hrsg.): Klinische Bindungsforschung. Theorien – Methoden – Ergebnisse. S. 242–254. Stuttgart 2002.

Schelsky, H.: Die skeptische Generation. Düsseldorf: Diederichs ⁴1960.

Schetelig, H.: Entscheidend sind die ersten Lebensjahre. Freiburg: Herder
1978.

Schmalohr, E.: Psychologie des Erstlese- und Schreibunterrichts. Erziehung
und Psychologie. Beihefte der Zeitschrift Schule und Psychologie, H. 16.
München: Reinhardt, Neuauflage 1970.

Ders.: Frühe Mutterentbehrung bei Mensch und Tier. Entwicklungspsychologische Studie zur Psychohygiene der frühen Kindheit. Erziehung und Psychologie. Beihefte der Zeitschrift Schule und Psychologie, Nr. 50. München: Reinhardt 1968.

Schmücker, G./Buchheim A.: Mutter-Kind-Interaktion und Bindung in den
ersten Lebensjahren. In: Bernhard Strauß, Anna Buchheim und Horst
Kächele (Hrsg.): Klinische Bindungsforschung. Theorien – Methoden –
Ergebnisse. S. 173–190. Stuttgart 2002.

Schottlaender, F.: Die Mutter als Schicksal. Stuttgart: Klett 1966 (18.–21.
Tsd.).

Schultz-Hencke, H.: Der gehemmte Mensch. Stuttgart: G. Thieme, Neuauflage 1969.

Schutz, F.: Die Bedeutung früher sozialer Eindrücke während der „Kinder-
und Jugendzeit" bei Enten. In: Zeitschrift für angewandte Psychologie I
(1964), S. 169–178.

Ders.: Sexuelle Prägung bei Anatiden. Zeitschrift für Tierpsychologie. Berlin/
Hamburg 1965.

Schwidder, W.: Die Bedeutung der frühen Kindheit für die Persönlichkeitsentwicklung. Beiheft d. Zeitschrift Praxis der Kinderpsychologie und -psych-
iatrie. H. 5. Göttingen: Verlag für medizinische Psychologie 1962.

Ders.: Neopsychoanalyse. In: Handbuch der Neurosenlehre und Psychotherapie. Bd. III. München und Berlin: Urban und Schwarzenberg.

Schwidder, W., Hofmeier, K., Müller, F.: Alles über dyein Kind. Bielefeld: E.
u. W. Gieseking ²1964.

Seelmann, K.: Kind, Sexualität und Erziehung. München: Reinhardt ⁶1968.

Solojed, K.: Die Entwicklung von Objektbeziehungen bei Säuglingen im Kin-
derheim. In: Kinderanalyse, 2008, S. 23–48.

Sperling, M.: The astmatic Child. New York: Harper and Row 1963.

Spitz, R.: Die Entstehung der ersten Objektbeziehungen. Stuttgart: Klett
1957.

Spitzer, M.: Lernen. Berlin: Springer Verlag 2007.

Ders.: Vom Säugling zum Kleinkind. Stuttgart: Klett 1967.

Spranger, E.: Psychologie des Jugendalters. Heidelberg: Quelle & Meyer
   [28]1966.

Steps, H.: Krebsvorsorge unter 30. Sexualmedizin 1979.

Stern, D.: Mutter und Kind, die erste Beziehung. Klett-Cotta 1979.

Ders.: The interpersonal world of the infant. New York 1985.

Ders.: Tagebuch eines Babys. München 1991.

Stern, W.: Psychologie der frühen Kindheit. Heidelberg: Quelle & Meyer
   [9]1967.

Sullerot, E.: Die Wirklichkeit der Frau. München: Steinhausen 1979.

Tausch, R. und A. M.: Erziehungspsychologie. Göttingen: Verlag für Psychologie [4]1968.

Thomae, H. (Hrsg.): Entwicklungspsychologie. Handbuch der Psychologie,
   Bd. 3. Göttingen: Verlag für Psychologie [2]1959.

Thun, Th.: Die Religion des Kindes. Stuttgart: Klett [2]1964.

Tinbergen, N.: Instinktlehre. Berlin: Parey [4]1966.

Uexküll, Th. v.: Grundfragen der psychosomatischen Medizin. Hamburg:
   rowohlts deutsche enzyklopädie Bd. 179/80.

Van den Aardweg, G. J. M.: Das Drama des gewöhnlichen Homosexuellen.
   Neuhausen-Stuttgart: Hänssler 1985.

Vogel, F., Propping, P.: Ist unser Schicksal mitgeboren? Berlin: Severin und
   Siedler 1981.

Wagner, M.: Unter dem Regenbogen. Freiburg: Herder 1981.

Wickler, W.: Sind wir alle Sünder? München: Droemer-Knaur 1969.

Winnicott, D. W.: Das Baby und seine Mutter. Klett-Cotta 1990.

Zenke, U.: Irrtümer in der geschlechtlichen Aufklärung. Hannover: Schlüter-
   sche Buchdruckerei 1968.

Zietz, K.: Abriß der Kinder- und Jugendpsychologie. Braunschweig: Waisen-
   haus-Buchdruckerei 1958.

Zorell, E.: Erziehungskunde. Bad Heilbrunn: Klinghardt 1967.

Züblin, W.: Das schwierige Kind. Stuttgart: Thieme 1967.

Zullinger, H.: Schwierige Kinder. Bern: Huber [5]1963.

Ders.: Heilende Kräfte im kindlichen Spiel. Stuttgart: Klett [5]1967.

Ders.: Bausteine zur Kinderpsychotherapie und Kindertiefenpsychologie.
   Bern: Huber [2]1966.

Christa Meves

kämpft seit über 40 Jahren für die nach-
wachsenden Kinder und diese brauchen
nicht nur für die Geburt, sondern für das
Gedeihen eine Mutter.

Ihre berufliche Grundlage, selbst Mutter
von zwei Töchtern, bildete vor allem ihr
Studium der Psychologie und Pädagogik, das sie 1949 mit dem
Staatsexamen abschloss. Sie ergänzte dieses Studium durch eine
psychotherapeutische Zusatzausbildung zur Kinder- und Jugend-
psychotherapeutin. Seit 1960 arbeitet sie auf diesem Feld in freier
Praxis. Viele der bei dieser Arbeit gewonnenen Erfahrungen hielt
sie in über 100 Büchern fest, die für unzählige Eltern, Erzieher und
Psychotherapeuten eine wichtige Grundlage wurden.

Im Resch-Verlag sind von ihr die Bücher „Schulnöte", „Erziehen
lernen", „Liebe und Aggression", „Charaktertypen", „Aber ich will
Dich verstehen", „Geheimnis Gehirn", sowie die politisch ausge-
richteten Bücher „Trotzdem: Mut zur Zukunft" und „Verführt.
Manipuliert. Pervertiert." erschienen. Außerdem hat der Verlag sie
gebeten, eine Autobiographie zu verfassen, um dem Leserkreis
auch zu verdeutlichen, wie die Aussagen und Überlegungen entstanden sind, die sie vertritt. Das Buch „Mein Leben – Herausgefordert vom Zeitgeist" gibt dabei neben manchen zum Schmun-
zeln anregenden Partien eine wertvolle Antwort.

Zahlreiche Auszeichnungen, darunter das Bundesverdienstkreuz
erster Klasse sowie im Jahre 2005 der „Gregoriusorden" von Papst
Benedikt XVI., viele Ehrenämter, die Mitherausgeberschaft beim
Rheinischen Merkur und eine intensive Vortragstätigkeit sowie der
von ihr ins Leben gerufene Freundeskreis mit rund 7.000 Mitglie-
dern prägen ihr Leben bis in die heutigen Tage.

Weitere Bücher von Christa Meves im Resch-Verlag:

Christa Meves	Aber ich will dich verstehen! – eine Mutter kämpft um ihr Kind	€ 6,90
Christa Meves	Geheimnis Gehirn – Warum Kollektiverziehung und andere Unnatürlichkeiten für Kleinkinder schädlich sind	€ 16,80
Christa Meves	Liebe und Aggression – wie gehe ich damit um?	€ 10,12
Christa Meves u. a.	Mehr als man glaubt – christliche Fundamente in Recht, Wirtschaft und Gesellschaft	€ 19,43
Christa Meves	Mein Leben – herausgefordert vom Zeitgeist (Autobiografie)	€ 14,32
Christa Meves	Trotzdem: Mut zur Zukunft – Bilanz aus 30 Jahren Fehlentwicklung	€ 10,12
Christa Meves	Verführt. Manipuliert. Pervertiert. – Die Gesellschaft in der Falle modischer Irrlehren	€ 9,95

Verlag Dr. Ingo Resch

Maria-Eich-Straße 77, D-82166 Gräfelfing
Telefon: 0 89/8 54 65 – 0, Telefax: 0 89/8 54 65 – 11

Weitere Bücher des Resch-Verlags unter:
www.resch-verlag.com